都市问题研究论丛

主编：杨生平　副主编：强乃社

空间、地方与性别

[英] 多琳·马西——著

毛彩凤　袁久红　丁　乙　译

首都师范大学出版社
CAPITAL NORMAL UNIVERSITY PRESS

图书在版编目(CIP)数据

空间、地方与性别 /(英)多琳・马西著;毛彩凤,袁久红,丁乙译. —北京:首都师范大学出版社,2018.10(2020.5 重印)
ISBN 978-7-5656-4107-7

Ⅰ.①空… Ⅱ.①多… ②毛… ③袁… ④丁… Ⅲ.①人口性别构成—研究 Ⅳ.①C922

中国版本图书馆 CIP 数据核字(2017)第 325579 号

Space, Place and Gender
By Doreen Massey

ISBN 978-0-7456-1235-5

版权登记号:01-2017-9077

KONGJIAN, DIFANG YU XINGBIE
空间、地方与性别
[英]多琳・马西 著　毛彩凤　袁久红　丁 乙 译

项目统筹　罗　菁
责任编辑　王　静
首都师范大学出版社出版发行
地　址　北京西三环北路 105 号
邮　编　100048
电　话　68418523(总编室)　68982468(发行部)
网　址　http://cnupn.cnu.edu.cn
印　刷　三河市博文印刷有限公司
经　销　全国新华书店
版　次　2018 年 10 月第 1 版
印　次　2020 年 5 月第 2 次印刷
开　本　910mm×640mm　1/16
印　张　24.5
字　数　252 千
定　价　68.00 元

总 序

近年来中国在城镇化方面进展很快，城镇居民迅速增加，城镇化比例不断攀升。中国社会已经开始进入城市社会或者都市社会（urban society）阶段。在这个阶段，城市在整个社会生活和生产中占据重要的地位。如何理解都市在当代中国乃至世界范围内的状况，是每一个马克思主义者都需要关注的问题。其实，我们对这个问题的探讨已经逐渐达到了对马克思主义理论进行整体考虑甚至反思的程度，形成了从都市角度对马克思主义的新理解，即有些学者所谓的都市马克思主义（metromarxism，urban Marxism)。和一些对马克思主义在当代社会发展中影响减弱的悲观论调不同，我们认为，这意味着马克思主义的理论和实践在当代都市社会中获得了进一步的深化与推进。

从时代背景来看，20 世纪二三十年代，西方出现了不同于苏联的马克思主义研究，随后出现了不同理解的马克思主义，即所谓的“复数”的马克思主义。从一定的角度分析，这意味着马克思主义获得了更多的研究、传播和发展。这是马克思的学说和一定的时代与一定的地域相联系和相结合的结果。各种马克思主义，在学术界甚至政治事件中亮相，从欧洲到非洲，从亚洲到拉美，都是如此。这些马克思主义，有些直面当代现实，反映现实问题，切中当代资本主义发展的肯綮，赢得了很多听众。都市马克思主义就是其中重要的一种。

都市马克思主义是时代发展的产物，也是众多经典作家和学者努力的结果。从发生和发展的主要因素来看，随着时代的变化，城市和马克思主义的关系逐渐受到人们的重视。在马克思那里，城市和乡村的二分是社会历史发展中的一种现象。这种分离在资本主义制度下是资本逻辑形成的问题。对马克思来说，只要资本的问题解决了，那么社会的各种重要问题和矛盾将获解决，包括城市和乡村关系也将进入良性状态。

第一位对城市进行洞察并系统探讨的马克思主义经典理论家是恩格斯。他在《英国工人阶级状况》中对资本主义发展历史上早期现代城市的发展做出了深刻的剖析。资本主义固然在当时促进了社会的快速发展，但是问题也同时存在。社会严重分化、工人阶级处境悲惨、城市病凸显等，至今依然在一些地方存在。但是在马克思和恩格斯那里，城乡差别往往和社会分工、资本主义发展的社会分化联系在一起。城市的地位和作用并没有成为特别的关注对象。

到了20世纪初期，西方马克思主义以不同于苏联的传统马克思主义的面貌出现了，对于城乡关系的理解有了变化。如葛兰西对城乡的理解和恩格斯不同，他认为这些资本主义发展中的城乡差距拉大等问题，和资本主义发展的不平衡有联系，和国际范围内资本的流动也有关系。在20世纪40年代，本雅明认为，资本主义城市和现代性有密切的联系，现代性在城市游荡。城市是资本主义，尤其是现代性发展的一个窗口。第二次世界大战之后欧洲国家的城市重建，在城市规划和设计中，也暴露了很多意识形态的因素，比如很多城市的规划将穷人赶到偏远郊区。

随着城市化水平的提高，现代社会的主要形态之一就是城市社会或者其发展的较高阶段都市社会的形成和发展异常迅猛。可以说，在这个时候，人类社会的发展形态、阶段和水平，有了另外一种比较明确的表现，那就是人类社会有一个从农村社会、城乡二元社会到城市社会或者都市社会的发展过程。

第二次世界大战结束以后，时代产生了剧烈变化，如生产力发生重大发展，世界格局也发生深刻改变。世界各个国家之间的联系也变得更加密切，城市化水平逐步提高。这个时候，地理、城市和空间因素在社会发展和变化中越来越重要。现代性的发展方式也受到挑战，这在城市当中表现得比较明显。各种社会疾病和城市疾病大量涌现。

大概在 20 世纪 70 年代，世界上主要资本主义国家的城市发展中出现的问题逐渐为更多的人所理解和认识，一些马克思主义研究者也对此进行了探讨，如列斐伏尔、卡斯特、哈维等。这些探讨往往和空间、地理研究有关，研究的问题从根本上说是当代社会发展中的问题，尤其是都市社会的发展问题。对于城市社会和都市社会的重视是这些研究的共性之一。一直到 20 世纪 80 年代，这些问题逐渐在社会理论中变得越来越重要了。按照美国学者爱德华·苏贾的理解，大概在 19 世纪末期以前，社会理论还是兼顾时间和空间因素的重要性的，但是到了后来，社会理论普遍重视时间、历史的维度，而忽视了空间的维度。这个认识直到被列斐伏尔意识到才彻底地扭转过来。

列斐伏尔是一位重要的思想家，从 1968 年到 1974 年他出版了一系列关于城市、空间的著作。从整体上看，他不满意法国共产党跟随苏联的传统思想，试图对马克思主义做出新的阐释；他认为时代已经经历了从农业社会、工业社会，发展到都市社会。都市社会是一个彻底城市化、都市化的社会。在世界范围内，有些地方已经进入都市社会，有些地方正在进入都市社会。在一定意义上，列斐伏尔对马克思主义的发展坚持一种比较积极的态度，但也对马克思主义的传统理解做出了修正。

列斐伏尔的著作充满了启发，在表述上瑰丽多彩，他的论说是一道道的美味。但是，有时候人们对其确切含义很难精准判断，其主旨并不好掌握。后来的很多研究者也在这种思想的丛林中跋涉，并获得异常丰富的启发和收获。从一定角度看，哈维从左边继承了列斐伏尔对资本主义的批判。马克思的政治经济学批判被他彻底贯彻到空间批判和城市批判中。卡斯特从右边对列斐伏尔的理论进行了发展，他试图发展城市问题中的马克思主义视角，但是，他认为独立的空间和城市是不足的，比如城市问题取决于城市结构中的诸多因素的共同作用，城市社会运动和传统的运动有联系但更有区别。卡斯特在 20 世纪 80 年代公开提出：马克思主义不能应对当代问题。卡斯特认为，马克思的视角并不能解决当代城市问题，也不能解决当代社会问题。他反对列斐伏尔对空间近似拜物教的重视。他是第一位写出马克思主义视角的城市问题研究著作的人，他晚近的研究离开了马克思主义，不能不说有些令人遗憾。那么，谁对列斐伏尔的思想进行了比较全面的继承？从大的线索看，可能是苏贾。

如何判断苏贾的学术线路？他经常将一种批判性的空间视

野作为自己著作的关键线索。从学术传承的角度看，他坚持以一种后现代的、马克思主义的空间视野来进行城市和区域研究。他对社会批判理论进行了所谓的空间重述，对大都市进行了后现代话语的分析，对空间进行了第三者视角的处理。他以洛杉矶为基础，试图形成后现代的洛杉矶城市与区域研究学派，从这个城市案例中形成一个对其他城市有意义的普遍的启发。

苏贾似乎更多地继承了列斐伏尔的思想。从整体上看，列斐伏尔的思想和坚持现代性的线路是不同的，他的日常生活批判，是对现代性的一种揭露；他的空间研究，和现代性思想重视时间性的路线是不同的。在列斐伏尔那里，有一种比较特别的后现代的感觉。他有解构，但是他也似乎努力做出建构，比如他在《都市革命》中对都市社会的展望。苏贾重视后现代主义对于城市理解的意义和价值。他没有放弃马克思主义，特别在《寻求空间正义》(2010) 中，对洛杉矶发生的工薪阶层要求公共交通巴士系统增加投资而诉讼进行了深入探讨，对城市工薪阶层的空间斗争，从政治和空间的互动角度进行了深入探讨。总的来看，他对城市问题的理解是后现代视角的。甚至我们可以理解，在一个现代性的问题逐渐被揭露的时代，我们要解决现代性问题，除了重视后现代性，还能够有什么选择呢?

但是，后现代性的理解有多重取向。在列斐伏尔的一些著作中，现代性特征的城市和空间存在一定的问题，有可能需要一种超越现代性的城市和空间的存在并发挥作用。在哈维那里，后现代性更多表现为资本主义问题在当代的显示。苏贾则认为，后现代性视角比现代性视角更加让我们容易理解当代社会，特别是都市社会。苏贾提出的后现代城市研究中的不同话语，是对现代性的固化、整体、标准化的社会生产的批判，是对明确的主客二分和对立的批评，是对工业时代确定的城市意象的变革。于是，后凯恩斯主义、后福特主义登场了，流动性、变化显著的城市发展和生产已经出现，真实的城市和虚拟的、信息化的城市已经很难截然区分，城市化中的单一中心的取向已经转向多中心、区域城市化的重构。但是，都市社会究竟走向何处？很多后现代主义者没有给我们提供纲要或者说明。批判性的、解构性的标签可能和这种思潮的内在要求有很大关联。但是，我们需要一种超越现代性的后现代性，需要一种建构性的后现代性。这种后现代主义至今依然幽暗不明。但有学者明确提出，建构性的后现代主义就是有机马克思主义。他们认为哈维不能给我们指出一条建构性的路径。可以肯定的是，如果坚持都市革命的激进的马克思主义，那么对寻求都市空间正义和争取城市权而言，我们目前能够寻求到的是建构性的、后现代主义的马克思主义。

苏贾在自己的著作中，强调了寻求空间正义的重要性。而后现代主义者马歇尔·伯曼在关于纽约时代广场景观的著作的结尾，提醒我们要重视城市权的重要性，尤其是参与城市景观建构的权利的重要性。我们也意识到，即使是哈维也重视空间正义和城市权，虽然用正义和权利来解决资本的逻辑导致的问题固然重要，但在马克思那里并非如此。马克思对资本普照下的权利、正义，更多地采取了讽刺和批判的态度。在资本主义条件下，试图借助法律和权利摆脱困境，是找错了门路。在一定程度上可以说，当代国外马克思主义“左派”都存在这个问题，甚至可以说在一定程度上这是“左派右转”。

但是，都市马克思主义的研究确实直面当代很多问题。其中以当代都市社会为基础，围绕城市和马克思主义的关系、当代阶级问题、社会主义与城市、空间辩证法等主要问题形成整体思想。当然有关研究远不止这些内容，比如性别与地理、空间的关系，空间与存在、历史等问题，也逐渐进入马克思主义研究者的视野，并逐步得到深化。这些研究对于我们批判当代资本主义，建设新的社会主义，具有重要的意义和价值。

在中国革命和建设年代，城市问题成为具有战略意义的重大问题。毛泽东提出农村包围城市，最后武装夺取政权，表明城市其实已经成为革命的重大问题，而同时中国乡村建设派的失败原因主要是对城市和现代文明的忽视。有些国外研究者认为，在中国革命年代，中国马克思主义者有所谓的反城市倾向，这是不正确的。中国共产党反对盘踞在城市中的反动统治阶级，但并不反对城市。进入 21 世纪，中国城镇化成为具有世界意义的重大发展事件，在很大程度上推进了中国经济的发展，影响了世界经济的发展。

进而言之，城市在当代中国社会现实中的意义和价值需要我们给予充分的重视。其实，仔细考察，中国当代社会发展的关键和核心已经转移到城市发展上来了。都市社会中的政治、经济、文化都和都市自身的特性有密切的关系。在当代政治中，都市政治、街头政治已经成为政治活动的重要方面和形式。在经济活动中，城市聚集形成的效应已经影响到经济整体。文化的形成、发展等基本以城市为基础。在这个过程中，我们面临现代性和后现代性的双重挑战。对于这些问题的研究和关注、提出中国问题的解决之道、形成中国马克思主义有关都市社会的研究，已经成为重要课题。

我们重视世界范围内都市马克思主义的历史进程和逻辑发展，重视都市马克思主义对我们当下和未来社会的理解和建设的意义和价值，更重视当代中国都市马克思主义的建构工作。“都市问题研究论丛”著作的选择，就是从这些角度来进行的。

“两岸猿声啼不住，轻舟已过万重山。”时代不断发展，空间频频变换。如今，信息化程度加速发展，赛博空间形成，深刻改变了当代的社会空间包括城市与农村的空间及其关系，同时也给我们的生存带来了新的希望和问题：在不平衡发展、空间关系方面，技术对社会的影响不断增加；在观念、制度与行动方面，是从城市出发回到农村，还是离开乡土回归都市，这对很多人来说，做出取舍并不容易。众所周知，在日益全球化的过程中，回归地方已经成了一个并不容易的问题，甚至地方认同和乡愁等都难以落地，更不用说在很多国家的城市文化建设中，殖民活动的影响尚且若隐若现；都市社会中的人们在社会快速变化中、在空间多点位移动中能够找到自己并非易事；日益普遍化的城市生活方式正在走向智慧、绿色与生态之途，但城市顽疾也随之如影随形；对于城市发展形式而言，蔓延、紧缩并存，城市化和逆城市化互动。城市、农村、区域、空间、资本、市场等紧密联系在一起，构成了这个时代的瑰丽画卷。

令人欣慰的是，在对城市、社会和空间马克思主义视角的批判性研究中，近年来有很多问题已经受到了重视，但这只是一个开始，我们所要做的，是要打开、创造一个空间，在那里，能够去体味真正的时代精神，领略那给时代涂抹上底色的空间精神；在那里，我们能够回归自身、回归社会，迈向更加美好的生活。

目 录

致谢

我和理查德·米根(Richard Meegan)合著的《产业重组与城市》在1978年首次刊登于《城市研究》(第15卷，第273—288页)，经卡法斯(Carfax)出版公司同意，该文为本书所收录。《何种意义上的区域问题?》1979年首次刊登于《区域研究》(第13卷，第233—243页)，经区域研究协会同意，收录进本书。该文雏形是提交给区域研究协会年会的一篇论文，当年年会的主题为“论区域政策的消亡”。《即将面临的格局》首次刊登于《今日马克思主义》(1983年4月号，第18—27页)。《不平衡发展：社会变迁与劳动的空间分工》一文首次刊登于《不平衡再发展：过渡期的城市和区域》(1988年，第250—276页)，该书由多琳·马西(Doreen Massey)和约翰·艾伦(John Allen)主编，由霍德和斯托顿出版社(Hodder & Stoughton Ltd.)与开放大学(Open University)联合出版，该文被收录进本书也得到了两家单位的许可。《本地研究的政治地位》于1991年首次刊登于《环境和规划A》(第23卷，第267—281页)，该文得到了皮翁出版社(Pion

Press Ltd.）的同意而得以被本书收录。《全球地方感》首次刊登于《今日马克思主义》（1991 年 6 月号，第 24—29 页）。《一个被称为家园的地方?》首次刊登于《新构造》（1992 年第 17 期，第 3—15 页），该文收录于本书中得到了劳伦斯和威沙特出版社（Lawrence & Wishart Publishers）的同意。《空间、地方与性别》一文节选自我在伦敦政治经济学院社会性别研究所（LSE Gender Institute）所做的一次公开讲座，首次刊登于《伦敦政治经济学院（LSE）杂志》（1992 年春季刊，第 32—34 页）。我和琳达·麦克道尔（Linda McDowell）合著的《女性所属的地方?》首次刊登于《地理问题读本》（第 128—147 页），该书由多琳·马西和约翰·艾伦主编，剑桥大学出版社（Cambridge University Press）和开放大学于 1984 年联合出版，并经两家单位同意，该文也收录在本书当中。《无处不在的性别歧视》于 1991 年首次刊登于《环境和规划 D：社会和空间》（第 9 卷，第 31—57 页），收录该论文得到了皮翁出版社的同意。《政治与空间/时间》于 1992 年首次刊登于《新左派评论》（第 196 期，11 月—12 月刊，第 65—84 页），收录该论文也得到了《新左派评论》杂志的许可。我特别要感谢理查德·米根和琳达·麦克道尔两位学者，感谢他们允许将我们合写的论文收录进本书。

本书所收录论文的撰写时间跨度很大。多年来，我有幸和学界内外的很多朋友共事并从他们身上汲取大量营养。我尤其要感谢理查德·米根，我们在环境研究中心共事时，合作完成了很多早期研究工作；我还要感谢我在开放大学地理学研究领域的同事，本书多篇论文的撰写与我在开放大学的教学密不可分，有些论文是某门课程的部分内容，有些则是我从教学团队的教研会议上得到的灵感，我们的课程组会议总是能为我提供源源不断的灵感。

在我撰写这些论文的时期(20世纪70年代后期至今)，对于其中的一些理论、观点等，学者们一直争论不休。但令人欣慰的是，从早期有关新古典区位理论的争执，到关于本地研究的辩论，再到最近关于后现代主义和女性主义的争鸣，这些公开的学术分歧无损我们之间的个人友谊。

最后，我要感谢政体出版社(Polity Press)的瑞贝卡·哈金(Rebecca Harkin)，她的鼓励促成了本书的出版。我还要感谢开放大学的多琳·华威(Doreen Warwick)，在她的帮助下本书才得以付梓。

总　　论

空间(space)和地方(place)这两个术语历史久远、意蕴丰富，在诸多讨论乃至生活的方方面面都有迹可循。“空间”一词不免令人想到“亡灵之地”(the dead，福柯在《权力/知识》一书中的术语。——译者注)，或同时性(simultaneity)及多样性(multiplicity)所产生的混乱无序。同时，它还可以表示结构主义的共时系统，或者勾画出认同(identity)的多维度空间。[1] 和空间比较起来，虽然对地方一词的认识相对统一，但情况亦是如此。地方会令人想起一个人在世界上所在的场所，想起本书第二部分中《一个被称为家园的地方?》一文所描绘的美好内涵(我们之后会看到，关于这一点很有争议)，抑或还可以把地方用在位置性(positionality)问题的讨论中，在这种情况下，地方就具有了移动性和灵活性的内涵。 *1**

时空是一个极其错综复杂的研究领域，本书仅选择了几条线索，阐述了一种独特的时空视角，而这并不是唯一的视角。时间、空间这两个概念都极其难以定义，我对此并无异议，而且本书观点也并非和他人观点格格不入。关于空间和地方的讨

* 全书一律采用斜体边码的形式来标注对应的英文原著页码。——编者注

论有很多，缘起于不同的问题，所关注的重点也各有不同，而本书的观点呈现并不刻意追求详尽无遗。本书集中关注了在日常生活、政治生活以及学界中常见的时空观的一些特定方面。我的观点来源于某些讨论，可以看作是对近年来一些纰漏百出的时空解读的回应。所以这就意味着，对某些时空观，我是一定要反驳的，并且提出我认为合适的解读。

2 本书从社会关系的角度探讨空间和地方的概念，这条主线纵贯全书。综观全书，我有一个假设，即各种社会关系中的一个重要方面是阶级关系。很多争论恰恰产生于对产业地理的阶级关系研究。但是，本书也提出了另外一个话题(topic)，即空间、地方二者与性别、性别关系结构二者之间深奥复杂的关系。这种关系，有的存在于真实环境的实际结构中，有的则存在于特定文化对性别的定义中。地理对性别的建构至关重要，比如，在想象地理学和不平衡发展的生产和再生产中，性别关系的地理差异是一个重要因素。本书收录的论文以及第一、二、三部分的“概要”都对这种相互关系网络结构进行了讨论。

但是空间、地方和性别在其他一些层面上也是互相联系的，即它们以文化特殊性的方式表现出来的结构，无论从这一结构的概念本质还是从其实质内容来说，它们都是互相联系的；同时，这种联系还存在于三者各自所具有的种种特征及含义的相互重叠及相互作用中。对时空的特定认识，总是以直接或间接的方式与性别关系的特定社会结构紧密联系在一起。我的目的是要挖掘其中的某些联系(有些学者已经对一些联系进行了阐述，我认为应该还有更多联系)，挑战现有的时空观，这也意味着挑战目前关于性别和性别关系的主流定义，而这种挑战是非常必要的。

本书最后一篇文章《政治与空间/时间》对有关空间的观点进行了抽象复杂的阐述。该文的核心论点是对空间的定义离不开时间，必须要从时空的角度来思考。我提出这一论点的缘由在于我之前对空间的一种坚定理解，我坚持将空间看成社会关系的产物，而非某种绝对的独立维度，即我们所探讨的并不仅是空间内的社会现象，而是既包括社会现象，也包括由社会关系产生的空间，也即空间是“延伸”的社会关系。但是实际上，社会关系绝对不是静止的，它们本来就是动态的。所以，哪怕是把空间看成一种同时性，也不能排除它所有的内在动态性。我坚持这一观点的最初动力来自于一种紧迫感，一种反对某些空间观点的紧迫感，因为这些观点认为空间是静态的，是一个维 3
度，在这一维度中，任何事情都没有“发生”，也没有任何影响力或暗示意义。来自其他学科的学术探讨为我的这一观点提供了佐证。从事生物学研究的何梅湾教授(Mae-Wan Ho)提出，“形式完全是动态的”，这一阐述从根本上动摇了那些将时间看成过程、将空间看成形式(形式在过程中是不存在的)的观点。何教授还阐述说，所谓事物是固定不动的，这只是我们的个人感觉，其实可能连一秒钟都没有。“没有什么可以让自然静止。”[2]从20世纪初开始，物理学也持相同观点，所以闵可夫斯基(Minkowski)说：

> 我呈现给各位的时空观都源自实验物理学，这也由此成为这些观点令人信服的原因。这些观点好像很激进，但无论是时间还是空间都会像影子一样消失掉，只有时空的

> 结合才是真实的存在。[3]

这种观点将时空看成社会关系的组合，在其中，特定空间是一种具有内在动态性的同时性。此外，既然社会关系中一定充斥着权力、意义和象征主义，这种观点认为空间也充斥着不断变化的权力和意义的几何学。

对空间的这种认识表明，生活中同时存在多种空间，它们相互交错，相互影响，充斥着悖论和对立。这一点很明显，因为对于组成空间的个体来说，空间社会关系的个体体验不同，诠释方式也不同。将其与现代物理学做类比，情况亦是如此，因为观察者本身就必须是被观察的世界(空间)的一分子。这反过来也意味着空间是观察者的一部分，而观察者也是空间的一部分。观察者成为空间的一部分这个事实必然意味着多种空间的共存。[所以，我在《政治与空间/时间》以及《全球地方感》中关于空间一般属性的阐述并不是说只存在一个空间/空间性(space/spaciality)。拉克劳等也持类似观点，比如拉克劳认为，存在一定是失位。就等同于说，空间是破碎的，是悖论的。]我的这个观点尤其适用于上面提到的同时性的概念。所以，正如昂温(Unwin)所阐述的："根据狭义相对论，同时性是相对的，这取决于选择什么样的运动参考框架。"[4]所有的观察者(社会生活的参与者)的移动都是相对其他观察者而言，每个人都将自己
4 看成静止的，从而"从不同角度对时空进行切分"。[5]确实，正如上文对何梅湾教授的引语所表示的那样，同时性本身就是我们自己的结构，是意识使我们感知"现在"。[6]这反过来也为我们提供了一个空间/时空内部的失位的来源，那就是人们无处不在形

成对空间的认识，无处不按照不同的空间做出行动(《全球地方感》)。

但是，阐述这些观点并非完全是学术原因，抑或是为了与物理学保持一致，也不是顽固坚持这种空间观点和其他观点相比，绝对正确，永远正确，而是要表示，这种空间观点具有一些重要特征，使其非常适合目前这方面的讨论。所以，我认为建立空间的内在动态性是非常重要的，至少说，空间与时间并不是简单对立的关系，认为有了空间，就没有时间，或者时间很少。这样，我的观点就将空间从亡灵世界中摆脱出来。[7]进一步讲，这一观点直接将空间与社会和权力连接起来，从延伸的社会关系角度进行思考意味着要面对权力的空间性。

更进一步说，在空间这一动态同时性中，正是由于各个现象所处的相互位置，新的社会影响才被激发出来。也就是说，社会的空间组织是社会生产不可或缺的一部分，而不能简单地理解为是其结果。历史学和政治学都充分说明了这一点。

由此我们认为，多种社会关系建构了空间，各种规模空间的社会关系，大到国家政治权力触角的分布延伸造成的资本和通信的全球化，小至城镇、居民点、家庭、工作场所中的社会关系。这种观点从不断变化的社会/权力关系的几何学角度进行思考，是真正的时空多样性观点。有的观点将空间看成一种水平静止的平面，[8]一种停滞，甚至认为空间就是一片混乱的状况(停滞的对立面)，或者将空间看成历史的对立面，(由此)将之看成去政治化的。我对这些观点持反对意见，因为从最广义的政治概念来讲，空间对政治是开放的，也是其必要的一个因素。

这些对空间的认识也会挑战一些很有影响力的有关地方的

观点。20 世纪 80 年代以来，排外主义的地方观又开始重燃，民族主义者、区位主义者和地方主义者纷纷兴起。所有这些人都想要固定某些地方的意义，将地方圈围起来，赋予它们固定的身份(identities)，将之据为己有。在学术文献中，或者再宽泛一点的范围中，一直以来都有一种倾向，将“地方”看成怀旧的必选地点，与进步和历史毫无关系。在地理学这一学科中，对于将“本地研究(locality studies)”(见本书第二部分)作为激进地理学研究话题之一的做法，一些学者，尤其是一些马克思主义地理学者，曾经一度激烈反对。

简言之，在我看来，这些政治和学术观点好像都建立于一种特定的地方观点之上。这种地方观点认为地方是受限的，在很多方面都具有本真性(authenticity)，其身份认同(identity)是单一的、意义固定的，未受外来入侵的。这种地方观点某种程度上是基于空间静态的观点。

但是，如果将空间放在时空语境下来考虑，认为其形成于各种社会关系，那么，就可以将地方看成对这些关系的特定表述，以及这些社会关系和认识组成的各种社会网络的某个特定片段(见《全球地方感》及《一个被称为家园的地方?》)。[9] 但是，社会关系的特定组合虽然决定了某个地方的独特性，这绝不表示社会关系的特定组合就完全被包括在那个地方之内。[10] 重要的是，它还包括了那些延伸出去的各种关系——全球化与本地化交融，外部与内部互通，等等。这种地方观对任何所谓内部历史(internal history)或者恒定身份认同的观点提出了挑战。地方的各种身份认同总是不确定的，相互冲突的，也是多元的。从这些角度来看，任何地方独特性的建构都不是在地方周围设置边界，不是将某个地方与其外围对立起来进行定义，而恰恰(部分来说)是通过其与外围的各种关联和联系的特定性来实现的。基于这种观点，地方是开放的，具有可渗透性。[11]

所有的范围界定、建立边界以及对地方身份认同进行保护的做法，目的都是对某个时空的意义进行固化。这些做法都想要努力控制时空那晦涩难懂的流动性和偶然性。虽然这些做法非常普遍，也可以理解，但我们仍然要将它们认识清楚。因为这些想要固化意义的做法一直以来都是社会权力斗争的原因，意在争夺标识时空的权力，争夺定义某个空间意义的权力，也不管能掌控这一权力多久。这种社会斗争可以在两个层面上连接起来：第一点，也是最常见的，就是对标识/身份认同/边界的界定；第二点，是我们决心一定要指出并挑战这场时空争辩的本质。

安东尼·吉登斯曾经说过，现代性的后果之一就是将空间与地方割裂开来：

> 在古代社会中，空间和地方在很大程度上是同时发生的，因为对大多数人来说，社会生活的空间维度是通过由本地化活动产生的“存在”支配的……现代性愈来愈将空间与地方割裂开来，它在“缺席”的其他个体之间建立了联系，而这些其他个体从位置上来说远离任何面对面的既定交流场景。在现代性的场景下，所有的场所(locales)都被远离自己的社会影响力渗透并控制。[12] 6

所以说，我们不能仅仅只认识到社会关系的空间组织中的这些变化，而且还需要对不同情况下的时空统一体进行重新审视和思考，从而从概念角度以一种建设性的方式来正视这个世界的变化状态。我在撰写这篇“总论”的时候，爱德华·赛义德(Edward Said)正好在做他的第二次赖斯讲座(Reith Lecture)。他说，对于今天的学者来说，抛弃这种陈旧的地方—身份认同观点必须成为一项重要任务：

> 谈到群体或者民族认同的一致意见，学者们的任务是要说明群体不是一个自然的或者神赋予的实体，而是被建构的、被生产出来的，甚至在某些情况下，是被发明出来的一个物体，它的历史充满了斗争和征服，而且很重要的是有时要对其进行再现(represent)。[13]

但是，这场关于空间和地方的讨论也和性别紧密地联系在一起。除此之外，性别的两极化是当今西方社会对性别的主流看法，两种性别都具有一系列典型特征，我们的讨论也和这些观点联系紧密。

在《政治与空间/时间》一文中，一些空间观点将时间和空间两极化，通过无时间性对空间做出定义，并与西方二元思维模式结合起来。因为这一模式早已受到女性主义的广泛批评，其思想体系将男性和女性严格区分，将它们定义为一系列互相对立的关系。这种时空观用简单的二分法将空间和时间区分开来，持此观点者人数众多，影响巨大。在这种非A即B的区分中，时间优于空间。时间被标识为男性，而空间则被标识为女性，因为空间总是不在场或者很欠缺(lack)。此外，和时空紧密联系的一系列二元结构也进行了同样的性别区分。时间总是和历史、进步、文明、政治、先验联系在一起，被定义为男性。在传统的西方思想中，这些事物的反面则被定位为女性。这种观点认为，空间是停滞的、被动的、去政治化的。我将空间从这种固有认识中解救出来，目的是为了发起一场更大范围的哲学辩论。 7
在这场哲学辩论中，性别化和性别关系结构是中心话题。但是，我所感兴趣的内容并不是空间被标识为女性（虽然这同时提出了一个关于地理学中的男性主义的有趣问题），[14]我感兴趣的是将空间和时间进行二元区分的激进做法，以及这种激进做法与其他二元结构的关系，尤其关键的是与非此即彼的两极化性别区分之间的关系。这种两极化性别区分在目前的西方社会占据主导地位，而我的观点是，这种一分为二的形式必须受到挑战。

关于地方这一概念的讨论也较多地涉及了性别关系结构问题。我们认为，从某种意义上来说，很多地方性(localities)可以出现在彼此当中，可以在内部也可以在外部。这种观点强调，特定结构的建构要通过互相联系，而不是通过强加界限，或者将一种身份认同与另一种身份认同对立起来。但是人们为什么会认为居所或者地方是有界限的，是一个封闭的场地，是流动空间的对立面呢?[15]

对这个问题的思考可以利用客体关系理论(object-relations theory)，以及心理分析的方法来解释身份认同的形成（见《一个被称为家园的地方?》）。简而言之，人们认为，界限是出于安全需要，需要通过位置对立(counter-positional)来建立一种防御性的身份认同定义，这种认识，从文化角度说是一种男性视角，很多女性主义者对这样的观点和身份认同定义都表示了反对。

我们的观点是，我们要努力抛弃这种定义，这种定义是防御性的，但却成了主流观点。很多女性主义者都提出“从关系角度来思考”，这也是我们在此处对时空概念重新审视时所采用的思路。

这样，在目前关于个人身份认同、政治主体结构以及此处关于地方—身份认同的讨论中，就有很多同时存在的关系（《本地研究的政治地位》）。个人身份认同被认为是多面的、多变的，可能还是无边界的，同样，我们认为地方身份也是如此。所以尚塔尔·墨菲（Chantal Mouffe）写道：

> 很多共产主义者好像都认为，我们只属于一个共同体，这个共同体是个人感觉及地域空间上的一个共同体，只要一想到共同利益这一简单概念，就可以把这个共同体团结起来。但实际上，我们都是各种各样、互相矛盾的主体，来自多个共同体［就像我们的各种社会关系丰富多样，就像各种社会关系所能定义的主体—位置（subject-position）丰富
> 8 多样］，我们具有各种各样的话语体系，偶然而又短暂地停留在那些位置（position）的交叉点。

特蕾莎·德·罗丽蒂斯（Teresa de Lauretis）曾经说过，按照这种方式建构的主体性是一项女性主义工程。[16]本书提出的地方概念与此十分相似。这一概念关键取决于接合（articulation）。从政治主体和地方的角度来说，这种做法是反本质主义的，可以辨识差异，但同时也强调凝聚力的产生基础。如果以这种方式理解地方，如果地方的定义可以拓展到将地方内部各

主体结构也包括在内，而地方内部各主体结构将成为我们主要讨论的内容，那么，地方的身份认同就是一种双重接合(double articulation)。[17]

但是，关于政治主体身份认同(无论是个人还是集体)和地方身份认同的各种观点也存在差异。比如斯皮瓦克(Spivak)提出的策略或操作性本质主义，无论它们对于政客来说有多么强大的解释力，当涉及有关地方的讨论时，其解释力就没有那么强大了(民族主义、本地主义等)。法农(Fanon)和赛义德(Said)曾经说过，哪怕在民族解放运动中(可能这是基于地方的反抗压迫斗争的经典例子)，仍然要问清楚我们是为谁而战。或者举个轻松点的例子，席勒(Schiller)曾自问自答："什么是民族身份认同?""没有完全让人满意的答案，我们干脆说没有这样一个定义。比如，一个设在巴黎的肯德基店肯定不会具有法国民族认同感。一个位于日本京都的麦当劳店也不可能具有什么日本民族精神。"[18]虽然这种阐述在某种意义上是正确的(至少在"一个人知道自己在说什么"这个意义上是正确的)，我们还是要记住，肯德基所不具有的那种民族认同感的形成经过了好几个世纪的积累，是好几个世纪以来在不断与法国以外的世界交往融合的过程中形成的。肯德基不具有但却属于法国的某些东西，肯定也曾一度被看作"异族"，是从外部世界输入至法国的。[19]还要重点指出的是，这种地方—身份认同的观点的形成总是在以过去作为参照物的基础上形成的。从这个意义来说，地方的保护主义者们——那些想把肯德基赶出去的人——一直在寻求对某个特定地方的身份认同进行固化，而这个身份认同本身根本不可能是这个地方的历史产物。这并不是说，任何实施保护的做

法都是错误的，但这确实说明我们的讨论应该关注保护和创新
9 两个方面。这样，就会引起更大范围的社会辩论和政治范畴[这可能是种族主义，也可能是阶级问题，比如雅皮士对伦敦多克兰区(Docklands)的“入侵”，第二部分的“概要”讨论了这一例证]，而不是关于某个特定区域的所谓本真性(authenticity)。我们要争论的，是对一个特定的时空结合体(envelope of space-time)的理解，是从政治权力角度对这一定义的理解。

对地方的认识这一问题也和二元论问题联系在了一起，这是因为，和空间问题一样，对于地方来说，某些观点来源于一系列互相关联、互相影响的二元结构(dichotomies)，而这些二元结构，无论从其普遍形式还是从其特定内涵上，都与性别紧密联系。在空间/地方这一对概念中，地方代表的是存在(Being)，和它联系在一起的是一系列表示其特征和内涵的词语：本地、特性、具体、描述性。每一个词都具有不同的意义，每一个都有自己的对立面。地方的这些经典特征的对立面包括：普遍、一般、理论/抽象/概念。20 世纪 80 年代出现了一股重拾本地研究的思潮，当时很多马克思主义地理学家持强烈批判态度，批判的就是这种对立的二元结构(《本地研究的政治地位》)。

在这种语境中，对这些二元结构的性别含义进行思考是一件很有趣的事情。在当今西方思维模式中，那些普遍性的、理论性的和概念性的内容被标识为男性。这些内容是一门无实体的、自由变动的、普遍化的学科中的诸多术语。(虽然事实并非一定如此，但从理论上来说并非不可能，只需要表明其定义和特征所涉及的意义的性别系统即可。)[20] 这些二元结构中的“本地性的”(local) 一词表明了一种明显的意义延展性，同时却又

表明了具有真正一致性的性别联系。

首先，有一种观点认为，女性和本地之间具有某种关联，因为据说，相比较男性来说，女性在本地生活的时间更长；这种观点明显和公共/私人这组区分有联系。但是，两种观点我们都要审慎看待。很明显的是，这个关于地方的观点的所有目的就是要混淆本地和世界的区分；因为如果其中一个是另外一个的结构的一部分，那么就很难进行这样一个简单对比。[21]此外，从“本地”一词的常用意义来讲，它与女性的关联可能也具有一些象征意义，但是，即使在这个层面上，除了某些文化在某些特定时期以外，这种观点也无法放之四海而皆准。比如，有关移民社区和奴隶制度的文献就表明，过去两个世纪以来，这种关联不仅在白人/西方文化中是缺失的，在其他文化的妇女生活中也是缺失的。即使在那些具有这种关联的某些文化中，女性 10
和“本地”之间的实际联系肯定不是绝对的，而且对于很多非异性恋、无子女都市女性来说，也是不适用的。[22]

但是，尽管有这么多的疑义，在有些文化中，妇女/女性/本地之间的象征联系确实存在。在提及女权斗争或者女性主义者的学术关注时，“本地性的”(local)被作为一个贬义词使用(如，这只是一个本地性的斗争，一个本地性的关注议题)。有人经常说，女权斗争或者女性主义者的学术关注都不具有普遍性，即阶级问题的普遍性(见《无处不在的性别歧视》)。那一大批术语，本地/地方/本地性(local/place/locality)，都与很多二元结构捆绑在一起，其中一个重要的二元结构就是男性和女性，在对这些术语解读的过程中，这种二分法的本地/ 地方/女性的那一元都不再具有优先性，并且受到了贬低。[23]

除了地方和“女性”的文化建构之间的联系，还有其他维度也在发挥作用。所以，本书还出现了地方的另外两种鲜明含义。第一种就是地方和“家”的联系，第二种则将地方和乡愁联系起来（《一个被称为家园的地方?》《本地研究的政治地位》）。在第一种含义中，地方成为向往的对象，被赋予了理想化的情感；在第二种含义中，这也是我们要挑战的含义，对地方的渴望和向往被诠释为一种乡愁和唯美主义，也因为这些原因，受到了批判。两种含义中，无论是被向往还是被畏惧(还是两种兼而有之)，在这个麻烦不断的时空压缩时代，在寻求身份认同的过程中，地方都被认为是重要的。

我的观点很清晰，本书所阐述的地方概念绝对不是此类解读，地方绝对不是逃避世俗世界的避难所。但是，将地方看成完美的“家”，看成释放乡愁的所在，来源于一个非常不同的概念，这个概念与性别关系紧密。这个概念虽然为某些文化所特有(在某种程度上，也可能越来越为性别所特有)，但在我们正在讨论的文化范围内，此类解读也十分具有说服力。女性被比喻成自然（在另一对典型二元结构中），比喻成逝去的一切(抛弃的一切)，被称之为“家”的地方也经常被拟人化为女性/母亲/爱人，也具有与女性/母亲/爱人相同的特征。此方面的文献越来越多，吉纳维芙·劳埃德(Genevieve Lloyd)有一篇文章将反本地主义(将本地主义贬低为“非理论的”)和将地方看成抒发乡愁之地的观点整合在一起。这篇文章阐述道：“女人的任务是做好灵与肉的结合，因为男人的理性要从中获取安慰、温暖和
11 放松。他在使用理性的最高形式的时候，就必须将各种柔情和肉欲抛在一边，而女人会替他将这两者保护得很好。”[24] 这种地

方观点所寻求的是一种并不存在的、丢失了的可靠性，导致反动的政治学，完全是对女性的一种特定的文化解读。这种观点是我们要反对的。

当然，哪怕是在它所涉及的文化环境中，这种地方观点也没能表现出女性的真正生活，而且很多女性主义者对此种观点持强烈怀疑态度(见《一个被称为家园的地方?》)。事实是，家可能是一个充满冲突的地方(一个工作的地方)，也可能是一个休息的地方。正是基于这种观点，而且由于我们很难摆脱性欲和性别形成的社会准则，尤其是异性恋，所以苏·戈尔丁(Sue Golding)和伊丽莎白·威尔逊(Elizabeth Wilson)说道，除了小“社区”，人们还可以生活在大城市里(虽然也伴随着危险)，这真值得庆祝。[25]很多女性离开自己的家恰恰是为了寻求自己的身份认同，从维多利亚时期的女性旅行者到现代的米妮·布鲁斯·普拉特(Minnie Bruce Pratt)，概莫如此。[26]

此外，在某些文化领域，女性的迁徙确实对于传统的父权秩序造成了一种威胁，无论是19世纪的英格兰妇女走出家门工作(见《女性所属的地方?》)，抑或是威尔逊提到的在记录城市妇女生活时所遇到的困难，都体现了这种威胁。对于父权主义者来说，辛蒂·雪曼(Cindy Sherman，美国艺术家、女性主义者。——译者注)那多变的身份认同着实令人不安；对于“男性渴望将女性固定在一种稳固身份中”这一论述(见《无处不在的性别歧视》)，欧文(Owen)评论道，这是一种要将女性固定在时空中的渴望。从身份认同和空间的角度来说，有句话可能不太受某些人欢迎，这句话就是——(女性)继续迁徙吧！但女性面临的挑战是，迁徙流动的同时还要保持自己必要的本地性(locatedness)和嵌入性/体现性(embeddedness/embodiedness)，并承担相应的责任。

本书以上主题的提出都是基于对一系列联系紧密的问题进行分析的基础之上，即对地理差异性结构及对这一结构的理解进行分析的基础之上，尤其分析了从英国20世纪60年代至今(20世纪90年代。——译者注)的经济社会结构角度理解的差异性。

很多观点的提出都从非常具体的关注点出发，从多与政治有直接联系的关注点出发。在本书多次出现的一个话题是，成为一名知识分子，尤其是一名真正的知识分子意味着什么。有些文章的目标读者是和政治有直接关系的读者，有些则是学界人士。本书各篇文章都希望找寻最合适的写作方式来参与到政
12 治辩论中来。所以，各篇文章写作风格迥异，风格本身也是一个受关注颇多的对象。但一言以蔽之，写作目的就是为了既考虑政治参与，又着重考虑学术贡献。

本书的核心是空间和地方两个概念的本质和关系，以及两者关系的某些方面与性别的关系。对于空间、地方、性别三者的本质及三者之间的关系，各篇文章均对相关研究进行了追溯和跟踪。全书的三个部分按照三个术语的顺序排列，“概要”部分集中介绍了其中的某个术语，但是空间、地方、性别三者在每部分都有所讨论：第一部分的区位地理特征的性别本质和第三部分的最后一篇文章论述了我们的空间观。此种安排是为了突出强调，而非将之与其他部分割裂开来。

虽然这篇“总论”突出了一些概念，但第一、第二、第三部分的“概要”部分对空间、地方和性别以及三者关系进行了更多

经验性的阐述，也为接下来各部分正文部分的讨论提供了既定语境。尤其是第一、第二部分的“概要”将讨论设置在特定语境下，既有地理学科范围内的语境，也有社会和政治变化的语境，这些社会和政治变化是讨论发生的背景，同时这些讨论也是对社会和政治变化的反映。可能对于地理学科来说，这场大讨论一定是有所偏颇的，尤其是从我的个人观点出发，而且它们都是从复杂多变、绝对非线性的讨论中抽取出的一些片段。将它们按照这种方式展现出来的原因在于，我希望把语境以我看到的方式呈现出来，以解释该书的写作缘由及写作方式。

第三部分的“概要”更加集中在性别话题上，并没有按照以上这种方式，或者说并没有严格按照这种方式写作。在这一部分，主要力图通过各篇文章，展现这些讨论之间的某些联系，尤其关注了空间、地方和性别结构的一些经验性话题。

这种做法乃刻意为之。重点关注的话题不仅包括女性地理学，也包括性别结构和性别关系。此外，女性主义者开展学术研究时，不仅要涉及和性别相关的工作，我认为更重要的是，还要涉及我们所面对理论模式的性别本质，以及我们所依据的各种概念的性别本质问题。所以我指出，时空概念的重要组成部分的某些“男性”成分(通常存在于特定文化中)，其问题层出不穷。和地方—身份认同的各种概念(这些概念具有排他性、边界性，令人想起地方与家之间的伤感情感联系）相关的各类非 13
此即彼的二元结构，都是典型例子。这种观点对我们已不再适用，无论是在学术还是政治方面，它们都陷入了停滞当中。但是我们的目的不是为了用一种“女性”观点来代替“男性”观点(虽然它可能用某种女性观点来代替)，而是要提出我们的疑问。我的观点是，一些广为接受的主流时空观与西方占主导地位的性别观性质相同，前者反映了后者，也影响了后者。由于这种原因，本书也从最初认识到个人性别建构存在空间差异，转而开始对一种关系提出质疑，即对当前具有特定文化的性别建构和我们对时空认识的某些方面两者之间的关系提出了质疑。

【注释】

[1]福柯在《权力/知识》(Brighton，Harvester，1980)第149页发表了这一观点。他将空间看成“死气沉沉的，固定的，非辩证的，不流动的”，很多学者引用了这一观点(见《政治与空间/时间》)。关于结构主义对“空间”一词的使用，请参见 Lévi-Strauss，Sartre，Ricœur 和 Braudel 的相关著述。

[2]Mae-wan Ho，“Reanimating Nature：The Integration of Science with Human Experience”，*Beshara*，1988，pp. 16—25；here p. 19.

[3]H. Minkowski 于1908年表述这一观点，引文选自其1964年出版的《空间与时间》，收录在 J. J. C. Smart 主编的《空间和时间的问题》(*Problems of Space and Time*)(New York，Macmillan，1964，第297—321页；引文位于第297页)，但是我是在蒂姆·昂温所著的《地理学的地方》(*The Place of Geography*，London，Longman，1992)一书的第199页读到这句话。在该书最后一章，昂温提出了一种时空观点，和我此处的观点非常类似。

[4]Unwin，*The Place of Geography*，1992，p. 201.

[5]R. Flood & M. Lockwood (eds)，*The Nature of Time*，Oxford，Basil Blackwell，1986，p. 4；cited in Unwin. *The Place of Geography*，London，Longman，1992，p. 201.

[6]参见 R. Stannard，*Grounds for Reasonable Belief*，Edinburgh，Scottish Academic Press，1989.

[7]《政治与空间/时间》一文对拉克劳在《对我们时代革命的新反思》(*New Reflections on the Revolution of Our Time*，London，Verso，1990)一书中的

观点进行了讨论，他是这一观点的最近也是最有影响力的倡导者之一。在我
看来，拉克劳将空间看成再现(representation)、意识形态和封闭系统，混淆 14
了空间范围和地图概念。地图当然不等同于“空间本身”，但是它确实具有再现和意识形态上的固定地方(fixing-in-place)的内涵(将秩序强加于世界之上，以找到自己的方位)，这正是拉克劳想要表达的意思。

[8]《政治与空间/时间》一文阐述道：“我们应该抛弃那种将社会看成沿着时间移动的3D整体(slice)的观点。”昂温从物理学视角也进行了相似阐述，他引用了Schlick的观点：“比如，我们不能说……再现了真实现在的三维部分(section)沿着时间轴线在四维世界里闲逛，因为这种闲逛本来应该发生在时间之中，而时间已经在这个模式(model)中被再现，无法从外部被引入。”见M. Schlick的《四维世界》，收录于J. J. C. Smart主编的《空间和时间的问题》(*Problems of Space and Time*，New York，Macmillan，1964)，第292—296页；这段引文位于第293页，在昂温的《地理学的地方》第200页被引用。

[9]我之所以说“一种观点”是因为最近出现了一些很有趣的著述，讨论了地方的两面性的本质，将之看成相互联系，同时也看成绝对区位(如Andrew Merrifield，“Place and Space：A Lefebvrian Reconciliation”，*Transactions of the Institute of British Geographers*，1993，Vol，18，No. 4，pp. 516—531)。这一观点也利用了物理学概念，尤其是在量子力学视角中，将之看为波粒二象性。另外一点也很有趣，这和马克思关于拜物教的著述也联系了起来。从这个方面来说，由于我的目的是挑战或至少干扰某些对地方的理论和观点，所以我感觉当前必须指出地方是一种相互联系。虽然马克思确实曾提及商品既是物也是关系，但是他只将前者看成拜物教，指出其关联属性并进行了批判。

[10]这些并非独特性的唯一来源，见《全球地方感》一文。

[11]关于这一观点的最初阐述可以参考我的论文《工业重组是阶级重组：生产去中心化的本真性》[“Industrial Restructuring as Class Restructuring：Production Decentralisation as Local Uniqueness”，刊于《区域研究》，1983年，17(2)，第73—89页]；在《劳动的空间分工》(*Spatial Divisions of Labour*，

Basingstoke，Macmillan，1984；第二版将于 1994 年出版）一书中的第五章又进行了充分阐述。

[12]引文出自安东尼·吉登斯：《现代性的后果》（*The Consequences of Modernity*），剑桥，政体出版社，1990 年，第 18 页。虽然我大致同意吉登斯的观点，但是他关于“在场”和“不在场”的区分太绝对，很容易陷入一种在场的形而上学批判（critique of a metaphysics of presence）（见《一个被称为家园的地方？》以及其他著作：Sayla Benhabib，“ Epistemologies of Postmodernism：A Rejoinder to Jean-Francois Lyotard”，*New German Critique*，1984，No. 33，pp. 103—126；Iris Marion Young，“The idea of community and the politics of difference”，*Social Theory and Practice*，Vol. 12，No. 1，spring 1986，pp. 1—26）。这种形而上本身就和认同的特定逻辑和边界的建立联系在一起，这正是此处批判的地方—认同的基础。

15 [13]爱德华·赛义德：《为国族与传统设限》，“知识的再现”系列之第二场赖斯讲座，1993 年。该讲座的修订版印刷在《独立》（*Independent*）上，1993 年 7 月 1 日，第 14 页。

[14]利兹·邦迪在其《女性主义，后现代主义和地理学：女性的空间》一文中也提出了类似观点，该文刊登于 *Antipode* 杂志，第 22 卷，1990 年，第 156—167 页。这造成地理学的社会和科学男性主义被美学价值化、复杂化了（这种价值化采用的是男性主义的形式）。吉莉恩·罗丝（Gillian Rose）在《女性主义和地理学》（*Feminism and Geography*，Cambridge，Polity，1993）一书中阐述道，“地理话语……非常具有流动性：它的关注点不停变动，研究其对立点的两面。这一领域为他者（the other）着迷，同时对其充满敌意”（第 77 页）。

[15]参见 K. Robins，“Prisoners of the City：Whatever Could a Postmodern City Be?”，*New Formations*，1991（15），pp. 1—22；and P. Emberley，“Places and Stories：The Challenge of Technology”，*Social Research*，1989，56(3)，pp. 741—785.

[16]Chantal Mouffe，“Radical Democracy：Modern or Postmodern?”，in Andrew Ross（ed.），*Universal Abandon? The Politics of Postmodernism*

(Minneapolis, University of Minnesota Press, 1988), pp. 31—45. 引文位于第 44 页。See also Anna Yeatman, "A Feminist Theory of Social Differentiation", in Linda J. Nicholson (ed.), *Feminism/Postmodernism*, London, Routledge, 1990, pp. 281—299. Teresa de Lauretis, "Feminist Studies/Critical Studies: Issues, Terms and Contexts", in T. de Lauretis (ed.), *Feminist Studies/Critical Studies*, Basingstoke, Macmillan, 1986, pp. 1—19. 我要指出的是，这种认同观点应用于地方的时候，就会对有关社会和本地的任何巧合的观点造成挑战。

[17]参见 D. Massey, "Double Articulation: A Place in the World", in Angelika Bammer (ed.), *Displacements*(Indiana University Press, forthcoming).

[18]Herbert I. Schiller, "Fast Food, Fast Cars, Fast Political Rhetoric", *Intermedia*, Vol. 20, Nos. 4—5, August-September, 1992, pp. 21—22. 引文位于第 21 页。

[19]所以，"本地"不能被看成文化认同的来源，文化"本真性"一定不能受到全球因素的干扰，而"本地"本身的产生经常都是通过全球资源和输入的"本地化"达成的(见 David Morley, "Where the Global Meets the Local: Notes from the Sitting Room", *Screen*, Vol. 32, No. 1, spring, 1991, pp. 1—15; here pp. 9—10)。

[20]比如参见 Genevieve Lloyd, *The Man of Reason: "Male" and "Female" in Western Philosophy*, London, Methuen, 1984.

[21]这与将"本地"和"日常生活"的混合有关，我对此也持保留意见。见 Doreen Massey, "Localities in Regional Geography", in La Societat Catalana de Geografia (ed.), *Regio i geografia regional* (in Catalan-mimeo in English available from author)。迈克尔·彼得也挑战了本地—全球二元论的观点，同时也对其在"全球化思维，本地化做法"的简单歪曲中的实际表达进行了挑战。利用跨国移民政治的研究结果，他表述了一些关于"全球化思维，本地化行动"以及"以多种本地化方式生活和行事"的案例("Can You Imagine? Transna- 16

tional Migration and the Globalisation of Grassroots Politics", paper presented to the Conference, "World Cities in a World System", Sterling, Virginia, A-pril 1993, mimeo)。

[22]参见托尼·莫里森所著《心爱的》(*Beloved*, London, Pan, 1987), 或者 C. Moraga and G. Anzaldúa(eds), *This Bridge Called My Back: Writings by Radical Women of Color*(Watertown, Persephone, 1981)中贝尔·胡克斯关于"家园"的讨论。Gill Valentine 在其论文"Negotiating and Managing Multiple Sexual Identities: Lesbian Time-space Strategies"(*Transactions of the IBG*, 1993, Vol. 18, No. 2, pp. 237—248)中详细论述了某些女同性恋文化地理学中的公共/私人区分的问题所在。

[23]如参见 Elspeth Probyn, "Travels in the Postmodern: Making Sense of the Local", in Nicholson (ed.), *Feminism/Postmodernism*, New York, Routledge, 1990, pp. 177—189.

[24]劳埃德在《理性的男人》(*The Man of Reason*)第 50 页以及吉莉恩·罗丝的《女性主义和地理学》(*Feminism and Geography*)一书都详细阐述了这一问题。

[25]Sue Golding, "Reclaiming the 'Impossible' Urban as Site Specific for a Radical Democracy", paper presented to the Institute of British Geographers Annual Conference, Swansea, January 1992. Elizabeth Wilson, *The Sphinx in the City: Urban Life, the Control of Disorder, and Women*, London, Virago, 1991. Gill Valentine, "Out and about: A Geography of a Lesbian Landscape", *International Journal of Urban and Regional Research*(forthcoming, 1994), likewise documents the movement of lesbians from rural to urban areas.

[26]关于这一点，又见 Patty Chalita, "Voices from across the Hall: Mapping Spatial Metaphor and the Politics of Difference", paper presented to the American Association of Geographers, 1992.

第一部分

空间与社会关系

概要 19

本部分的主要任务是探讨空间概念化这一理论问题，既包括对某种空间拜物教(spatial fetishism)的批判，也包括从社会关系的视角来思考空间问题。所以，本章的论述极其抽象，而关于空间的争论仍将持续下去。

此次争论(至少在英国的地理学范围之内)在很大程度上源自针对非常具体问题的各种争辩。认识到这一点很重要，原因有二。第一，这些问题的特有本质(它们是更宽泛的概念性观点形成的基础)决定了这些争辩的发展过程。这些问题首先关注的是经济和阶级结构问题，而不是政治或文化身份认同等问题。第二，此次争论根植于具体话题，这已清楚表明，这些哲学争论非常重要。本章各篇文章关注了产业地理学和英国不断变化的社会结构问题，这些问题基本上属于政治问题。20 世纪 70 年代后期，“内城问题”作为政治问题开始凸显。经济急剧下滑、极度贫困以及初见端倪的社会动乱开始受到公众关注。对政治家而言，与他们之前对“区域”问题的反应相同，他们的直接反

应就是在地区内部寻找答案。最终答案是，受害者本身要为自己的不幸受到责备，这是一个地理学版本的答案，其接受者甚
20 众。所以，我们必须要及时指出，城市事件不应当如此解释。城市即使在某些意义上确实是受害者，也是更广泛的大环境之下的受害者；一个地方的命运不能仅仅通过观察其内部来进行解释。城市失业问题的产生是由于一个更广泛甚至更根本的特定原因，即英国很多制造业丧失了国际竞争力。20 世纪 50 年代是制造业的大扩张时代，而在英联邦关税特惠制、朝鲜战争、国家成本保利合同(cost-plus contracts with the state)的扶持下，英国的制造业却在此时进入了休眠状态。在这种情况下，少数族裔、单亲家庭、“无法受雇者”和地方规划者都因城市的不幸遭到各种谴责。但我们要证明(通过详细的实证研究来证明)，情况与此恰恰相反，这一点很重要(似乎对我而言很重要)。不是城市(也不是区域)使得工业衰退，而是英国工业使得城市衰退。

从区域层面来说，区域政策的成功也存在类似的政治直接干预的因素。此处核心问题是，产业地理学的变化对区域政策的影响程度如何，以及各区域之间的失业率平均化是否可以被视作一种巨大的成功。我们将各种争辩所涉及的单一空间(在这种情况下是区域)放在更大的资本主义空间下来考量——它们在何种意义上可以看成是区域性的问题？但是这些问题也涉及各区域间的权力关系(通过空间结构或劳动的空间分工实现)。[1] 我们必须指出，不同层面上出现的失业并不是不平衡发展的唯一组成部分，也绝非是不平衡发展问题的最佳思考角度。

也有一些争论直接源于劳工运动。产业转移造成了观点分

歧，尤其在当时，城市工人谴责区域政策，认为是区域政策令他们失去了工作。正是这些问题激发了学者们开始争辩社会空间的本质，这场争辩目前还在不断扩大之中。

本章内容涵盖了从威尔逊主义到撒切尔主义的整个时期，从(据认为)由专家操纵的社会民主现代化到(据认为)由企业家操纵的新自由市场(虽然进行了大量补贴)的时期。两者之间的差异很鲜明：威尔逊主义强调政府干预和规模，撒切尔主义则主张雇佣临时工制和小企业制。然而，在这个变化莫测的时期里，地理不平等(广泛一点来说，是社会空间组织)的作用十分重要，它或者表现为一个明确的政治问题，或者作为经济社会 21
变化的一个基本组成部分，鲜为人知却极其重要。诚然，区域不平等是撒切尔主义失败的原因之一(也是其最初创立的基础之一)。回溯 20 世纪 90 年代各种奇怪的不平等现象，我们有必要提醒人们注意威尔逊主义社会民主所引发的诸多问题。对现代化(一种特定类型的现代化)、规模，尤其是对技术专家治国论(technocratic expertise)的强调，构成了 20 世纪 60 年代后期的全新地理不平等形式的基础。正是这种全新形式的发展不平衡[可以粗略地描绘成从概念上对执行力进行了空间隔离(spatial separation of conception from execution)]，产生了空间结构和劳动的空间分工的概念。如果我们关注一下资本集中金融(financial concentration of capital)与资本地理(有差异的)扩散二者的融合(这是英国 20 世纪六七十年代的明显特征)，就可以很清晰地发现，我们过去所看到和经历的就是生产关系的空间重组(reorganization)。

但是如果说不同时期之间存在着差异，它们之间势必也会有些相关之处，最明显的表现就是对如何使英国摆脱经济下滑的不懈探索，以及对社会结构变化本质的持续争论。对于左翼来说，后者是一个特别重要的问题，因为其结论与其在战略上采取的政治路线紧密相关。“老的工人阶级”和与之相关的工会运动在多大程度上已经一去不返？以往的劳工运动（有时被认为是男性的运动）在多大程度上取得了巨大成功，即便是在劳工运动如火如荼的全盛时期？进行政治争论也必须具备空间思维，因为不断变化的社会结构中具有高度差异的地理学因素，从分崩离析的工人阶级团体到中产阶级那崭新的日益重要的权力基础，都使得任何简单化的全国性结论皆不可能轻易达成。这又是一个实际的政治问题，地理学家可以就此进行研究。

从地理学视角研究以上这些问题，产生了有关空间本质的一条理论/概念信息，尤其是有关经济空间和阶级结构空间的本质的信息。学界最初认为空间没那么重要，之后才开始重视空间的重要性。第一个任务是推翻空间世界具有内在的自我解释能力（internally self-explanatory）的观点。在空间世界中，空间变化由空间因素来解释（产业运动由区域政策来解释），各个地
22 区的不同命运由各个地区的特点来解释。这正是本书第一篇文章《产业重组与城市》（与理查德·米根合著）所传递的主要信息，即致力于反驳一种错误的空间观点，这也是《何种意义上的区域问题？》所阐述的有关区域政策的观点。这两篇文章认为，空间形式并不能由“空间”因素来解释，而是由经济因素来解释。从这种纯物质的意义上来说，空间是社会建构；对空间的理解必然会引发对经济和社会更普遍的分析。从这个意义上来说，并不存在封闭的地理学。

然而，这几十年里的空间重组形式引发了更深层次的问题。在经济方面，是最广义上的生产空间形态的重构。各种分厂的大量兴建，总部的独立(separation-off of headquarters)，独立研发场所的蓬勃兴起，大量与生产相关的专业服务机构的迅速发展，所有这些都指向了一种经济功能的空间组织，表明了联系各种经济功能的社会关系的空间延伸。经济空间可以被看成由生产关系的地理组织构成，[2]阶级结构亦是如此。如果对新兴的社会结构地理学(geography of social structure)(《即将面临的格局》)进行分析，把阶级看成通过其相互关系而相互构成(《不平衡发展：社会变迁与劳动的空间分工》)，那么阶级关系也可以被理解为具有空间形式。社会结构的地理学是阶级关系的地理学，而不仅仅是一张社会各阶级的地图；正如经济的地理学应当是一张经济关系的空间地图，而不仅仅是一张不同就业岗位的地图。更普遍地说，“空间”是由相互联系的、“延伸的”社会关系构成。[3]

此外，正是由于这些关系构成了各种社会现象本身(职位、经济功能、社会阶级)，这些现象的本质和发展与它们的空间形式必然联系密切。同时，由于社会关系是权力的载体，我们的关注重点就是权力关系的地理学，而在权力关系的地理学中，空间形式是权力的重要构成要素。

这种视角赋予不平衡发展以完全不同的意义，完全不同于仅仅关注就业/失业的差异分布等因素的视角。[4]它指出了不平衡发展问题的复杂性，指出其源头在于阶级权力而不在于就业岗位的缺乏；它还指出了一个事实，即不平衡发展的本质，而不是其程度，可以随着时间的改变而改变。

空间结构和劳动的空间分工的概念是一种方式，一种在经
23 济领域内思考空间的社会关系的方式。此外，它还有助于我们理解资本在积极利用地理差异和地理不平等时所采取的方式。所以，这种观点完全有别于之前有人提出的“产业在面对区位因素时做出了相应反应”等观点。其含义在于，空间形式隐含在经济发展中(更广泛地来说，也隐含在社会发展中)。这个思想后来发展为“地理非常重要”的观点，早期的工业区位论批评也对此进行了研究。[5]本章各篇文章从不同角度对这一思想进行了探讨。首先强调了企业对空间差异和空间移动的积极利用(见《产业重组与城市》和《何种意义上的区域问题?》)。《即将面临的格局》和《不平衡发展：社会变迁与劳动的空间分工》从更广泛的视角讨论了地理战略在英国资本重构中的重要作用，以及对政府通过去中心化(decentralization)来保护英国福特制这一举措的重要作用，而政府的努力经常都是无效的。《即将面临的格局》强调了地理变化在工会运动的重建(reconstitution)及其所面临问题中的重要性。该文立场鲜明地指出了地理差异在阶级重组过程中的重要性，空间特殊性(spatial specificity)在政治解释和政治反应中的重要性，以及空间特殊性在政治传统的保存和解体中的重要性。《不平衡发展：社会变迁与劳动的空间分工》提出，空间形式和地理区位本身在特定社会阶层的特性形成过程中非常重要。因此，社会关系“在空间中延伸”(或者不延伸)，以及社会关系采用特定的空间形式，都影响着社会关系本身的本质，影响着劳动分工和社会关系内部的各种功能。社会变化和空间变化是彼此不可或缺的一部分。

【注释】

[1]对这些术语的定义经历了一定的演变过程。我在《劳动的空间分工：社会结构和生产地理学》(*Spatial Divisions of Labour*: *Social Structures and the Geography of Production*, Basingstoke, Macmillan, 1984)一书中进行了重要阐述，而在其他很多文章中，空间结构是指生产关系的特定地理组织，该组织通常位于单一行业内部，也可能位于典型单一行业或几个行业内部。劳动的空间分工是一个较为宽泛的概念，是指源自一系列并行空间结构的不平衡发展形式。《何种意义上的区域问题?》首次使用了这些术语，在该文中，24
劳动的空间分工主要指前者的意思。

[2]有关该话题的充分阐述，详见多琳·马西：《劳动的空间分工：社会结构和生产地理学》。

[3]这些思想与吉登斯的时空延伸思想有很多相似之处，这一点很有趣。(参见 Anthony Giddens, *The Constitution of Society*, Cambridge, Polity, 1984.)

[4]这明显区别于将不平衡发展看作一种交互倾斜均衡(alternately tipping balance)的观点，有时该观点用术语"跷跷板"表达。

[5]参见多琳·马西：《工业区位理论批判》，出自理查德·皮特主编：《激进地理学》(*Radical Geography*, Chicago, Maaroufa, 1977 and London, Methuen, 1978)，最初刊登在 *Antipode*, 1973, Vol. 5, No. 3, pp. 33—39。该文详细分析了将空间维度引入当时占主导地位的工业区位理论的规范模式和新古典框架后带来的颠覆性影响。

25 # 第一节　产业重组与城市

一、介绍和方法论

(一)产业区位的议题

城市制造业的下滑是近期研究的热点，然而成为热点的副作用之一就是出现了一种趋势，即从空间视角研究这一问题，并在此基础上试图从同样的空间地区内部来找到问题的缘由。在研究城市机制的时候，这种方法仅从经济和空间角度来考虑，而不考虑国民经济其他方面，经常将重点放在对某些因素所造成影响的评估上，如内城的环境(交通拥堵、玩忽职守、地点可用性等)，或者城市居民的个人特征(比如将失业与年龄、种族或技能等联系起来)。通常来说，这种研究的结果总是混淆了因果关系。

目前城市制造业下滑的出现时间正好与整个经济层面出现基本结构变化的时间吻合(奇泽姆，1976；财政部，1976)，而这只是英国经济的制造业萎缩这一大环境的一部分。本文的论点是：只有在这个大背景下，才可以正确理解城市制造业问题。因此，本文的目的是要证明在国民经济和国际经济层面上的区位变化和发展二者之间的联系。

26 我们之前进行了一项相关研究，其目的是探讨 20 世纪 60

年代以来英国制造业的金融重组(financial restructuring)的区位意义(马西和米根，1979)。该研究集中关注了产业重组公司(IRC)对电气、电子以及航空航天设备部门的干预所产生的空间影响。产业重组公司由工党政府于 1966 年建立，“其目的是促进产业效率和利润，促进英国或英国的任一地区的经济发展”(《工业重组公司法》，1966)。在 1971 年被废除之前，它(产业重组公司)的干预具体表现为鼓励企业合并、部门内部重组和投资。[1]然而，应当强调的是，这项研究的基本关注点是重组过程本身而不是重组过程与产业重组公司的干预有什么关系。本文的目的是要找出该研究结果对所调查的几所大型城市的意义所在(我们调查的这几所大型城市很具有代表性)。

对研究结果的解释反映了我们的理论关注，包括四个独立阶段。第一阶段分析了经济重组时的整体经济形势的主要特征。分析发现，特征之一是英国制造业利润率下降，之二是其国际竞争地位恶化。第二阶段关注了这些经济因素在特定案例上运作的精确方式，以及它们对金融重组施加压力的方式。通过该分析结果，我们设计出一个金融重组案例的宽泛分类方法，与宏观经济状况直接相关。第三阶段是评估每一类重组中的生产重组(production reorganization)的含意。因此这一阶段需要回答的问题是：金融重组所允许的生产组织和劳动力使用的变化是什么？识别这些变化的区位含义是研究的第四步，也是最后一步。该阶段完成之后，就可以将此项实证研究中通过生产重组所发现的就业变化的空间发生率(spatial incidence)与重组形式本身以及它们与国民经济的变化的特定关系联系起来。

这项研究考察了《1968 年标准行业分类》(*1968 Standard*

Industrial Classification）的最小列表标题（Minimum List Headings）中的 25 家企业的情况。（MLH 是 Minimum List Headings 的缩写，SIC 是 Standard Industrial Classification 的缩写。）

27 序列 8：仪器仪表工程

MLH354：科学、工业仪器和系统

序列 9：电机工程

MLH361：电力机械

MLH362：绝缘电线和电缆

MLH363：电报和电话装置和设备

MLH364：无线电和电子元件

MLH365：广播接收和放音设备

MLH366：电子计算机

MLH367：无线电，雷达和电子资本货物（electronic capital goods）

MLH368：家用电器

MLH369：其他电子产品

序列 11：交通工具

MLH383：航空航天设备制造和修理

这些产业既生产消费物品，也生产资本货物，既包括公共部门的主要供应商，又包括英国的一些主要出口商。这些产业重要，不仅因为其技术发展达到了先进阶段（比如从电力部件到电子部件的过渡），还因为它们对其他制造业部门中的技术变革具有潜在贡献。虽然重心依然主要在东南部，但有些产业的流动性在不断增加，尤其是电子产业，所以这些产业与区域政策关系密切。1966 年，这些行业雇佣人数达 1,911,000 人，占所有制造业总劳动力的 14%（就业部，1975）。根据生产普查（Census of Production）提供的数据，这些行业 1968 年的净产出占所有制造业净产出的 10%。在产业重组公司干预之时，这些产业的受访企业雇佣人数达 226,000 人，约占总产业总雇佣人数的 19%。[2]

重组过程导致了受访企业的净失业人数达 36,016 人，就业率下降了 16%。[3]在地理分布方面，主要体现为三个地区，即东南部、西北部和中西部，其就业率在绝对值和百分比方面均出现了明显下降（马西和米根，1979），共占总就业减少量的 94%（在 36,016 人中有 34,016 人）。然而，对数据更进一步的分析显示，其中 89% 的失业问题是由于这些地区的四所大型城市的就业显著下降所致，即大伦敦区、利物浦、曼彻斯特、伯明 28
翰。[4]这四所城市在这些产业的失业人数达 30,315 人，占受访公司就业总下降量的 84%。由于在初期这些城市仅占这些产业 32% 的就业岗位，所以更加凸显了这些城市的失业严重性。

因此，本文要解决的问题是从当时这些行业所承受的经济压力的角度来解释这 30,315 个就业岗位的流失情况。具体方法就是找出各种经济压力对行业内部、行业之间的重组形式进行塑造的方式，而各种压力决定了其不同的空间影响方式，以及其对这些城市产生的特定后果。然而，在这之前，我们有必要对所使用的就业变化分类进行一个简短描述。

(二)就业变化的类型学

就业变化可以分为四种：绝对减少、区位减少、绝对增长、区位增长。绝对变化出现在整体经济层面上，指所有新创造或消失的就业岗位。区位变化是源自生产区位转移的减少或增长，因此在全国范围内仅限于特定的地理区域。这种分类的特点是能够将国内就业岗位流动所导致的就业变化和有差别的增长和下降导致的就业变化二者区分开来。考虑到空间政策的潜在影响，这种区别的重要性是显而易见的。

然而，区位变化需要更精确地进行定义。在任何既定的空间分解(disaggregation)层面上，通过区位转移失去的就业岗位总数和获得的岗位数量相等。这类数据指的是在经济整体中既没有增加也没有消失，但是改变了就业地点的就业岗位。然而区位转移很少对称出现。此处的“区位转移”数据表示的是实际到达接受区位(recipient location)的就业数据。这个数据远远小于原始工厂(original factories)记录的就业减少数据。换句话说，就业岗位流动通常或者是整体削减裁员过程的一部分，或者是削减裁员的大好时机。在第一种情况下，产能的整体下降通常会导致小企业聚积成为数量较少的大企业。这种行为通常被称
29 为转移，确实某些生产极有可能就转移了。然而，这并不代表之前区位上所有就业岗位都要转移。在第二种情况下，区位转移是生产技术发生重要变革的时机，这样就会导致接受地区劳动力的减少。区位转移的原因源于技术变革需要全新固定资本或者全新劳动力。在第一种情况下，区位转移是必须的。在第

二种情况下，它的转移很谨慎，尽量减少与工会的冲突。在原始地区(origin region)减少但在接受地区未得以再创造的就业岗位属于“绝对减少”类型。对于整个经济来说，这些就业岗位就消失了。然而，绝对减少在图表中被分别解释为本地减少和过程减少两种类型(in situ and in transit losses)。本地减少很简单，不包括就业或生产的区位转移。过程减少就如同绝对减少，但它们发生在区位改变的语境之下。将过程减少看作绝对减少的一部分很重要，因为某个特定地区虽然看起来在区位转移中失去了大量就业岗位，而这些大量就业岗位中实际上只有一小部分到达了另一个地区，令该地区的就业得以增长。

二、重组形式及其对城市就业的意义

(一)介绍

一共实施了三组措施来实现金融重组：[5]

我们的研究包括三组重组形式。第一组：针对产能过剩与高成本的重组；第二组：实现规模优势的重组；第三组：出于市场信誉的重组。

然而，由于包含了一些大型的多部门公司，我们的分析变得复杂，因为这样就必须对接下来的重构充当了刺激因素的部门和没有充当这一角色的部门进行区分。而事实上，虽然某些部门对重组来说并不是重要的刺激因素，但并不意味着它们不受其影响。多部门公司(包括刺激与非刺激产业)的合并改变了非刺激产业的情况，它们既可以受到刺激产业重构的间接影响

(随着合并后新公司的重心转移)，也可以受到它们自己独立的
30 组织融合的影响。此外，这些产业也遭受经济层面压力的影响(虽然不要求金融重组)。由此，非刺激产业可以看作是对合并这一事实的反应，而不是像刺激产业一样，是合并的理由。为分析方便起见，有必要进行“二次”分类。本文将它们统一纳入“非刺激产业”这一大标题下进行讨论。

通过对三组的依次分析，可以很好地认识刺激产业三种重组形式的具体影响。

1. 第一组：针对产能过剩和高成本的重组

本组的产品组来自以下产业：重型电力机械，尤其是汽轮发电机，开关设备以及变压器(MLH361 部分)；超高压电缆(MLH362 部分)；航空航天设备(MLH383 部分)。

虽然各个产品组的情况不同，但是它们都面临着产能过剩、削减成本和竞争环境显著恶化的问题。电力工程行业在国内市场上面临其主要消费者(英国中央电力局)的产品需求显著下滑的困境，[6]通过增加出口来摆脱国内困境的做法又遭遇了海外市场日益激烈的竞争，而英联邦关税特惠制的取消更令它们雪上加霜。迄今，整个制造业已经丧失了稳固的国内外市场，在仅有的市场也面临日益严峻的竞争。以超高压电缆为例，主要问题是国内需求减少，却无法通过出口进行补偿。对非英联邦第三世界国家的出口确实增加了，但是利润却很低，而且竞争激烈，尤其是来自日本的竞争。由于制造业资本高度集中，产能过剩的问题变得更加严重。随着朝鲜战争结束，国内防卫被取消(如被取消的 TSR2 攻击机项目)，二战后卖方市场土崩瓦解，航空航天设备制造业也同样遭受来自国外日益激烈的竞争(尤其

是来自美国）。劳斯莱斯汽车的不景气进一步恶化了制造业的严峻形势。

因此第一组中有两个影响金融重组的主要压力：①产能过
剩的问题；②在日益激烈的国际竞争和市场增长率普遍放缓的 31
背景下，生产成本必须削减。在这种情况下，必须进行金融重组，以降低产能，促进资本在高利润生产领域的再分配。金融重组本身导致了实际生产重组的很多反应。对产能过剩问题的反应就是直接削减生产，具体表现为工厂倒闭和大量裁员。出于降低生产成本和增加相对利润率的需要，相关公司提高了个人劳动生产率，减少了总劳动成本。具体做法很多：

①大量劳动密集型工厂倒闭；

②集约化（intensification）——所有生产过程都进行了劳动力削减（而产出和生产技术没有任何变化）；

③部分标准化（引入部分自动化生产，削减劳动力成本，并增加对非熟练劳动力的需求）；

④在无法实现全自动化的生产过程中引进数控机床（通常是小批量生产过程）。这使得所需劳动力整体减少，而剩余劳动力的技能出现了两极分化；

⑤最后，某些企业采用大规模生产技术，所需劳动力大量减少，劳动类型也从手工劳作转变为半熟练技术劳动。

这些做法在第一组各行业的生产重组中都发挥了重要作用。那么它们在城市中是如何表现的？表 1.1 显示了第一组的总就业变化在四所大城市中的表现。表格清晰地表明，第一组的重组对这四座城市造成了特别严重的影响。四座城市一共损失了约 21,084 个就业岗位，占到了我们所研究的这个时期这些城市就业总净减少量的70%。

总就业变化的“类型学”尤其具有启示意义。在该组中，约四分之三的城市流失工作岗位与资本设备及就业岗位的转移无任何关系(本地绝对减少有15,528)。这个结果并不令人惊讶，因为正如上文所说，削减产能和减少成本的压力，以及本组各行业技术变化，都意味着就业变化受控于就业的绝对削减——对单一区位和整体经济来说都是就业岗位减少。

32

表1.1 第一组就业变化：四所城市

就业变化的种类	数量
绝对减少	
本地	(15,528)
过程*	(4,980)
区位减少**	(606)
总减少	(21,114)
就业增长	
绝对增长	0
区位增长**	30
总增长	30
净增长/(减少)	(21,084)

*数据包括1,750个与各城市内部或各城市之间的生产转移相关的就业岗位。
**数据不包括330个在各城市内部或各城市之间转移的就业岗位。

对于那些实际上与一些区位转移相关的就业岗位来说，其中的绝大部分(89%)在过程中就消失了。[7]即使在转移确实发生的情况下，这些城市的就业减少与其他对应地区的就业增长也并不匹配，潜在的就业岗位流动不得不受限于产能和就业的绝对削减这一最急迫的需求。此外，这些城市本身并没有从国家整体的就业区位转移中取得任何重要的就业增长。这些城市产生了606个区位减少，只收到了30个岗位。最后，第一组重组的结果造成这些城市并没有创造出新的就业岗位(绝对增长为零)。因此，第一组城市的产业重组结果非常糟糕。有三条线索可以解释此现象：

①第一组的各产业是这些城市的代表产业。在产业重组公司的干预时期，我们所调查的位于城市中的工厂大约占据第一组重要产业的就业份额的44%(MLH361、MLH369和MLH383)[8]， 33
然而它们在整个调查中的总就业份额仅达32%。因此，即使第一组生产重构的影响与就业互成比例，我们仍然可以认为这些城市深受产业重组的影响。

②第一组各产业中位于城市的工厂特别容易受到重组过程的影响。实际上，由于第一组的重组，这些城市经历了超过正常比例的高就业减少——大约占第一组全国就业总净减少的88%(在第一组全国净下降量的24,013中占21,084)。这主要是由于工厂出于劳动生产率的首要考虑而选择破产倒闭(前文五种做法中的第一条)。第一组生产重组的主要压力是削减劳动成本。因此，选择倒闭的工厂相对来讲都是劳动密集型工厂，主要位于城市的老旧工业区。

③这些城市并没有从第一组重组的生产区位转移中获利。这些城市是大部分就业岗位的来源，这些岗位在第一组重组中实际上转移了区位。从全国范围内来讲，第一组中约有966个岗位的区位转移，其中936个来自这些大城市。936个岗位中有

330 个在城市内部和城市之间进行转移，剩余的 606 个则转移到这些城市之外的区位。乍看之下，这种区位转移好像很小，但是要知道，它实际上只是就业岗位移动过程的一个（而且是更小的）部分。在以节约作为首要考量的重组形式中，岗位的重新定位（relocation）不可避免地与过程绝对减少有关。第一组中，区位减少和过程绝对减少大约占据了这些城市总失业量的 26%（在 21,114 中占据 5,586）。

即使在有些情况下，这些城市在生产地理重组中保留了一些就业岗位，就业减少也远远超过增长。例如，第一组中的部分重组涉及对 150 个就业岗位的重新分配，这些岗位来自伦敦，现在则在伯明翰、曼彻斯特、纽卡斯尔的工厂之间进行重新分配。但是，这些区域的增长必须与伦敦原始工厂消失的 1,850 个就业岗位相抵消。同样的现象也发生在城市内部。经济规模的产生通常通过周边小型工厂的倒闭进而吸引劳动力至主要区
34 域，从而节省了服务型劳动力的成本。

这些大城市同样受到一些中型城市（如布拉德福德、林肯、斯坦福、拉格比市）的很多大工厂的生产集中（concentration）的影响。例如，由于这四座城市发生了第一组的产业重组，前三个区位获得了 376 个岗位，而最后一个是唯一经历了第一组中就业绝对增长的城市。因此，第一组的重组过程强化了（虽然很有限）某些区位的有利地位，而这些区位很少位于这些城市中。

区位转移也与生产技术的变革有关系。该组中生产转移的一个重要案例就是在产品标准化引入之后产生的，产品标准化使得大规模生产方法成为可能（包括过程绝对减少的 300 个岗位以及区位转移中的 100 个岗位）。技术变革不仅意味着需要新工

厂和新设备，更重要的是，生产过程可以有效地摆脱同这些城市的现存联系，这是对劳动力技能要求变化的结果。从这种转移中获益的是开发区(development area)——这些地区既能获得政府的援助，又很容易找到合适的劳动力(主要是不熟练工人)。这样的发展对于内城来说显然极度不利。

2. 第二组：实现规模优势的重组

第二组的例子主要来自以下行业：工业系统、过程控制等(MLH354)；电子计算机(MLH366)；无线电，雷达和电子资本货物(MLH367)。

这一组重组的压力在两个不同层面上发挥作用：在整体经济层面以及在相关的单一企业层面。在第一种情况下，政府干预的目的是为了增加这些资本货物产业的产品应用，提高其他制造业部门的生产力。因此，对于第二组产业的产出增加或降低来说，都存在经济上的普遍压力。与此同时，对于个别电子企业来说，压力也在不断增大，它们要不断增加资源规模以赶上快速的技术创新，而技术创新正是国际竞争的主要方面。因此，第二组金融重组的一个重要特征是增加单一企业可掌控支配的财务资源的绝对数量。这可以减少研发资金比例、减少新 35
产品开发的高绝对成本融资与大型投资项目的自筹资金(以克服高风险长期项目的资本筹集问题)。

因此，第二组重组的压力有：①增加这些产业的产出；②降低产出的生产成本；③追赶快速发展的技术创新。面对这些压力，随后的生产重组采用了以下方式：

①减少产出成本导致企业尽量降低产品的劳动力含量(labor content)，具体做法是尽可能引入数控机床和大规模生产

技术。这是一个长期过程，并不是重组的结果。[9]另外，引进自动化技术在产业内外以及产品组内外产生的效果各不相同。以大规模生产为例，大规模生产在工业仪器和科学仪器的制造业中并不可行，因为仪器制造高度依赖于小批量生产过程。然而，在那些引入自动化技术的案例中，劳动力总规模出现了显著减少。

②劳动力所需的技能减少，造成了生产(主要是半熟练流水工作)和研发控制功能二者之间不断加大的劳动技能两极化。

③增加产量意味着需要增加重要的新资本投资。

④如果技术创新要保持一定速度，就必须对研发设备进行合并，使其数量更少，规模更大。

第二组重组对这些城市造成了何种影响？表1.2(见下页)显示了这一组的总就业变化。这些城市由于第二组重组一共减少了1,466个职位——占这一时期其总净失业额的5%。尽管比例很小，但占据了第二组中全国总就业下降量的42%。有一项事
36 实可以凸显减少的严重性：在产业重组公司干预的时期，这些城市仅仅占据了MLH354、MLH364、MLH366和MLH367的全国总就业量的18%。

和第一组一样，要对这种现象做出解释，需要从经济压力下的重组需求中寻找答案。包括长期技术变革影响在内的产出贬值的整个过程，对这些城市非常重要。第二组中的1,486个职位的绝对减少发生在MLH366，受影响的工厂也是劳动密集型产业，主要生产电子机械设备。该产业降低劳动力成本的压力不断增加，同时生产技术自动化的程度也不断增加，这些都使得从事该行业的工厂陷入被淘汰的境地。这表明了这些工厂

对有关降低劳动力成本的压力非常敏感。

表 1.2　第二组就业变化：四所城市

就业变化的种类	数量
绝对减少	
本地	(1,350)
过程*	(136)
区位减少**	0
总减少	(1,486)
就业增长	
绝对增长	0
区位增长**	20
总增长	20
净增长/(减少)	(1,466)

*** 数据包括 130 个与两个城市生产转移相关的职位。**

**** 数据不包括城市之间生产转移的 13 个职位。**

然而，这仅仅部分解释了第二组的重组对这些城市的影响。在全国范围内，第二组占据了我们所进行调查的绝对增长的90%(1,970 中的 1,750)，而这几所城市并没有从这些增长中受益，部分原因在于第二组中各产业进行初级就业分配时，这些 37 城市并不是理想的选择。正如之前所述，这些城市仅仅占据了此类就业量的18%。因此，这些产业的任何“渐进式增长”(如增加现场设备)都不可能为城市带来显著好处。然而，即使重要的新发展确实发生，它们也并不发生在这些大城市里。我们调查的案例显示，这些新投资都选取了这些城市之外的地区，进行

“绿地发展”(greenfield developments)，尤其在开发区。

3. 第3组：实现市场信誉的重组

该组所涉及的合并来自于一系列产品分组，如：军用便携式电台、原子核物理工程(MLH354的一部分)；中等规模的电机(MLH361的一部分)；计算机软件(MLH366的一部分)。

这一组的金融重组(financial restructuring)的基本目标是通过扩大市场占有率和公司规模的手段来提升公司的市场地位。实现这一点不需要任何重大的生产重组，也没有对就业空间分布产生较大影响。然而，作为合并之后组织整合的结果(如淘汰重复的研究设施)，生产确实发生了一些变化。这些变化导致了这些城市净减少了200个职位。

(二)非刺激产业

在多部门公司的合并过程中，对刺激产业的分析框架被扩展到了非刺激产业。后者的重组对各城市的影响深远，在各城市总净减少的就业岗位中(7,565个)，它们约占其中的25%。这些减少发生在三种产业中(MLH354、MLH363和MLH367)，虽然原因各有不同，但它们的形式与第一、二组表现的形式有很多共同点，即都在内城出现了劳动密集型老旧工厂的倒闭，电信行业是一个典型案例，说明一个产业的技术变革可以影响其活动的空间分布(马西和米根，1979)。

38 三、各城市的就业变化

本部分将对之前所讨论的重组形式对就业的影响进行综合

阐述，探讨这些影响如何决定了本调查中各城市的整体表现。要达到这一目的，最好的办法是把总就业变化分解成几个部分。

表 1.3　四所城市的就业减少

岗位减少	数量	百分比(%)
绝对减少	27,113	89
本地	17,478	58
过程	9,635	31
区位减少*	3,252	11
总数	30,365	100

*** 不包括城市内部和城市之间转移的 373 个岗位。**

表 1.3 的数据表明了这四所城市就业减少的详细情况。表格清晰地显示出，内城大部分失业岗位(58%)都来自工厂停业或减产，这两个原因都与区位变化无关。这个发现很重要，因为这与学界广为接受的观点产生了冲突，即内城的就业减少的主要原因是就业岗位通常在政府各种激励措施下迁移到了受援助地区(assisted area)。

在我们的调查中，内城就业减少的很大部分(85%)也构成了整体经济的失业量，而且这种就业减少绝对没有随区域政策的实施而发生区位转移。区位减少(换言之，即在内城减少的岗位为其他区位所替代)[10]是这些城市就业率下降的一个相对不那么重要的原因。将本次调查的四所城市之内和城市之间转移的就业岗位排除在外，这种类型的就业机会仅有 3,252 个岗位，占总减少岗位的 11%。

然而对于实现区位转移的就业机会来说，情况并非如此，62%(2,012 个)的就业机会转移到了开发区。因此我们认为， 39

就业并没有从这些城市流入受援助地区，就业损失的数值意义被过分夸大了。有一项事实可以说明政策对就业迁移到受援助地区的作用并非如此重要，这个事实就是这些地区的就业增长仅有3%(60个)出现在了城市区位中。换言之，即使在缺少区域政策的情况下，重组也完全有可能实现就业的城市/非城市的转移。对利物浦的考察结果进一步证明了这种观点。正如表1.4所示，作为开发区的城市并不例外。不管是否存在开发区，本文所考察的这些过程都会导致内城严重的就业减少。[11]

40 **表1.4　就业净变化：四所城市**

城市	产业重组公司干预时期的总就业	绝对减少	区位减少	区位增长	绝对增长	结果	差别	变化(%)
伯明翰	11,950	−3,020	−0	+40	+0	=8,970	(2,980)	(25)
大伦敦区	26,473	−10,228	2,563[a]	20[a]	0	13,702	(12,771)	(48)
利物浦	11,350	−4,910	250	0	0	6,190	(5,160)	(45)
曼彻斯特	22,740	−8,955	542[b]	93[b]	0	13,336	(9,404)	(41)
总计	72,513	−27,113	−3,252[c]	+50[c]	+0	=42,198	(30,315)	(42)

[a] 不包括在伦敦内部转移的30个就业机会，但包括转移到其他城市的103个就业机会。

[b] 不包括在曼彻斯特内部转移的240个就业机会。

[c] 由于不包括在城市内部和城市之间转移的就业机会，所以没有计算总值。

生产区位转移所产生的就业增长对这些城市来说微不足道。从调查的整体情况来看，4,495个就业机会实现了区位转移，其中3,625个岗位来自这四所大城市的工厂，剩余的岗位(870

个)最初位于英国的其他地区，而这些城市从前者只保留了 373 个岗位，从后者只接收了 30 个岗位。而且根据本文调查，这些城市并没有创造出新的就业机会(绝对增长是零)。当然，就业增长的缺乏(区位增长和绝对增长)可以被认为是区域政策的转移影响的结果。但是，我们再次指出，不仅利物浦(它属于开发区的城市)和英国非受援助地区的城市表现类似，而且调查发现，流动就业中只有 10%(433/4,495)[12]的岗位完全流向了城市。

表 1.5　就业变化的组成部分 41

就业变化的组成部分	所有被调查公司		城市	
	数量	初次就业百分比(%)	数量	初次就业百分比(%)
绝对减少	(37,986)	17	(27,113)	37
本地	(26,741)	12	(17,478)	24
过程	(11,245)	5	(9,635)	13
区位减少	—	—	(3,252)	4
绝对增长	(1,970)	1	0	0
区位增长	—	—	50	0
净变化	(36,016)	16	(30,315)	42

表 1.5 说明了就业变化对四所城市的影响。从就业减少的每一部分来看，以最初就业百分比的形式表现出来的比例变化在这些城市中的数值比全国总量还要大，所以增长是微不足道的。

迄今为止，关于就业变化的讨论仅仅从就业增长或减少的数量的角度进行。然而，重组同时也对整个部门和(尤其是)城市的所需劳动力类型影响巨大。

第一点，按绝对值计算，城市就业减少的大部分是相对熟练工种。表 1.6 列出了行业内的员工职业分布。[13] 1970 年 5 月，开始最早采用《1968 年标准行业分类》(SIC)来进行分类。因此，这份表格已经可以反映出本文提及的由过程引起的变化，[14] 具有一定启示意义。

表 1.6　1970 年 5 月宽泛职业种类和产业的员工(男女)* 分布百分比

MLH	行政、技术和文职类	熟练操作工	半熟练工	其他	总计
354	36.6(31.4)	24.6 (6.4)	26.7(58.0)	12.1(38.4)	100(33.2)
361	34.9(26.7)	26.9 (2.7)	24.5(50.3)	13.8(22.9)	100(26.0)
362	30.9(32.4)	8.5 (3.1)	42.6(36.8)	18.0(14.7)	100(30.6)
363	29.7 (28.6)	12.4 (3.0)	51.0(66.2)	6.9 (8.8)	100(44.3)
364	32.1(29.8)	11.9 (5.3)	47.0(77.4)	9.0(28.6)	100(50.8)
365	25.7(37.7)	10.5(15.3)	53.8(79.9)	10.1(20.9)	100(57.0)
366	64.2(22.3)	14.0 (5.1)	15.8(68.3)	6.0(25.5)	100(27.6)
367	57.9(24.1)	18.6 (6.2)	15.4(75.0)	8.1(41.3)	100(29.4)
368	31.2(38.6)	11.3 (2.1)	37.5(56.0)	20.0(23.3)	100(28.1)
369	27.4(35.6)	15.3 (2.9)	43.8(71.4)	13.5(27.2)	100(46.1)
383	44.6(20.2)	33.8 (0.5)	11.0(19.4)	10.6(20.1)	100(13.6)

*** 括号内数据值是女性在各种类中的百分比。**

来源：《英国劳动统计数据》，1970 年，表 100。

表 1.6 清楚地显示出，第一组产业的生产重组必定会对男性熟练劳动力产生尤其重要的影响。MLH383 熟练工人比例最高，女性员工比例最低。MLH362 的官方数据截然不同：总劳动力中，61％是不熟练工或半熟练工。

42 然而，以上初始数据必须解释一下。MLH362 的调查结果仅与超高压电缆产业的合理化改革有关。在对其中一家倒闭企业的详细采访中，我们发现技能分类问题非常突出。该产业中的小时工可以分成两种：流程工(主要是操作机器的半熟练工)和熟练工(机械和电气维修工)。第二种(熟练工)与半熟练工相比数量较少。半熟练工的种类本身可以分成八个等级，两个最高等级的工人具有较高的专业技能和较丰富的培训经历。然而，技能通过职场获得，这些技能只限定在超高压电缆产业，所以在一般的就业市场上，这些工人就变成了不熟练工或半熟练工。因为全国范围内的基本工资水平都依据这八个等级(个别企业有自己的激励机制)来确定，即使找到新工作，失去了八个级别中的高级别工作也很有可能意味着技能水平和收入的同时下降，而从事这些工作的工人大部分是男性。

第二组重组所导致的四所大城市的就业减少也对劳动力的技能水平产生了影响。这一组的减少发生在更多使用传统工程工艺技能的老旧电子机械工厂内。第二组的产业出现了技能进一步两极化的趋势，而重组就是该趋势的一部分，对这些城市也有一定影响。这些产业中的劳动力日益被划分为高素质科技人员和半熟练的装配工人(主要是女性)两类人群。这种劳动技能两极化也反映在产业的空间模式中。一方面，熟练合格的工人日趋集中在重要东南沿海，另一方面，仅需要半熟练工的企业越来越偏爱选择开发区的非城市地区。

因此最终结论是，就我们研究的过程而言，大部分就业减少的是需要一定熟练技术的职位，大多数失业属于绝对失业(见表 1.3)。

这个结论很有趣，因为在谈及城市产业转移时，劳动力技能是经常被提及的因素。然而，我们的研究并没有发现证据表明企业从城市转移是为了寻找更加熟练的体力劳动者。

43 ## 四、结论

本文的主要目的之一是从国民经济不断变化的结构的视角对“城市问题”进行重新阐述。[15]本文所论述的重组过程对城市的影响巨大。也只有从这种分析的角度，就业变化才可以得到充分解释。同时很明显，这种分析会得出完全不同的政策结论。

首先，虽然本文的关注焦点仍然在城市层面，但是对这个问题的界定表明其原因并不一定局限在城市范围之内。其产生的可能结果就是，这种方法会改变人们对于地方政府的“责备”。这并不是要否认规划和发展控制过程也具有消极影响，而是要强调指出，这种影响是在整体经济层面的语境下发挥作用。

我们通过研究还发现，将这些城市目前的问题归咎于国家政策的“缺陷”是错误的，在这种情况下国家政策指的是区域政策。目前学界普遍认为区域政策要为大城市制造业的就业率下降负主要责任。我们的主要考量是就业率下降的主要部分是绝对减少，而这种就业减少决不会随空间政策而改变，裁员的原因也不可能受到这些政策的影响。我们之前已经讨论了这些原因，然而要注意的是，就业减少并不源自企业的失败，而企业的失败也许可以部分归因于不利的区位条件。相反，必须指出企业的倒闭裁员并不一定是失败，而是通往“成功”的唯一通道。为了增加企业的利润率和国际竞争力，这样的做法是必要的。

然而正如之前所言，剩余的减少(共 11%，见表 1.3)通过区位变化或一部分区位变化而产生。此处有两个问题：第一，区域政策是否成为区位变化过程的一种激励因素；第二，鉴于

一些区位变化存在的可能性，区域政策是否影响了这些变化的
“目的地”。福尔克和马蒂诺斯(1975)对我们此处讨论的一些因 44
素的重要性也进行了思考，他们认为刺激政策不仅影响了随后的区位选择，并且使过程自身成为可能，对地区的资助“使得工厂合并以及之后的工厂合理化变得更加容易，并且鼓励了生产集中和劳动的资本替代”(p. 14)。这种观点表明，区域政策至少在某种程度上是国家整体经济政策的一部分。换言之，它和产业重组公司持有相同的策略。这一点很重要，有众多证据可以证明。然而，如果区域政策不仅是简单的区域政策，而是试图提高产业生产力的一种尝试，并且恶化了内城的就业问题，这并不意味着可以将区域政策简单地一扔了之，而是必须找到至少同样有效的替代方法，这一替代方法可以增加竞争力而不会造成如此麻烦的空间影响。

内城问题和区域政策的关系更为复杂。首先，合并、合理化、产能的集中和重组很少需要投资新厂，通常只在出现其他变化(比如生产技术变革)的时候才有必要。因此大多数情况下，对资本投资的激励(基本上)没有什么作用。另一方面，既然将使用现有产能，工业发展证书(IDCs)则没有使用的必要。[16]因此，源自我们此处讨论的各种过程中的大部分城市就业的区位减少可能已经带来其他地方的相对增长，这种情况在现有的工厂，在英格兰非受援助地区中等规模的城市里已经出现(见埃弗斯利，1975)。我们也发现了少数案例，开发区一些内城(利物浦)出现了倒闭，一些生产和就业机会转移到了非受援助地区。这种合并和之后的合理化本身并不经常受到区域政策之一的刺激(或抑制)政策的影响。

然而，正如以上分析所示，这确实给这些城市造成了 62% 的净区位减少，它们转移到了受援助地区。我们要对这些转移的本质进行认真研究。首先从数据层面上看，这种类型的区位减少造成了数量更大的过程绝对减少。接收开发区（recipient development areas）直接创造的新岗位数量少于城市流失的三分之一。[17] 表 1.7 的数据介绍了从内城公司倒闭潮中接收生产的开发区工厂的情况。

45 **表 1.7　工厂从内城向外迁移对开发区造成的影响结果**

开发区	合并时		合并一年后	
威尔士	480		603	
北部：工厂 1	1,500	7,340	1,802	6,577
工厂 2	5,400		4,450	
工厂 3	440		325	
苏格兰：工厂 1	1,140	2,100	923	2,063
工厂 2	960		1,140	
总计	9,920		9,243	

这些就业数据包括了所有接收工厂的就业情况，不只局限于转移的就业。此外，这些产业的其他变化和重组也在同时进行中。这些数字表明，城市大量失业和显著工作转移并不意味着受援助地区获得了相应的就业增长。而且，自表格中第二个时间段开始，受效率提高（增加劳资比率）与订单减少的双重影响，所有工厂的就业进一步减少，其中一个工厂甚至倒闭。结论如下：如果这些过程持续下去（如果它们可以持续下去），即使没有区位变化，它们也会导致内城大量的就业减少。

然而，这些过程本身在区域政策鼓励之下出现，尤其受到了刺激政策的影响。尽管我们并不反对这一观点，但还是有必要问清楚，是不是这种吸引力来自开发区本身，而不是来自区域政策的刺激。换言之，在何种程度上，向经济萧条区转移是经济过程不可缺少的一部分？一个经常被提及的吸引力是空间可用性（space availability），包括绝对可用性和价格。我们的确发现了某个“区位因素”的证据，即劳动方面的因素。我们要再次强调，从实际的区位转移角度来看，此处讨论的案例数量很少，但是为了阐述方便起见，我们仍然可以使用令受援助地区受益的就业绝对增长方面的证据。分析的主要结果如下，开发区创造的就业机会几乎完全是半熟练岗位，与同时期城市产业中减少的就业机会相比，这些岗位需要的技能更少。在实际空 46
间转移的情况下，再加上技术变革的影响，就业岗位总量的绝对减少以及所需技能的水平同时出现了下降。我们总结了四条结论：第一条最为确凿，没有证据显示在这种情况下企业会从工业城市中迁出以寻找更加熟练的劳动力。第二条，在受访的主要工业城市中，即使在没有区位变化的情况下发生了重组过程，所需的劳动技能水平也会出现大幅下降。第三条，考虑到该调查中生产技能要求的变化方向，区位因素的平衡有可能也在改变，以使这些产业摆脱之前对高度熟练劳动力的要求，而这可能相应地会松动它们与主要工业城市之间的现有空间联系。这表明产业从市区转移并不必然意味着受援助地区的就业岗位增加。第四条可供商榷，考虑到对劳动力需求的不断变化，现在重点要更多地放到关于非熟练劳动力的区位分化特征的区位决策上。当然，城市里也有处于失业状态的不熟练或半熟练劳动力储备。然而，这种劳动力可能更昂贵、更激进。与之相反，开发区小城镇的劳动力更便宜，因为他们有迫切的就业需求，要求不高。[18]

本文仅考察了一些主要产业部门，但哈里斯和泰勒(1976)认为劳动力重组是一个经济层面的现象。在这种情况下，这些城市的问题似乎并不能像享有区域政策的地区那样得到解决。这是一个涉及全国范围的问题，不是一个为任何新资本投资提升竞争力而增加刺激手段的问题。而且，以区域政策目前的情况，它们在解决内城问题所需的细节处理上是远远不够的。为了充分解决这些地区当前的人口/就业不平衡问题，所需要的政策必须能够细化/影响所吸引的产业种类，进而在一个相当精确的空间层面上实施。换言之，有必要区分内城的区位政策与外部地区的区位政策，一般性的激励政策很少能实现如此的精确度。

本文关注的主要问题是把目前的城市就业变化与全国及国
47 际层面的经济过程联系起来。虽然所有个案都是众多原因的最终结果，但影响伯明翰、大伦敦区、利物浦和曼彻斯特四所城市的各个重要过程很明显是对产能过剩和技术改革(目的是更廉价的生产过程；我们的调查案例都是非劳动密集型产业)的回应。所涉及的企业通常会在国内生产部分放弃重电气行业，通过产能削减增加其他产品的国际竞争力，从而提高企业生存几率。这些具体过程很重要，因为这是针对产业重组公司的研究结果，而且产业重组公司的活动主要集中于这样一些案例。但应当指出，从比例上看，这些过程对这些城市的影响比对全国的影响更为重要。我们认为，作为一个普遍形式，这种重要行业和特定产品组的重组和重构是英国经济发展的一个必要过程。因此，那种将经济过程排除在外的政策选项是绝对不能考虑的。我们的研究表明，如果这个下降过程中存在着矛盾冲突，这不是在内城和获政策支持的开发区之间的冲突，而是这些城市和对利润与国际竞争力的需求之间的冲突。

伦敦

发表于 1978 年

【注释】

[1]干预的各种形式被统称为“金融重组”。

[2]由于对个案的干预长达四年之久，故而总计数目并不与某个时间节点相关。因此这个百分比是在将调查总数和四年之初(1966 年)这个行业全国就业总数进行比较之后凭借“经验法则”得出的数据。

[3]在 1966 年和 1972 年之间。尽管工业重组公司于 1968—1969 年在该行业表现最为活跃，并于 1971 年年初被撤销，但是有证据表明直至 1972 年，工业重组公司在干预之后仍进行了合并后的合理化建设。实际上，有一家企业在工业重组公司资助的合并后进行了生产重构，并在六年后即 1976 年建成了新厂。

[4]选取的地区如下：伯明翰：伯明翰市；利物浦：利物浦市(包括内瑟
顿)；伦敦：大伦敦议会区；曼彻斯特：曼彻斯特市。同时还记录了纽卡斯尔 48
的情况。但与其他城市不同，对纽卡斯尔的调查只局限在一座工厂和一个特定的生产组。由于针对纽卡斯尔的调查结果有限，本文只讨论前四所城市的变化。

[5]各组标题与调查中所确定的重组形式具有特定联系，并没有形成一个能在各重组案例中运用的绝对类型。因此“针对产能过剩和高成本的重组”不会产生本文所讨论的特定重组形式。

[6]这不是一个特别现象。当时，对电能的需求开始下降，而工业衰退又

令形势进一步恶化。

[7]过程绝对减少表现为过程总减少和区位减少之间的百分比(4980∶5586)。

[8]这些产业与第一组并不完全对应。此处必须再次强调：小组分类是在对全国的重组经济压力进行考察之后做出的，并没有沿袭任何具体的部门分类。MLH361 的一部分划归第三组，而 MLH354 的一部分可以划归于第一组。不可能把参与调查企业的就业情况的最初分布以分组的形式在表格中体现。

[9]比如，每当新一代计算机出现，据估计，劳动力含量就会降低十分之一(从受调查企业的访谈中得出此结果)。

[10]我们这里仅关注就业机会的数量，就业类型在过程中也会发生变化，见下文。

[11]当然也可以说过程本身的出现也是由于区域政策。我们之后会讨论这一点。

[12]也包括纽卡斯尔的数据。

[13]把所有产业看作一个整体而非只有受调查企业。

[14]这表示将低估 MLH 级别的技术水平。

[15]需要强调的是此处只研究了一个经济领域(尽管是主要领域)。特别要指出，我们还没有考虑服务行业就业增长的可能性。

[16]工业发展证书。

[17]需要指出一点，即这种变化类型最易受几个大型企业的大型转移的控制，数据也应该从这个角度处理。同时其他文献(如：基柏尔，1971；菲恩，1975)也表明这种类型主要受几个大型企业的几次大型转移的控制。

[18]显然，开发区并不是从劳动力要求变化中得益的唯一地区。在景区，“新”劳动力也在不断出现(参见马西，1977)。

49 **【参考文献】**

Chisholm，M.(1976)，“Regional Policies in an Era of Slow Population Growth and Higher Unemployment”，*Regional Studies*，Vol. 10，pp. 201—213.

Department of Employment (1975), New Estimates of Employment on a Continuous Basis: United Kingdom, *Department of Employment Gazette*, pp. 1037—1039.

Eversley, D. (1975), *Employment in the Inner City: An Introduction*, EIC WP. 1.

Falk, N. and Martinos, H. (1975), *Inner City*, Fabian Research Series 320.

Firn, J. (1975), "External Control and Regional Policy", *In Red Paper on Scotland*, Edinburgh, EUSPB.

Harris, D. F. and Taylor, F. J. (1976), *The Service Sector: Its Changing Role as a Source of Employment*, Department of Environment, Leeds Regional Office.

HMSO (1966), *The Industrial Reorganisation Corporation Act*, London, HMSO.

Keeble, D. (1971), "Employment Mobility in Britain", In M. Chisholm and G. Manners (eds), *Spatial Problems of the British Economy*, Cambridge, Cambridge University Press.

Massey, D. (1977), "A Review of D. Keeble", *Industrial Location and Planning in the United Kingdom* (London, Methuen, 1976), *Town Planning Review*, p. 48, pp. 454—456.

Massey, D. and Meegan, R. A. (1979), "The Geography of Industrial Reorganisation: The Spatial Effects of the Restructuring of the Electrical Engineering Sector under the Industrial Reorganisation Corporation", *Progress in Planning* (Oxford, Pergamon), Vol. 10, pt. 3.

Treasury (1976), Economic Progress Report (February).

50 第二节　何种意义上的区域问题?

一、介绍

本文旨在就资本主义社会“区域问题”的常见概念提出一些讨论。其中一些观点已众所周知，另外一些则较少被提及；一些观点对现有理论提出了挑战，另外一些则对方法论中所隐含的假设提出质疑。我们希望通过综合这些观点并指出它们的相互关系，使人们能更认真地认识到所有观点的内在意义。

二、区域差异与劳动的空间分工概念

我们提出了一个分析区域差异的框架。这一框架在此处目前还相当抽象，但之后将力图增加更多具体的内容。

我们一开始要明确一点，那就是空间(或区域)不平等经常出现。这是一个历史命题，此处要介绍的总框架是一个分析真实历史进程的框架。只有在这样一个框架下，才能进行公正的研究。

第二点，“不平等”在这一语境中的确切含义是什么？在文献中，这个词往往以两种截然不同的方式被随意使用。首先，
51 在吸引主要经济活动方面，各个地区间存在着不平等；其次，还有社会福利各项指标上的不平等(如失业率、人均收入、生产

的外部控制程度等)。显而易见，这两者所指的不平等并不相同。粗略而言，一个是原因，另一个是结果。本文关注的是第一种不平等，即对经济活动的区域吸引力和区域适用性在程度上的不平等。换言之，在任意一个时间点，若要进行有利润产出、富有竞争力的生产，其生产条件都存在不平衡的地理分布。

第三点，这种地理不平等是一种历史性相对现象。作为两个进程的结果，它具有历史相对性(换言之，它会发生变化)。一方面，它会回应生产需求的地理分布变化，这类变化通常被称为空间变化、区位变化或表面变化，具体来说表现为人口或资源分布的实际变化，或者交通通信的发展而带来的相对距离的变化等；另一方面，空间不平等的模式可能会由于生产过程本身要求的变化而改变，换而言之，是因为有利可图的经济活动对区位提出了新需求。反过来说，生产需求的这些变化本身就是结果，它们非由中性的技术进步产生，而由整个积累过程中的核心要素所引发。

然而，在任何特定时期，新经济投资的地理分布都对应于一定的空间分化(differentiation)模式。这样就出现了第四个问题——“对应”的意义是什么？我想在此引入一个术语：“劳动的空间分工。”引入该术语是为了表明我的一种观点。人们通常假设，任何经济活动都会从生产条件方面对地理不平等做出回应，以使利润最大化。这一假设正确无误，但它并不重要。不同形式的经济活动吸收或利用空间不平等，以实现利润最大化，在此过程中存在着差异，该假设忽略了这一差异。不同部门之间或任何某个部门会随着生产条件的变化对地理不平等做出不同应对。这种应对也会因资本所有制的结构而改变(比如在单一

所有制下，取决于生产的规模和范围)。决定采取何种应对方式取决于两方的相互作用：一方是空间分化的现有特征，另一方
52 是某一特定生产过程的需求。另外，如果不同产业利用空间差异的方式不同，那么这些方式将产生或导致不同形式的地理不平等。产业的不同应对模式意味着整个生产过程中会出现不同的劳动的空间分工，可能因此产生不同形式的“区域问题”。

简单来说，可以将地理不平等视为历史进程加以研究，把它看作一轮又一轮的新投资，在每次投资中，都有一种新式的劳动的空间分工在发展、演进。当然，实际上，变化过程更多样而且还在不断增多(虽然肯定也有一些时期需要彻底重新定位)。另外，在任何既定历史时期，大批不同的劳动的空间分工都有可能借由不同的产业部门往前推进演化。因此，在任何实证工作中，都有必要分析这种复杂性，并且隔离和确定那些主导着空间结构重塑的特定分工。经济活动的地理分布源于劳动分工形式的演变，它将覆盖并结合此前不同形式的劳动分工所带来的模式。持续的多层次的结合将会产生随空间而变的效果，从而使生产条件的不平等呈现出一种新形式和空间分布，为新一轮投资打下基础。因此在任一给定地区，“经济”都很复杂，它是在更广大范围，全国乃至全世界的劳动的空间分工中由其自身所扮演的各种角色相结合而产生的复杂结果。

三、英国不同形式的劳动的空间分工

为阐明以上提及的一些观点，并为之后的讨论打下基础，在此有必要简单梳理一下劳动的空间分工的两种形式，它们已

经，或者说，正是构成英国“区域问题”的重要部分。

第一个例子非常有名，此处只需略着笔墨。正是这一劳动的空间分工形式建构了 19 世纪大部分时期中英国的空间组织(麦克龙，1969，p. 16)，它表现为产业空间的专业化。英国在早期主导了现代工业的发展，它随之通过致力于在国际劳动分工中实现自身制造业的专业化，以及自由贸易来继续保持其主导地位，这使得英国以煤炭、造船、钢铁和纺织为基础发展起来的出口产业在一战前获得了长足发展。这些产业在英国国内 53
建立它们的生产空间模式时，面临的地理条件并不相同。对它们当时的发展而言，地理差异至关重要，如该地能否通达进出口港(进口原材料，如棉花等)，能否提供熟练技术工人，以及能否便利地获取煤炭资源。在某种程度上，这点到现在都很重要。生产要求和地理差异相结合，带来了一种新的劳动的空间分工。正如前文所述，那就是产业空间专业化。各产业只专注于把产能集中到最适合生产要求的地区。另外，由于这些产能因素在新投资和产量及就业增长方面占据主导地位，它们也成了新兴的区域差异模式中的构成要素。“格拉斯哥的克莱德河代表了船舶和重型机器制造业；东北部代表了煤炭、钢铁、船只出口和重型机器制造业；兰开夏郡代表了棉纺织业和某些工程行业；约克郡的西莱丁代表了煤炭和羊毛产业；南威尔士代表了煤炭和钢铁出口。”(霍尔，1974，p. 84)就地理位置而言，这造成“几个主要工业区的发展繁荣都依赖于一个非常有限的经济基础”(同上，p. 83)。

虽然这种劳动的空间分工形式带来的后续效应众所周知，但仍需强调几个观点。第一，从产生地理不平衡的意义上说，这种产业布局的模式不一定存在问题。第二，正相反，英国整体经济和这些特定产业相对于国际劳动分工发生了很多变化，它们不断沉淀，从而出现了区域问题。无论如何，工业领域的区域问题都来源于政策的土崩瓦解(基于工业主导和自由贸易的国际专业化政策)。20 世纪 20 年代对英镑的高估，30 年代经济集团的出现，技术的发展，来自低收入国家的竞争，所有因素结合起来造成了传统出口产业的长期下跌(麦克龙，1969，p. 16)。帝国关系发生了变化，英国作为世界资本主义主要经济体的地位也在逐渐衰落，两者都影响到了这些产业的劳动的空间分工，“区域问题”由此产生 。第三，这个过程产生了一种特
54 有的区域问题形式。产业衰退带来了特定的某一区域的衰退，所造成的区域不平等可以由一些众所周知的指标来衡量：失业率、制造业就业量、人均收入和迁出(人数)。

人们常常将这种劳动的空间分工形式视作英国“区域问题”(至少是工业区域问题)的根源。因此，在英国提交给欧洲区域发展基金会的有关英国背景的说明文档中写道：英国的区域问题主要是传统产业就业减少(的问题)，这些产业包括煤炭、钢铁、造船、纺织和农业，减少的原因根据产业而不同。它们大都集中在极少数地区，因而，产业紧缩带来的打击尤为严重(贸易和产业部，1977，p. 358)。

许多当下的思维和大量政策上的持续关注点(典型例子是普遍推行部门多元化，将其视为稳定的基础)都反映着这段早期历史。确实，很多学术著作都表示说，这种空间分工形式的终结有可能就预示着区域问题的终结(或者至少是终结的开始)：“但是，随着时间的推移，问题区域的结构变得越来越有利于经济

的发展；衰退的产业不可能永远衰退，新产业在区域经济中发挥的作用愈加显著。随着过程的持续，问题会变得更容易解决。”(麦克龙，1969，p.166)。很明显，已经有了变化迹象。一方面，许多研究指出了产业专业化的普遍下降(例如，奇泽姆和欧彭，1973；狄克逊和瑟尔沃尔，1975)。另一方面，与这种形式的区域问题相关的各种指标的比较评级也发生了变化。基布尔(1977)在最近的一篇文章中写道，“从 1965 年至今，实际上特别是自 1970 年以来，区域经济表现相较于全国平均水平的几乎所有指标都出现了显著趋同现象”(p.4)。这些指标包括制造业就业份额、失业率、收入以及净迁移数。

尽管这一“趋同”(虽然不得不承认，趋同出现在实施较低国家标准的情况中)已被正式提及，其他一些指标也被一一指出，但这不表明空间差异已告终结，而是意味着从空间不平等的本质和它的地理基础两种角度来说，它以一种不同的形式存在着。举例来说，新指标指的是外部所有权的程度、控制的层级效应 55
以及就业类型的分化。韦斯塔韦(1974)曾指出公司下辖多家工厂这一模式日渐盛行的背景下，一个发展变化中的所有权和控制权的空间层级以及它对就业类型的影响；诺斯和利(1976)两位学者与马西(1976)指出了近年产业集中加剧引发的层级效果(参见马西和米根，1979)。菲恩(1975)考察了有关苏格兰制造业的外部所有权和控制权的程度和类型的证据；麦克德莫特(1976)也做了类似研究。就“空间问题”不断变化的地理基础而言，当然是区域“趋同”，再加上内城重要性的再次凸显，这才是变化的主要方面。

限于本文篇幅，不能就这一空间重组做出完整分析，但还可以简短地描述一下一种新出现的劳动的空间分工形式，它最起码是一个具有促进作用的成分。[1]虽然这种劳动的空间分工形式在某种程度上(并非全部)以前文所述之分工的影响为基础，但它与产业空间专业化的形式完全不同。尤其是这一分工内在体现的种种“不平等”并非仅仅出现在其结束时，这可能蕴含着某种预示，即这种种“不平等”是这种空间组织形式不可或缺的部分。这种劳动的空间分工形式的发展和效果并不仅取决于整体经济的起伏，它们也是产业内部生产组织形式变化的结果。

遵循之前列出的框架，此处有必要先详述一下生产的特征和要求，它们同特定的空间条件相结合，构成了新的劳动分工的发展基础。这些特征和要求包括单个公司和工厂日益壮大的规模(邓福德，1977)，技术、控制和管理功能的分隔与层级化(韦斯塔韦，1974)，以及在生产中分成独立运作的多个阶段(马西，1976；利比茨，1977)。生产过程内部也发生了相当大的变化。一方面，近几年来竞争日益激烈，这给削减人工成本、提高生产力带来了更大的压力，进而也引起了产品标准化进程的明显加速(减少了特定产量所需的劳工人数，对他们的技术也降
56 低了要求)，加快了生产自动化(与标准化效果等同)和数控机床等系统(总体上，对劳动力数量和技术上的要求都有下降，但也需要少量更高资质的技工)的引入速度。对大部分工人来说，这是一个去技术化的过程(参见马西和米根，1979)。另一方面，各产业之间处在变化中的平衡关系，以及电子等新兴主导产业中显现的竞争本质(特别依赖快速的技术变革)，使英国研发领域的就业结构显得更为重要。

这样的发展在某些国家正在出现。在这些国家内，已经有

某种程度的空间分化，体现在技能水平方面(生产工人内部，生产工人和科技工人之间)，某些(只需半熟练即可，且此种态势日渐普及)产业生产工人的工资水平方面，在工人运动的组织程度和激进程度方面，以及在金融和商业服务部门所发挥的作用方面。在过去十年左右，这些国家确立了一种新的劳动的空间形式。大多数西欧国家和美国都在此列。

正是这种变化的生产条件使得工业生产以现在这种方式利用空间分化。一个典型“利用”就是对于地理隔离(geographical separation)的日益依赖，即将控制和研发功能同仍然需要熟练技术工人的直接生产过程区分开来，也将它们同日趋重要的大规模生产要素以及只需半熟练工的装配工作区分开来。单个公司的规模不断扩大，这对该过程至关重要。一方面，扩大公司规模是为了资助巨额研发(马西，1976；英国国家经济发展局NEDO，1972；英国国家经济发展局，1973)；另一方面，也能增加产品的数量，生产数量要达到一定规模以保证一定的自动化程度，这样才能减少劳动力总成本，提高单个劳动生产力。最后，当然，如果单个公司规模巨大，就能将生产过程的不同阶段安排在不同的地方进行，这样就可以利用空间不平等建立起区位层级关系。

先来看一下层级的底端，大规模生产和生产的装配阶段日益集中在一些特定区域，那里有大量半熟练工人，薪水低，工人也没什么组织和激进传统。通常这意味着那些地区的工人之 57
前几乎没有什么从事有酬工作的经验。在这些地方，之前主要的产业部门土崩瓦解，比如诺森伯兰郡的采煤区，苏格兰的煤炭、页岩开采区。在这种情况下，受雇的工人主要并不是之前从事专业化生产的那批工人，而通常是该地的妇女。其他一些地区也是这一生产阶段的理想选址地，这些地区的工人(同样主要是妇女)并不完全依赖(也不据此形成组织)有偿工作。这类地区的典型例子是海滨度假胜地，人们可从事季节性或兼职的个体经营。虽然在这些地区(通常经济低迷)引进生产设施的新投资比较新鲜，人们通常持欢迎态度，认为新投资会带来诸多好处，但它产生的积极影响可能很小。收入和技能水平仍旧很低，也不一定会有新的就业机会，因为这种工厂的一个主要特征是它们同当地没什么联系，在相关生产方面也不会给当地带来多少刺激(参见麦克德莫特，1976；利比茨，1977；邓福德，1977；麦克龙，1975)。菲恩(1975)在对苏格兰经济的外部控制的程度和形式进行描述之后，就其可能引发何种后果得出了一些初步结论。他的结论与上文提出的观点相类似。菲恩因而提出了一种假设，认为劳动力中的现有差距很有可能会加剧，这种投资并不会扩大当地的技术、研究或管理人员阶层。此外，考虑到创建新公司所需要的主要前期基础，缺乏研发也减少了当地创建新公司的内在驱动力。劳动的分工再次加剧了现有的不平等，并且进一步减少当地对该区域的控制力度。菲恩的假设与我们有关直接劳动力和人均收入效果的证据是一致的(马西和米根，1979)，所以他写道：

> 外来工厂提供的新工作机会主要面向妇女，需要在电子工厂之类的厂家进行半熟练的装配操作，而失去的工作岗位之前主要由男性从事，都是一些高收入、需要娴熟技能的岗位。因此，每提供一个新工作，都会使净工资减少，

出现劳动技能简单化，虽然这一说法还有待验证。(p. 411)

最后要提到的是，在这些地方，这种劳动的空间分工形式“将与其他经济体系高度融合，以一种很开放的地区经济的方式来呈现自己”(菲恩，1975，p. 411)。邓福德(1977)和利比茨(1977)以意大利和法国为例就这一论述给出了类似例据。 58

生产的“第二阶段”(过程尚未自动化，未实现装配流水线或标准化产品生产)仍通常在拥有熟练劳动力的老旧中心进行——主要是19世纪的工业城镇。然而，这个阶段的关键特征是在数量上显得越来越不重要。之前提及的生产过程的去技能化(de-skilling)使得产业从区位上来说越来越摆脱同熟练劳动力原有的联系(因此，也可补充一点，越来越摆脱与具有完善工会组织的劳工的联系)。劳动的空间分化带来了产业发展的新的可能性，它同生产过程的那些变化相互作用，部分导致了如今内城的产业衰退(参见社区发展项目，1977；马西和米根，1978)。

最后，在层级的“顶端”，大都会(仍包括伦敦和巴黎等欧洲城市)的典型特征是控制功能(包括将生产分配到其他区域进行)和研发设计功能，大都会里生活着大量管理和技术阶层的人士(正是这些人士的存在成为大都会的特色，而非体力劳动的缺乏)。

为了澄清“劳动的空间分工”这个术语的内容，有必要详述这一术语被空间分化资本使用时和之前提到的产业空间专业化有什么差异。第一点，也是最明显的一点，它不是某个产业的地理分工，而是在单个资本(an individual capital)的生产全过程中的劳动的产业内部分工。

第二点，正如之前所述，区域不平等是其固有的本质，而不仅只是劳动的空间分工终结带来的一个后果，这点与产业空间专业化不同。

第三点最重要，它造成的影响不同。尽管有一些我们熟悉的“不平等指标”同劳动的空间分工仍旧相关，但并非所有的指标都是如此，也许有必要设计其他的指标来反映这种新型分化的影响。技能、控制和工资水平方面的一些重要差异之前已被提及。但可能最常被提到的影响是：在区位层级最底端，高度的外部控制带来了这些地区极度“开放”的经济。这种开放有很多含义。首要的就是区域经济由外部经济变化掌控。人们通常认为这是一种新影响，但实际上，20 世纪 30 年代的经济活动表明，内部控制(internally controlled)的产业专业化也具有类似的
59 含义。但是这种劳动的空间分工的开放性带来的效果与产业空间专业化的效果完全不同，表现在两个方面。一是可能在当地就业量上产生很小的乘数效应。二是可能给生产区域外的母厂豁免利息，减少应交利润和股息。它们都与一个事实有关，即此处的开放是外部控制的结果。

第四点差异体现为，劳动的空间分工表明了“问题地区”的一种非常不同的地理形态，即如前所述，它也是目前内城衰落的表现之一，在受援助地区内外都是如此。

第五点，即最后一点，是一种相似性：这种新的劳动的空间分工的发展也是各种生产变化的产物，而变化本身是由更强大的经济力量引发。现今的收益率和市场面临的危机，极大地增加了两种压力：扩大单个公司规模的压力(其含义前文已述)以及减少劳动力成本的压力(参见马西，1976；马西和米根，1979)。

四、一些含义

以上所讨论的内容看起来好像平淡无奇，但是，如果能认真看待我所采用的这种方法就会发现，它们对此处有关“区域问题”本质和原因的一些普遍假设都具有实质意义。

主要观点是区域和政策问题通常被视作纯粹的地理分布问题。之前的框架和案例强调了它们在生产过程的形式和水平中有何基础，也强调了这一基础与地理不平等的现有模式之间的关系。通常，只强调地理分布结果会使分析仅仅集中在空间、空间分化和空间表面变化这些方面。实际上，尽管空间变化最重要，但前述讨论已表明我们不能假定世界其余相关地区随时间流逝而恒定不变。生产要求也在变化——以应对国际和国内经济体系的压力——因此，任何既定的空间分化形式下的生产的关联性也在发生变化。

有人可能会认为我们只讨论了易找到漏洞的方面，为了避免留下这种印象，我们会关注已经提及的“趋同”问题(基布尔的文中提到了这点，1976，1977)。如前所述，这种趋同仅仅指的 60
是某些指标，完全没有预示区域问题的终结，但是很明显，有些变化正在发生。为什么?

实际上，涉及这个阶段的大多数研究(20 世纪 60 年代中期到 70 年代早期)在这一问题上说得都很清楚——趋同是由区域政策引起的。我并不想争辩说政策根本没有发挥任何效果，相反，仔细地审视人们为何总是得出这个结论，倒是很有趣的一件事。一个惯常的做法是跨越时间去设想该如何回答“本来可能会发生什么"这一问题，并分析一下现实有别于这一设想的偏差。一般来说，这样设想出的结果是产业区位行为——或者是它的某些效果，如制造业就业的区域分布——还可进行适当的调整，如面临需求的周期性变化，该做何调整。人们的问题是：这种区位行为的效果是否显示了 20 世纪 60 年代中期(换言之，也就是区域政策得到强化的时期)的所有重要变化？

方法完全根据对产业区位行为变化所做的解释而定，而产业区位行为做出的变化不是依靠产业自身的变化，而是依靠产生区位决策的环境(区位表面)的变化。从生产角度来说，它被当作一种趋势预测。这一方法并没有考虑到经济活动内部可能发生的结构变化。定量趋势预测也未能提供有关这些趋势的潜在机制的任何信息，但正是那些机制可能暗示着产业区位要求方面的重大变化。[2]与之相反，区域政策在 20 世纪 60 年代中期突然地得到了大量运用。

区域政策的实施力度确实在 60 年代中期有了明显增加，它也确实改变了区位表面，这一改变是通过改变成本分配等因素来实现的。同样在此时期，产业自身在内部发生了巨大的变化。此外，其中某些变化在 60 年代中期愈显重要——密集的区域政策和趋同也肇始于这一时期。世界经济和英国与世界经济的关系都已经出现了结构变化。竞争愈加激烈，盈利能力在下滑，市场在萎缩。这是英国自 20 世纪 30 年代以来所面临的最严重的经济危机。不出所料的话，这些事件将对生产带来影响。此
61 处要提及的相关要点是：这些发展使得许多产业部门在生产过程中出现了更重要的变化。另外，我们的研究也表明：这些生产的变化转而带动相关产业对区位提出了新要求，这一转变与

区域政策无关，而偏于趋同（有关此点的详细报告，请参见马西和米根，1979；马西，1976），“劳动力因素”就是一个典型案例。正如我们在谈及劳动的空间分工时所阐述的那样，一些产业近期的生产变化已显现出在总体上降低技能要求这一趋势，这样就能使产业不再受限于区位限制。相对而言，对很多直接生产过程来说，与技能和适应性相比，劳动力的容易获得与低成本显得越来越重要。周边（peripheral）地区在这两方面具有优势（参见基布尔提供的证据，1976，第四章）。换言之，空间表面在改变，某些产业对某种既定的地区不平等如何应对——这也是它们劳动的空间分工的本质——可能也需重新界定。鉴于在目前空间就业模式的发展中，受此影响的产业众多，所以这些变化正是带来趋同过程的重要因素，而趋同现象在就业和失业的一些指标中已有体现。

因此，不仅区域政策会影响就业的区域分布变化，现今的危机对产业要求的变化也会对其施加影响。但是区域政策的很多评估方法甚至都未将它考虑在内。区域政策，即空间表面，作为唯一的解释出现，因为仅有它能应时而变，对其他现象进行解释。产业的需求恒定不变。实际上，从发现的证据来看，我们认为产业和政策中的各种变化相互结合，相互强化。[3]这个案例很能说明问题，它真正体现的观点是，就业的区域分布（及由此产生的“区域问题”）通常并不只是一种空间现象，它也可以解释为（即使只是含蓄地解释）纯粹的空间过程带来的结果。

在此有必要提及某些题外话。我们不应当将以上讨论看作要对变化中的区域模式进行另一种替代分析。它仅表明，有一个重要的因素还没被现今的大多数方法考虑在内。许多重要产业都在不断地运用空间，另外也出现了新的劳动的空间分工形式，此两种现象本身并没带来已有的空间模式上的显著变化。
62 空间模式和经济危机的其他影响结合了起来，尤其通过放缓制造业产出部门的增长率，增加了自身的相对重要性，因而也变得越来越有影响。在此情况下，虽然对运用了新技术的产能还会追加投资，但为了应对竞争的压力得削减成本，所以不只是在快速成长期，现在也需要通过取消最小盈利点对空间模式加以“补偿”(形成鲜明对比的是，在快速成长期，就会通过增加新投资来增加产能)。由此出现了一个双重空间效果。新投资具有的新技术使得区位发生变化，它也需要有这一变化，而同时，生产的原始地点就出现了失业现象。我和 CES[4] 的理查德·米根对这种现象做了一项实证研究，并详尽描述了一个详细框架，用来分析该现象。该研究有如下几个相关观点：第一，即使开发区(development area)的新投资全是区域政策刺激的结果(至少之前有关生产技术的观点会对此提出质疑)，仅凭这一点并不能产生趋同。如果原始区位(original location)位于开发区，当然不一定会出现趋同。如果原始区位位于非受援助区，仅靠新投资的区位不会带来趋同，这一区位需要同非受援助区的就业减少相结合，才能带来趋同。第二，如果发生了此等情况，则需对区域政策的相关主张谨慎视之，因为提出这些主张是为了使区域政策符合预想效果(即为纯粹的空间变化)。如果如此，虽然可以说开发区比其他地区有更多的工作机会，但区域政策引发趋同现象这一命题并不成立，也丝毫不能说明区域政策取得了成功。区域问题仍旧存在。第三点也是最重要的一点，这些发展是变化带来的关键结果，它们不是英国国内空间结构上的变化，而是英国对应世界经济整体发生的变化。

总而言之，我们不是说区域政策没有效果(当然也不是在说要终止这一政策)，而是说评估区域政策的效果时需要考虑产业自身的变化，这一点很重要。当前对不断变化的区域模式的解释很多，其中很多都忽略了它与生产和整体经济系统的关系。人们常常认为空间分布能单独存在。但实际上，每一种空间分布都来自特定的生产形式。这个事实被忽略了。从而，生产系统直接导致的种种问题，全部都被错认为与空间布局(spatial arrangement)有关。另外，显示出区域趋同的某些指标无论如 63
何都没有显示出地区不平等的终结。这种趋同在经济整体衰退的背景下发生，除此之外，随着产业以新方式来运用空间不平等，地区不平等的特有形式可能在某种程度上也会发生改变。

那么，在何种意义上"区域"问题这一说法才真正成立？很明显这些不平等并非源自简单的绝对缺乏。相反，是私人生产要求的高利润与空间表面之间关系的不断变化产生了这些不平等。虽然这一观点似乎不言自明，它的含义却常被忽略。人们无数次地从地区的许多内在特征来解释"内城问题"，如归因于缺乏熟练劳动力(大量证据表明的观点与此相反，参见马西和米根，1978)，或归因于规划者的行为(这无论如何不太可能是一个主要原因)，或者最糟糕的是，归咎于居民的心理倾向和社会学特征。实际上，"内城问题"发生的原因随时间而变，而最近的大幅衰落源自各种压力，前文已经提及，即由于经济危机而必须实行合理化改革和重组的各种压力(福尔克和马蒂诺，1975)。同时，周边地区的问题总是被归因于"当地缺乏创业精神"以及"缺少发展的氛围"。而实际上，这些都是结果，不是原因(如果它们是原因，政策的意义也就很难想象了)；菲恩(1975)对其中涉及的机制提出了一些尝试性的看法。

按照这种方式，区域问题没有被理解为区域所经历的问题，反而变成了另外一些问题，于是不知为何，区域成了被怪罪的对象。地理分布与不断变化的生产要求之间的结合被地理分布本身所替代，这一微妙的替代产生了一种政治影响。与所有纯粹的“分布斗争”一样，它引发分歧，使得区域间产生了对抗，使得内城对抗周边地区，而真正的问题在于整体层面，在于工作机会的整体匮乏，在于工作技能水平的整体降低。

产业在创造和使用空间分化的特定种类的方面一直在变化，这正是目前争议的要点。区域不平等并不是资本主义生产所产生的摩擦或异常结果。正如劳动的空间分工的第一个案例所示，资本投资的过程在历史上通常是开放一些区域，放弃另外一些区域的过程。如今，内城正在被放弃，原因在于生产要争取国
64 际竞争力，追逐更高利润。《社区发展项目》(1977)对此做了很好的阐述：

> 如今，发现、定义、解决城市问题的方式和大萧条期间及之后解决区域问题的方式有明显的相似之处。因为这些地区的特质、特定的资本问题都被定义为某些空间区域问题。问题虽然在特定地方出现，但实际上只是整体问题的表现而已，而以上做法转移了人们的注意力，使人们没有意识到真正的整体问题是经济系统的运行方式出现了问题。
>
> 运用这一方法也让人理解了地区、区域、内城等处出现的问题，它们似乎被边缘化了，此处边缘化不是说它们

不重要，而是说这成了这些地区特有的问题，当然，总体情况基本都不错，都还“正常”。剩下要做的是把剥夺指标(indices of deprivation)平均化，实现人口“平衡”发展等。(p. 55)

然而，我认为这个问题还可以继续深入探讨。空间不平等对无计划性追逐利润的私人生产来说肯定有用。可能是因为空间隔离的关系，某些有利的生产条件在偏远地区存在的时间更长。由于当地可能只有一两个雇主，所以低工资、激进精神的缺乏更容易长期存在下去。如果一家企业从一个劳方组织严密的地区转移到另一个组织不良的地区，更有可能采用改变劳动力等新的生产方式。塞基(Secchi)在其关于意大利的“区域问题”报告中提到：

> 考虑到不同经济部门间相同的就业率，区域不平等的存在与发展使得意大利的经济体系在劳动力供给方面游刃有余，比在经济发展更平衡的区域环境中还要灵活；换言之，就某一投资率而言，区域不平等使意大利的经济系统更有可能获得高速技术进步，比在经济发展更平衡的区域环境中所能取得的进步速度还要快。(1977 , p. 36)

最后是我们对政策的一些评论。虽然到目前为止的分析表明，问题并非轻而易举就能解决，这并不表示我们面对问题无能无力。首先，在最简单的层面，认识到问题在本质和地理上都会变化很重要。我认为变化正在发生。如果能超越基本的数

据统计技术，透过分布结果从理论角度来理解数字背后的机制，
65 那么就可以很好地分析发生的种种现象。其次，如果“区域问题”不是一个由区域产生的问题，而是由生产组织自身产生的问题，那它的解决之道也不会仅仅是一个技术问题。如果追逐利润的生产真的意味着不平等，同时也需要这样的不平等，那么政策方面的问题就必定是“谁来担责”(who pays)？我们需要做出明确的政治选择。最后，对空间分布的干预不能脱离生产层面的干预，把区域政策和区域问题简单地视为空间分布的问题是极其不恰当的。

伦敦

发表于 1979 年

【注释】

[1]需要强调的是只有某些行业具有这种劳动的空间分工，如今的经济活动聚合起了新的地理模式，在其中显得很重要的那些行业并不在此列。

[2]有一常规方法能就制造业就业绝对下滑对区域就业分布的影响进行评估，文中所述之批评也适用于该方法。下滑一般仅被看作数量上的限制(如限制了可流动的制造业就业人数)，而实际上，它只不过反映了一些重要变化，以及这些变化对生产及当地需求所产生的影响。变化体现在制造业面临的日渐严峻的状况上，以及其根据产能增长速度放缓和劳动生产力相对增加所做出的应对上。

[3]“相互强化”不仅意味着产业运营和政策变化只是作为附加因素而出现，特别是生产变化，它可能是利用区域政策的前提条件。当然，就像许多学者所指出的那样，也有可能两者结合反过来发挥作用，即区域政策转而激发或带动了新的生产过程中的一些投资(通过在公司流动资产受限时获得的津

贴帮扶)。

[4]环境研究中心。

【参考文献】

Chisholm, M. and Oeppen, J. (1973), *The Changing Pattern of Employment: Regional Specialisation and Industrial Localisation in Britain*, Groom Helm, London.

Community Development Project(1977), *The Costs of Industrial Change*.

Dixon, R. J. and Thirwall, A. P. (1975), Regional Growth and Unem- 66
ployment in the United Kingdom, Macmillan, London.

Dunford, M. F. (1977), "Regional Policy and the Restructuring of Capital", *Sussex University: Urban and Regional Studies*, Working Paper 4.

Falk, N. and Martinos, H. (1975), "Inner City", Fabian Research Series 320, May.

Firn, J. (1975), "External Control and Regional Development: The Case of Scotland", *Environment Planning* A, 7(4): pp. 393—414.

Hall, P. (1974), "Urban and Regional Planning", *Penguin Books*, Geography and Environmental Studies, Harmondsworth, Middlesex.

Keeble, D. (1976), *Industrial Location and Planning in the United Kingdom*, Methuen, London.

Keeble, D. (1977), "Spatial Policy in Britain: Regional or Urban?", *Area*, 9, pp. 3—8.

Lipietz, A. (1977), *Le Capital et son espace*, Economie et Socialisme, F. Maspero.

Massey, D. B. (1976), "Restructuring and Regionalism: Some Spatial Effects of the Crisis", Paper presented to American Regional Science Association. Centre for Environmental Studies, Working Note 449.

Massey, D. B. and Meegan, R. A. (1978), "Restructuring VS the Cities", *Urban Studies*, 15(3), pp. 273—288.

Massey, D. B. and Meegan, R. A. (1979), "The Geography of Industrial Reorganisation: The Spatial Effects of the Restructuring of the Electrical Engineering Sector under the Industrial Reorganisation Corporation", *Progress in Planning*, 10(10), pp. 155—237.

McCrone, G. (1969), *Regional Policy in Britain*, Unwin, University of Glasgow: Social and Economic Studies, 15.

McCrone, G. (1975), "The Determinants of Regional Growth Rates", in *Economic Sovereignty and Regional Policy* (Vaizey, J. ed.), pp. 63—79, Gill & Macmillan, Dublin.

McDermott, P. J. (1976), "Ownership, Organisation and Regional Dependence in the Scottish Electronics Industry", *Regional Studies*, 10 (3): pp. 319—335.

NEDO Electronics EDC (1972), *Annual Statistical Survey of the Electronics Industry*, HMSO, London.

Industrial Review to 1977: Electronics, HMSO, London.

North, D. and Leigh, R. (1976), "Reflections on the Micro-behavioural Approach to Regional Analysis", Paper presented to the Ninth Annual Conference of the Regional Science Association, mimeo.

Secchi, B. (1977), "Central and Peripheral Regions in a Process of Economic Development: The Italian Case", in *Alternative Frameworks for Analysis* (Massey, D. B. and Batey, P. W. J. eds), London Papers in Regional Science, Vol. 7, Pion, London.

Trade and Industry (1977), "Regional Development Programm for the United Kingdom", *Trade and Industry*, 11 February, pp. 358—362.

Westaway, J. (1974), "The Spatial Hierarchy of Business Organisations and Its Implications for the British Urban System", *Regional Studies*, 8(2): pp. 145—155.

第三节　即将面临的格局 67

一、劳动力构成的改变

如今，英国的劳动力与二十年前截然不同。撒切尔主义像一场灾难，极大地改变了劳动力的构成。制造业的就业形势自1979年改选以来已经完全下滑，熟练手工劳动力被大量裁员，甚至整个社会的劳动力都有所下降，就像一次失业灾难，而事实上也是如此。然而，保守党政策的广泛影响无法蒙蔽这样的事实：这些政策在孕育着一场长期的改变。同时，工人阶级和劳动力在逐步经历这场结构性的改变。

这场改变的意义深远，意味着一些曾经的思维模式和工作方法已经不再能满足或者适用于当今的社会现状。工人运动也是如此，如果要掌握主动，工人运动必须调整自己，意识到这些变化，并解决新的问题。

然而，发生改变的不只有劳动力的社会结构，地理环境也发生了改变。英国未来(甚至在撒切尔主义被抛弃以后的时期)城市和地区的结构会同我们现在所知道的结构有所不同，而具体的工作方式也将发生变化。区域划分已经瓦解，诚然，过去的南北划分已根据选举进行了加强，但此时的南北划分已不同于20世纪30年代。大多数工人阶级曾集中在城镇和城市的工作，尤其是在制造业，而在未来，这样的模式将逐渐瓦解。农村地区不再是一个只有农业的地方。

68 与此同时，地理环境的变化也使工人运动面临挑战。工厂地点的变化打破了工厂之间、工厂与社区之间已经建立的关系。而且，工厂或者办公地点如果坐落在不同的环境中，之前的组织形式很可能不再适用。换句话说，地理环境的变化会改变劳动场所所处的更大范围的社会环境，同时劳动力本身的社会构成也会发生变化。事实上，这两个因素相互影响。在过去二十年左右的时间里，英国的资本一直在努力增加竞争力，压制工资水平，进行重组以摆脱危机。其间，地理重组发挥了极大作用，它对于资本来说非常重要，对于劳动力来说也同样重要。

(一)国家层面

从国家层面分析，影响劳动力的各种因素之间的平衡被打破了。图 1.1 展现的是其中一部分区域，这里长期以来都是体力和非体力劳动者工人运动组织的中心。体力劳动者占全部工人数量的比重从 1961 年的 60%多下降到仅仅 50%。[1]这种劳动力结构的变化在整个战后时期都在持续发生。在那段时期，每过十年，体力劳动者的总占比便会下降 5%。这些数字从某种程度上反映了制造业中的失业人口数。现在这也已成为普遍现象。

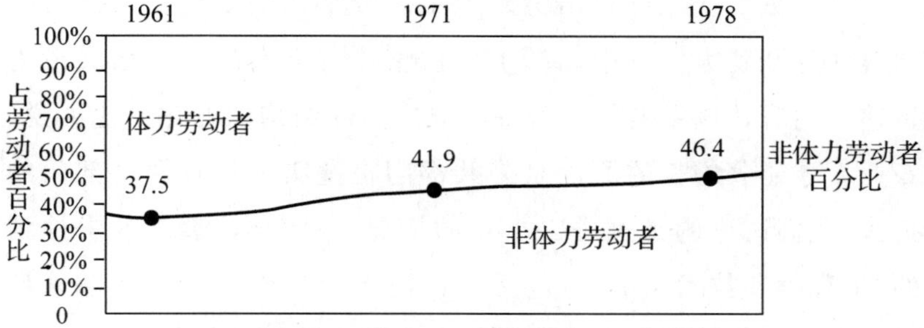

图 1.1　体力劳动者与非体力劳动者占比变化

来源：华威大学人力研究小组数据。

表 1.8　1961—1978 年职业变化(占总劳动力百分比) 69

	1961	1971	1978
管理人员、主管	6.6	7.8	8.7
专业人才	6.6	8.1	9.8
工程师和技术人员	3.5	4.2	4.7
文员	14.0	15.0	15.9
工艺师	19.7	17.6	15.9
熟练工	3.2	3.1	2.7
其他工种	22.9	20.4	18.5
个人服务	8.9	10.5	11.2
其他	14.6	13.4	12.5
	100.0	100.0	100.0

来源：华威大学人力研究小组。

制造业就业数量在 1961 年是 820 万，后来下降了 25%。制造业在整个经济中的就业率从 1961 年的 36% 下降到现在的 28%。

这些重大变化反映出劳动力中职业结构的变化。非体力劳动群体逐渐壮大，其中高端工作占整体劳动者的比重增长最为迅速，同时，该发展伴随着每个群体内部结构的变化。比如说，专业人才显著增长的原因是公共部门在健康和教育两个部门的扩张(我们讨论的是过去二十年的情况)。同样，表 1.8 中提到的“工程师和技术人员”，包括工程类人才和绘图人员等越来越不被重视，而计算机人才和科研人才的人数和地位都有所提高。管理人员和主管已经拓展到各行各业：公共和私人部门，制造业和服务业都有他们的身影。相反，文员人数的增长却没有那么明显，因为显而易见，每一个文员现在开始辅助更多的专业人士。那些就业率下降的群体证明了这个过程，此外每一个群体的内部组成部分也发生了重大改变，如“其他工种”这个分类的就业率在逐步下降，其中包括数量一直增长的装配人员。

70 **(二)女性劳动者的参与**

越来越多的女性劳动者参与到劳动力市场中，这可能是目前最众所周知的现象。详情如图 1.2、图 1.3 和表 1.9 所示，事实上，劳动力市场中，女性劳动者数量的增长并不稳定(1982 年的数据实际上低于 1964 年的数据)。但是，女性劳动者占全体劳动者的比例逐步增加却是不争的事实。这一变化明显地反映出男性就业的变化：近期，男性就业数量迅速下降是因为女性在劳动力市场重要性的提高，即使女性群体自身就业数量也在缩减。

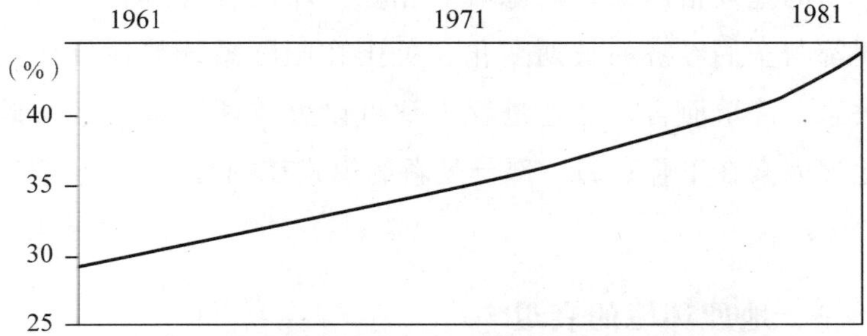

图 1.2　女性群体占总就业群体的比重

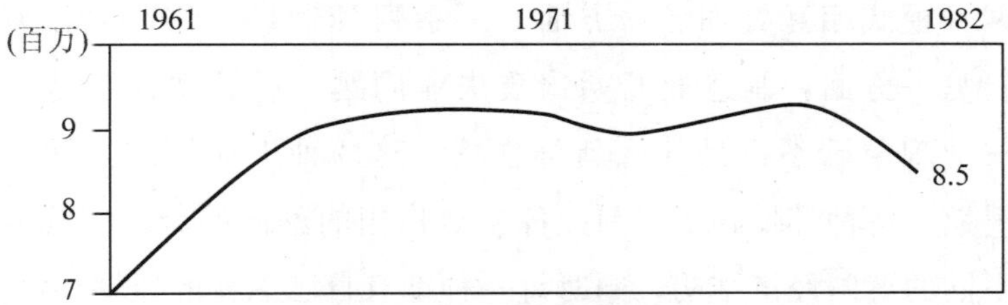

图 1.3　带薪职业女性总数

表 1.9　部分行业中女性劳动力的比重

行业 \ 女性百分比(%) \ 年份	1961	1966	1971
白领	44.5	46.5	46.2
体力劳动者	26.0	29.0	28.6

来源：ACE 数据；人口普查数据。

但是这些数据显示的是全国性的变化，数据翔实但同时也 71
掩饰了许多事实。因为，这些全国性的变化与每一个地区的变化截然不同，而这些社会不同阶级的变化和转变也情况迥异。一个新的地理格局正在建立。

新的地理格局的背后隐藏着相互关联的各种进程。每一个进程都与全局经济的长期变化和英国在国际系统的地位变化有着关系。简单而言，这些进程大致可以分成两个部分：一部分是地理因素在下降；另一部分是新的模式在崛起。

二、地理环境的衰退

如今英国就业模式的衰退实际上由两种不同的模式造成，且两种模式相互叠加。一方面，一系列“旧的传统”产业长期衰退；另一方面，制造业开始出现失业问题，尽管现在制造业中的失业现象已不再是什么新鲜事物。这两种失业模式发源于不同时期，每种都反映了之前发挥主导作用的不同的劳动国际分工和不同的英国经济结构，同时每一种都有自己独特的地理环境。

（一）30 年代经济重现

首先，在开发区的老工业基地中，如威尔士南部、苏格兰中部、英格兰东北部，男性就业率长期衰退。煤炭业和造船业一度是该地区的支柱产业，而在 20 世纪的大部分时间里，这些产业的就业率一直在下降。正是这些帝国支柱企业的衰退，才导致了 30 年代这些地区的失业率和可怕的贫困现象（失业率在东南部相对较低）。也正是这些行业的迅速衰退（尤其是造船业），象征着英国工业战后长期繁荣的终结，同时预示着“区域问题”再次出现。至此，失业以不同的速度在不同地区出现，同时被经济环境和政治战略所调节。失业问题是长期的，已经呈
72 现而且会继续呈现出一种明确的地理模式。这些行业就业率的

下降是英国区域“传统”模式的核心问题。

然而如今，之前众所周知的模式被另一个同样剧烈变化的模式所覆盖，那就是这个下降的模式。

(二)去工业化

去工业化—制造业的失业现象—已经触及了玛格丽特·撒切尔的底线。但这的确也是一个长期的现象。从 20 世纪 60 年代中期到现在，近 25 年的时间里，英国制造业就业率的绝对值一直在缩减。然而，制造业就业率占整体就业率的比重下降的持续时间要比 25 年长得多。

显然，去工业化在本届政府领导下呈现出了一个不同的状态。去工业化加速进展，同时几乎蔓延到整个制造业的各个部门；此外，现在下降的不仅是就业率，出口总量也在下降。在 60 年代末，制造业的失业现象发生在生产力极速上升和技术变革的背景下(那是一个白热化的时代，属于劳动生产率协议的时代)。而如今，制造业失业却更多是由于生产的终止。因此，现在唯一的问题就是当下情况是一个不同的秩序形态，但制造业失业本身并不是一个新现象。

如今，区域性制造业衰落与传统基础产业衰落截然不同。一方面，此次衰退更普遍，不仅局限于国家的两三个地区，而是有明确的地理划分。最先受到去工业化影响的便是城市。大伦敦已经遭受了最大的损失。从 1961 年到 1976 年起，在城市经济中每五年便会减少 200,000 份制造业工作。截至去年，大伦敦城市制造业工作数量仅为 1961 年的五分之二。

事实上，城市地区大规模整体失业基本就是缘于这次制造业的衰落。同时，工作岗位也发生了一定的“转移”现象，从大城市转向了小城镇及乡村地区。但是，这里的“转移”(这个词最常被使用)似乎会让人认为：整件事情的发生是由于地理位置的变化。其实并不是这样。大多数这样的变化会经历不同成长或者衰退的过程。而在主要城市地区，大部分制造业失业的原因是停产，新投资也停止了，起码在英国肯定是没有了。

73 **(三)城市的衰落**

制造业就业岗位的流失，其主要原因并非是因为它们在全国衰退最快的行业中所占比例很高。换句话说，它并不是由城市产业结构决定的——虽然南威尔士和东北的产业结构是 30 年代就业崩溃的原因。城市的主要问题在于在特定的行业中往往仍沿用最陈旧的工厂和生产技术，最糟糕的是它们的劳动生产率水平最低。

当然还有其他的原因。在 60 年代后期我们研究的一些案例中，管理层认为在一个规模较大、情况复杂的劳动力市场上关闭一个工厂比在一个较小的城镇更容易——失去的岗位被消化，失业率被稀释，针对个别公司的指责也会减少。[2]而且城市工人的工资水平往往更高，在制造业中比偏远地区的工人更有组织。无论看起来是否如此，城市制造业的衰退肯定也同时削弱了工会的力量。

但受到冲击的并不仅仅是城市。随着工业化的加速，这样的冲击已蔓延到越来越多的行业和地区。受影响最严重的是那些最依赖于制造业的地区。以工程为基础的地区，特别是中西部和西北部地区，它们的经济已遭破坏。自 60 年代初起，西北地区的制造业就业率就一直在下降，并逐步加速，以至于在1966年到1976年之间失去了20%的就业岗位。在70年代初之前，中西部地区的制造业就业机会一直在增加。但在从1978到1982年的四年中，这两个地区都失去了超过20万个工作岗位，各占制造业劳动人口的20%。

(四)失业率变化图

因此，最初源于不同的年代的两种截然不同的失业模式，在最近几年相互叠加。其结果是，失业率变化图已与我们从30年代起惯常看到的有很大不同。一些要素表现出了明显的持久性——北爱尔兰的失业率现在已接近20%。但现在西北和中西部地区的失业率高于苏格兰。只有东南部地区明显好于全国平均水平。而这本身隐藏着巨大的差异。每个地区的主要城市的内城区失业率远高于全国平均水平。相比于都市外围地区，伦敦的最核心区域与内城区更为相似。

表1.10　失业率(1983)(随季节调整) 74

地区	失业率(%)
苏格兰	14.6
北部	16.7
北爱尔兰	19.6
西北部	15.4
威尔士	16.2
西南部	11.4
约克郡和亨伯赛德郡	13.8

续表

地区	失业率(%)
西米德兰兹	15.6
东米德兰兹	11.8
东安格利亚	11.1
东南部	9.4

来源：英国就业部，1983.2

三、新业态：地理重组

但是并非所有产业都在衰退，现存的就业也在进行地理重组。新兴产业(至少在较长的时间内)与它们正在取代的行业相比有着很不一样的地理格局。产业利用英国国家空间的方式正在重组。这个过程自 20 世纪 60 年代中期以来尤为明显，因为日益激烈的国际竞争带来的压力和不断变化的世界秩序开始迫使英国进行产业结构调整。这种结构调整在其后的几年中在形式和速度上几番发生变化。但其最终的结果是产生了劳动力在社会地理层面的重大转变。劳动力的各个要素的地理位置正在重组。请记住，这些都是同时发生的，因为不同要素之间的平衡也在同时变化(见表 1.8)。

75 企业经济结构不断变化，很明显地体现在不断变化的管理地理学上(讨论见下文)。框架建立之后，剩余劳动力人口的内部重组更易于检视，在此重点关注的是生产人员，文员，以及科学家和技术人员。

(一)管理地理学

先看不断变化的管理地理学，因为它是最简单的。这种变化的核心是个体企业规模的不断扩大，以及排名前几百名企业的主导地位不断增长。伴随着公司的发展，其总部、高管阶层、营销、金融和法律工作人员往往在空间上与生产脱离，越来越向伦敦和英国的东南部集中。如表1.8所示，这一管理群体及相关阶层一直在扩大，占到了国家人口的一定比例。应该强调的是，这类白领工作的就业增长在所有地区都有所体现。

但是随着它的增长，它也在功能和社会地位方面高度分化；管理阶层扩大了。随着社会分化的加剧，地域分化也在加剧。扩大的管理阶层，包括其连带的功能和社会地位，在空间上也不断延伸。这样的地理格局已经成型——更高级的功能，对生产的最终控制，对经济所有权和持有关系的最终控制，以及与这些高级功能相联系的具有一定社会地位的高级阶层，越来越集中在英国的右下角地区。在1977年，英国前500强公司有350家将它们的总部和所有的高层管理人员安置在伦敦和英国东南部。相比之下，所处管理阶层越低，越接近实际生产地。随着总部集中在东南部，其必然结果是其他地区日益成为“分厂经济”。

(二)生产和文员工作的分散

与管理阶层发生的变化相反，也与一个长期以来根深蒂固的左翼论点相反，在所有权条款中资本的集中和垄断并没有导致生产性工作的地域性集中。事实上，与资本的所有和控制的 76

集中(空间上的和时间上的)同时发生的是生产地点本身变得更加分散，无论是在个别地区内部，还是由城市向外扩展的区域，或是从英格兰的东南部和中部地区到北部和西部地区。

这种相对的转变有些是与生产技术的变化有关。在各个行业中，过去二十年左右以来一直持续不断的这种技术变迁，与不断变化的劳动力需求有关。电信、电子工程部件和电子等行业是最明显的例子。在这些行业中，为达到更高机械化或涉及主要装配阶段的技术，产品的变化(例如电信中从机电到半电子交换连接装置的改变)以及生产过程的变化，都随着雇佣的劳动力的转变而发生。典型的转变是雇佣对象从归类为熟练工的男性体力劳动者转变为归类为不熟练或半熟练的女性装配工。

劳动力的社会成分的变化往往伴随着地理重组。重组将行业从旧的制造技术中心提供的劳动力来源中解放出来，促进了劳动力向更理想的状态分散和劳动力的更新。现有的劳动力已被放弃，新型的劳动力出现在非传统的甚至是所有的行业中。劳动力的社会重组、生产技术的变化，以及地域的变化，在这些情况下融为一体。

(三)服务部门

技术变迁一直是生产去中心化的重要力量，但它并不是唯一的力量。还有一个重要力量是不断外迁的制造业岗位，特别是传统的由女性做的工作，但它们在生产技术上变化不大。这里的驱动力是去寻找更廉价的劳动力来源。服装行业是一个很好的例子。在 60 年代它陷入夹缝生存的状态，遭到了低成本进口商品的竞争，而其身处城市地区(特别是伦敦)的女工的稳定来源受到了服务业扩张的威胁。该行业中的大公司通过迁移生产地解决了困境。它们找到的新劳动力更加弱势，也没有多少工作机会的选择。劳工的新来源是年长的已婚女性，新的生产 77
地往往是小城镇、贸易区和有时相当孤立的偏远地区，例如西南地区和老的重工业领域的产煤区。

分散的不仅仅是制造业。没过几年，服务业也采取了同样的策略，雇佣的地理新格局也在该行业内发展起来。一旦搬迁至离伦敦约 60 英里以外，文员工资和办公室租金都会下降。20 世纪 70 年代以来，中央政府各部门以及大型私营企业部门都开始分散更多的常规文员工作。文职人员是劳动力的一个日益重要的部分(见表 1.8)，因此它的分散是其地域改变的一个重要因素。东北的朗伯顿区是一个典型的例子——6000 个文职人员在这里的卫生和社会事务部处理事务。在斯旺西有近 4000 个类似的文职人员从事和驾照颁发相关的工作。在东北部等地区，这体现为女性就业机会的增加。在这些地区，女性就业机会一度少得可怜。另外还有服务业与其他行业的竞争，例如，在中东部地区，服务业迫使制鞋业(承受着和服装业一样的压力)进一步北迁。

(四)科学家和技术人员

当这些变化在直接影响生产工人的同时，社会谱系的另一端也在发生其他的变化。无论是在各种行业的大公司的研究机构，或是各种独立的业务服务行业(例如软件咨询)，或者新开发的高科技行业，越来越多的劳动力从事研发以及相关的活动。在一定程度上，劳动力这一要素的增加与导致了生产就业岗位的分散和去技术化的那些科技变化密切相关。这是观念与行动长期分离后的必然结果。

他们的地理分布也很不同。就管理阶层而言，与劳动技术部门一样，功能区分明显，分属特定的社会阶层，地理分布上
78 也有明显的区分。岗位功能意义上远离生产，地理位置上同样可能远离生产。除了在生产的初始阶段，老一代的技术工作者比新兴一代更能融合到实际生产过程中。大公司基于这一点，将其不同部门在地域上予以区分，建立起了体现等级的地域结构。

（五）英国阳光带

这些技术阶层的上层梯队不断集中到国家的新兴区域——所谓的英国阳光带，即改造后的田园风光带，位于布赖斯托尔、南安普敦、剑桥之间，远离都市区的外部区域。该地带以外，多年新增的主要就业资源集中在沉闷的装配和文书工作，特别是在传统煤炭和钢铁地区。与此非常不同的是，新兴地带的就业对象几乎全是高校毕业生，几乎全是男性。

不仅仅是大公司。在这一片区域内，聚集了一代新兴的但规模仍然不大的企业家和科学家。恰恰只有英国的这一部分"小公司企业"体现了创业精神和活力形象。其他地方是血汗工厂和废旧金属交易商，在这里却是生物技术和软件资讯企业。

但是，为什么会是英国的这一区域呢？当然，有一些看似合理的经济原因，也有一些社会原因，至少两方面的因素可能同等重要。当初，该地区的吸引力在于它与伦敦和国防设施距离近。后者为技术工人提供了工作，为不断发展的电子业提供

了大量订单。所以该地区以另外一种方式腾飞。科研人员、技术专家和商业人员组成了一个劳动力阶层，这个阶层有能力选择居住地点，确信工作机会定会随之而来。事实上也的确如此。他们也是先选择了居住地点，然后工作随之而来。现在，该区域本身就意味着地位和盛名。该人群形成的高度相互联系、极具个性特点的劳动力市场强化了聚集的倾向，使其他地区难于竞争。(如果其他地区实在希望竞争一下的话，必须塑造相同的形象——半田园化，独立住宅，“优质”的学校。)这种完全新型的居住和工作方式已然在城市外创建起来了。

(六)新型地理格局 79

如果所有这些趋势继续发展的话，英国劳动力社会地理分布就会改变。

今天、明天与五十年前相比较，传统的地区特色经济(棉纺织业、煤炭、汽车)已然消失。

当然，与此相比，事实上的状况要复杂得多。很多传统的地理格局依然存在。英格兰中部地区的西部、西北部地区、北部和西部的大城市和重工业地区，仍然很大程度地保持了传统经济结构。新型地理格局的发展(相对于传统格局的急速衰退)实际上在过去的 70 年中已经放慢了速度，并且由于撒切尔主义而被中断。技术人员和专业人才数量的扩大，在 20 世纪 60 年代后期、70 年代初期达到顶峰。城镇以外和小型城市的就业发展也具有同样的特点。在过去的几年中，许多新型分散的分厂提供的女性就业机会已经消失。但是，向新型地理格局的转变是一个长期的过程，很有可能再次出现。

四、地区多样化的重要性

劳动力社会重组包含地区重组，这有几层含义。最重要的是，它意味着完全不同的社会变化可以在不同地区发生。并非所有的地区都反映了全国的模式——可能很少有地区会如此。传统劳工运动不断减少和瓦解。很显然，这一典型的画面主要发生在重工业和产煤地区（例如南威尔士）。在这些地区，曾经基于几个产业和工会的相对和谐的经济结构被破坏了。同样在这里，女性职业迅速发展，男性职业不断缩减，白领阶层扩大，产业和企业有所增加，但是产业和企业间少有联系。

但是，并不是每个地区都是如此。由于产业的地区去中心化，在一些更为边远的农村，工人阶级在数量上的重要性以及结构的和谐性方面在中期实际上是有所提高的。康沃尔就是一
80 例。在这里，新兴就业出现在某些地区，那里曾经的经济和社会结构基于自营、小型就业的农业和旅游业。在这里，直接的雇佣劳工不像其他地区那样构成重要的因素。今天，这一形势正在变化。传统的小规模中产阶层正在迅速缩减，而管理和专业阶层不断扩大，同样传统的劳动阶层也不断缩减。

因而，不同地区的社会重组方向可以完全不同。“全国性”改变在整个英国可以是多种多样的。传统阶层的缩减并不一定总是和新兴阶层的出现发生在同一地区。这也就意味着，不同地区会面对不同的问题，应对不同的斗争。

（一）改变的进程

重要的是要记住，重组是一个进程。在政治上必须承认的，

不仅仅是最终状态与曾经的情况完全不同，而且社会改变的进程是困难、痛苦的。实际的改变进程自身也是社会和政治反应的重要决定因素。

不同地区的改变进程也是不同的。一个地区的历史与它对政治气候理解的走向同等重要。表面上相似的数据变化由于地区环境的不同，可能有不同的含义。例如，不断上升的失业率的影响，强烈依存于更为广泛的社会背景和当地人们的历史经历。

英格兰西米德兰兹郡的新任务是如何应对不再成为国家的繁荣中心这一事实。从某种程度上，汽车工人的典型形象已经从骄傲自大、咄咄逼人开始转向适应新的工作环境。突至的弱势感、日渐降低的社会地位和社会关系以及最真实的低工资收入都带来了真正的冲击。环境发生了巨变，工人所得到的回报却少得可怜。在南威尔士、英格兰东北部，甚至默西塞德郡，失业率居高不下，工人的社会地位一落千丈。而在伦敦和东南部，东伦敦长期以来的衰退情况和传统地区更相似，但是背景又迥然不同。在码头区，你可以眺望伦敦，但是如果你大着胆子走进这所城市，你所看到的仍然是穿着考究的白领和富人。

(二)性别关系的地理格局 81

不仅仅是阶级关系的变化在全国有所不同，性别关系的地理格局也有所不同。特别是在过去的二十年中，女性越来越成为所有地区的雇佣劳动力，但是增加幅度最大的是在外围地区(西南部、威尔士和东北部)的城市和农村，在那里工作已经去中心化。同样的，数据并不能说明全部问题。越来越多的女性从事有偿工作的影响取决于占主导地位的性别关系。这在全国的不同区域有着很大的不同。

极端案例可能是在传统重工业开发区，特别是产煤区。这些地区的女性就业率的“下降”，不仅仅应该从它们是重工业地区、工会高度化的角度评估，而且应该从它们是极端男性化地区这一角度来考虑。就有偿工作而言，20 世纪以来女性的机会在这些区域非常有限。其中部分原因与男性就业的特性及其社会地位有关。男性在矿井下工作造成(女性)家庭劳动极其繁重。倒班，也使夫妻双方更难同时在外工作。挣钱养家和料理家务之间劳动力性别分工的思想意识，可能在这些地区比其他地方更为根深蒂固。

类似观点在家庭以外也有体现。在俱乐部、政坛、工会，除了非常次要的角色，所有的社会角色都将女性排斥在外。这些传统重工业区的有些观点如果放在兰开夏或者伦敦简直是难以想象。当地的劳工运动参与者性别单一(男性)，其基础是严格的劳动性别分工，而有偿劳动力的性别平衡的变化极大地打破了这一根深蒂固的模式。以至于到 60 年代后期和 70 年代，男性工会会员、学者、政客呼吁为男性创造更多的就业，而在某些情况下，为女性少创造一些就业。一份下议院的备忘录恳请，不要过于严重地破坏已有的就业平衡。

推测一下这段高度父权化的历史在多大程度上对这些重工业区造成了其当下所面临的威胁非常有意思。当然，考虑到之
82 前对女性家务劳动的依赖，男性就业率的下降便成了这些地区的女性成为“储备劳动力”的重要条件。此外，从工业角度看，

她们属于非常具有吸引力的群体。和英国其他地区比起来，她们最缺乏资本主义工资关系的被雇佣经验，是真正的“绿色劳动力”，之前被排斥在公共生活之外使得她们成为理想的雇佣对象。严格的劳动力分工，以及将女性排斥在众多社会活动之外，这两者紧密结合。在这种情况下，除了传统的(男性)劳工运动之外，就出现了一种全新的超级廉价的劳动力群体，成为60年代和70年代的工业竭力寻找的对象。

(三)地方政治和国家政治

在六七十年代，“地方政治”的重要性主要表现在将地方与全国、地方特性与更广泛的资本主义社会潜在机制联系在一起。如果不能建立这种联系，则地方政治的重要性就无法得到体现。这种重要性现在也仍然需要去完成，但是，这可能确实会导致一种倾向，即只关注各个地方环境下的“更广泛的资本主义制度”，消除地方特性，清晰地揭示“到底发生了什么”。但是，地方政治的一个重要作用，恰恰在于学习“资本主义制度”是如何根据纷繁不同的地方情况运行的。“到底发生了什么”千变万化，不是说通过宣称每一个地方性变化都是发生在资本主义制度之下就可以使得不同的地方状况具有一致性，或维护了“整体性”。这需要我们深入研究，认识并理解现实的多样性，以及将地方特异性联系起来。

地理的多样性也在其他方面影响着政治。首先，它会引发争论。这不仅仅是“国家的”变化反映在地理的不同形式上，而且是地理的多样性可以作为武器运用于更广泛的政治活动中。这种情况发生的方式可以不同，而且这种不同已经大面积地出

现了。60 年代，在私人公司中，之前提及的技术和地方变化的结合经常引起一个地域和另一地域的工人间的抗衡。最近，这
83 种结合的进程已经放缓了，高失业率在越来越多的地方蔓延，区域间竞争成了私人公司和国家手中的利器。在尼桑事件中，超过 100 个地方政府互相竞争，就是前者最明显的例证了。

一般来说，地域之间通过宣称各自劳动力的非激进性而相互竞争。劳动力状况恶化，区域会受到谴责。激进的默西塞德郡工人就是最明显的例子。1978 年，当地尝试起草地方性社会合同；1979 年，大选之后，普赖尔访问该地时，宣布如果两年内没有工人罢工，就给该地投资。仅最近，东基尔布赖德市就有报道说，确实有资金投入，境况没有他们想象的那么糟糕——资金投入表明工人们不如以前那么激进了。特定地域的弱点被运用于资本与劳动力之间更广阔的战斗中。

五、政治重组

劳动力的社会和地理重组创造了差异极大的各种条件，产生了政治团体和我们所熟知并喜爱的代表。不难发现，一切都乱套了。从社会主义视角对新兴的工人阶级地理的主体进行简单的考察，就会发现，这些作为政治团体基础的主体其表现着实令人失望。

当然，我们都见证过我们所熟悉的基础如何被腐蚀。传统的工会长期衰退，中西部的力量也在衰减。在很多地方，政治组织那为人熟知的社会结构由于工业衰败而变得支零破碎。在所有区域内，新兴卫星城的劳动力表现得消极被动。地理改组

的过程本身就是个问题。劳工运动的力量大多是在地方积累起来的，区位改变会令其产生一种“不固定感(placelessness)”。

但是，这种负面的评价也掩盖了很多信息。这些地区接下来发生的不是继续衰退，而是重组，之前也发生过类似的重组。两次世界大战之间，雇佣关系经历了大量的社会和空间的重建。自此以后，基础工业陷入衰落，而新的工业则以完全不同的方式发展，它们位于这个国家的另一端——中部和东南部。它们需要不同的技术，也预示着不同的社会结构。同时，它们中的工会[TGWU(运输与普通工人工会)、NUGMW(全国市政及一 84
般工人联合会)]也大不相同。这并不意味着每个变化都应该被接受，当然，也不预示着当前空间重组的形式是政治上不可避免的。这仅仅是要指出，我们目前所拥有的曾经是全新的且未经尝试过；现在组织的框架之所以如此熟悉是因为曾经建立过。

此外，许多现在被认为的新事物并非以前没有，只是被忽略了而已，大家都认为一去不复返的过去已经被错误的神化了。现在女性可以承担手工劳动，以这个“新”事物为例，现在女性占所有手工劳动者的30%，这个数字恰好和1911年的一致！而这两个时间节点期间则是例外。另外，手工劳动就业率从来就没有在数值上主宰过经济。而且，一些重要的劳动力迁移都不是发生在手工业中，煤矿就是一个典型的例子。

因此，有必要重新调整我们对过去程式化的印象。无论怎样，我们都不应该寻求恢复旧的和已经证明良好的体制。毕竟，它并不算辉煌的成就。比如，我们就不能重新恢复煤矿业的劳动力迁移，因为它有不足和弱点。

但是，巨变确实发生了，需要我们做出回应。前景会不会一如既往地黯淡？还是根本无法做出回应？

与黯淡的前景相反，有人认为这些都是地理决定论。举例来说，有人提出，大城市由于企业和行业众多，成为成立工会的绝佳地点，但现在这已不复存在。从表层看是有道理，但其实工会组织的建立需要对应并得益于其背景。这样，都市模式这一特殊的“地域”模式就有优势了。但是不可能所有旧的贸易中心的工会组织都有如此特点，有些强势的机构建立的基础是规模小且工业形式单一的地域，比如，矿区村庄。

情况不同，策略和组织就要有所不同。这种“新地理”组织乍一看可能平淡无奇，但还是有其存在的可能性。要在跨区域的公司里建立组织确实存在很大问题，但是这类公司确实也使得不同地区间建立联系成为可能。这种可能性很难实现，在矿区把工人统一起来也绝非易事。公共部门工人数量的增加、工
85 会化程度的提高、激进性的高涨都提供了机会，在地方层面上将就业问题与社区问题联系起来，同时在国家层面上提供了可能性，使得所有地方协调行动，这是公共部门之外的行业所无法提供的。

问题在于，劳工运动总是存在于过程的接收端，从来没有主动产生过。工业重组的动力来自于对资本的直觉。而且其中很多是对劳工运动组织的传统因素的回应，或者其目的是为了打破这些因素。当然，从空间上来说确实如此。城市的衰败作为一个因素已经导致了有组织的工人的搬离。在这个过程的另外一端，生产的去中心化导致管理层努力去寻找一种劳动力，这些人处于弱势地位，很难组织起来。但是事实上并不是所有的尝试都取得了成功。在这个过程的两个端点都出现了回击。

城市无论丧失了多少就业机会，从政治上来说它们仍然生机尚存。所以城市的衰败再加上工人社会结构的变化就成为一种基础——一种新型政治产生的温床。这种政治基于新同盟，总是从劳动力的角度尝试进行重组。不仅大城市，巴思盖特的普利西半导体公司、李牛仔裤公司的例子都说明，资本做出了错误的判断，它们原以为各个地区的女性劳动力是不可能被组织起来的。[3]

所以，形势并非全都是灰暗的、无法改变的。对新形势的回应已经产生了。但是，要造成更多回应，需要我们在程度和深度上强化对目前结构变化的认识。这并不是说要抛弃旧的社会基础和地理基础。但是，无论是在劳动力不断拓展的各类因素中还是在英国的其他地方，我们都需要迫切地认识到，旧的社会基础和地理基础一直在改变，新的基础也必须构建起来。

伦敦

发表于1983年

【注释】

[1]感谢尼克·迈尔斯(Nick Miles)对搜集这些数据的帮助。

[2]多琳·马西和理查德·米根:《产业重组的地理学》,《计划中的进程》,1979年,10(3)。

[3]这都是一些比较突出的由各地区的行业女性组织的战斗。

86 第四节　不平衡发展：社会变迁与劳动的空间分工

一、不平衡发展

不平衡发展的概念，如果侧重于更广泛的经济和社会的动态及结构的话，其指涉的范围一定不仅限于一些地方比另一些地方有更多的工作机会，或者说一些地方比另一些地方有更好的工作。这些衡量尺度是有趣的，并且也是重要的，但它们并未把这种不平等与导致不平等的更深层次的社会组织结构联系起来。为此，不平衡发展必须在基本的社会(在这里，指资本主义社会)结构单元(building-blocks)的问题上得以概念化。在本文中，(有关不平衡发展的)那些问题被视为一种阶级问题，并且其关注的焦点将在很大程度上局限于经济关系，因为这些(经济)关系被人们认为是阶级结构中的首要基础。

“关系”这个术语是重要的，并且事实上要比“结构单元”这个词更加合适。因为阶级并非是被建构为以一种独立实体的方式存在于社会当中的单元，而恰恰是在相互关系之中才得以建构的。资本家的定义与劳工息息相关，反之亦然。卡林(1986)论述了“作为个体间一系列关系的社会的复原”，为的是削弱这样一种观念，即“根深蒂固地将社会视为层级、金字塔、块状物、堆积物、夹心蛋糕、果胶、牛奶冻以及社会分层的其他类
87 型”(p. 30)。他认为首要的焦点应当放在个体间的关系上，更重

要的是——确实也是来自于这种分析的观点——阶级和阶层之间的关系。我所赞成的是这个焦点应当放在关系本身上。

社会上的不同阶级是相互联系的。在经济上，这些阶级是由整个劳动分工界定的。这一系列关系的总体结构界定了社会中的经济层面的结构。因此，任何一个不平衡发展的概念都必然会提到的一个重要元素是这些关系的空间结构——生产关系——它们是不平等的关系并且这意味着统治地位和从属地位。这是本文将要关注的。

群体/阶级的概念是通过它们相互间的关系定义出来的，这已经超出了资本家和工人间的现实状况。不太可能有一种工作是纯粹依靠“脑力”或“智力”而不需要体力的(尽管“知识社会”这个词被经常提到)。在史蒂夫·贝尔的漫画中，雅皮士(yuppies)飘浮在天空中，宣称“我们不需要垃圾桶”，这个画面强有力地指出了一个要点：他们的确是错了，并且他们需要人们来放空他们。[1]同样的，不可能有一种监管工作是不需要监管活动的，不可能有一种组装工作是不需要零部件的生产的。因此，经济中的不同功能是通过相互的定义和彼此的必要性来共同运作的，[2]它们是社会中劳动的(经济)分工的基础，也是财富和权力不平等关系的基础。

人们常说，这些不平等的社会关系并不是存在于针尖之上，它们以一种空间的方式组织起来，并且认为空间组织必须成为探究不平衡发展本质的一个重要元素。

做到这一点的途径之一，是将生产关系组织的空间结构概念化。一些生产关系的空间结构体现在一个公司中总部和分厂在地理上的划分。尽管这种精确的形式将会发生变动(例如，分厂自主权的变动)，但这里所讨论的焦点是经济所有权关系和占有关系在空间中的延伸(控制投资的功能、管理和协调的功能、层级的功能、监管劳工的功能)。伴随着资本主义生产的发展以及与日俱增的地理扩展，这种“管理层级”已经变得更长并且更加复杂。或者，空间结构可能再次涉及了这样一种地理划分，
88 在那里，战略设想从其执行过程中分离了出来。有一个经典的案例就是研发过程从直接的生产中分离了出来，或者单个生产车间也许是某个公司中一系列劳动的技术分工的一部分，每个车间的运作仅仅是整个生产过程的一部分。在此，生产车间的相互关系能够在一个公司内部得到规划，而不是由外部市场决定的。市场关系也是在空间中开展的——公司内部或者部门之间的交换关系——并且这些或许也关涉了不平等的权力关系体系和控制体系。在小型公司和大型公司的关系中，不平等的权力关系是通过平等的市场交换关系建构起来的。在零售业(高度集中)和最终消费品生产(通常是碎片化地存在于各公司间)之间的寡头垄断具有巨大的差别，在英国，一直是前者主导后者。

目前，真实的空间结构的潜在变化大体上是无限的。事实上，本文的后半部分指出了当前在经济领域中的结构变化的特征之一很可能是一种新的衍生方式。但至少这里要强调的，不是对这些内容进行分类或是要产生出一种类别，更不是要重复一些老套的东西，而是要强调研究生产关系的空间秩序有多么的重要。因为这些不同的规模(内部公司结构的规模、经济所有权和占有关系的规模、劳动的技术分工的规模)是伴随着权力与控制的关系、主导与从属的关系来运作的。这些规模也是伴随着资本主义社会的演化，以一种系统化的方式发展着的。

因此，通常所说的地区间的或者区域间的关系，事实上是这些生产关系在区域间的延伸(以任何一个从本地到国际的分析尺度而言)。从不同的角度看，它们是阶级权力和控制的关系。这些关系存在于整个劳动分工的功能之间。地区或者局部区位可能会专注于部分功能的运作，而这反过来又为它们附加上了权力，(附加上了)对经济运作的战略控制，又或者这也可能使它们变得更加无力并处于从属地位。多数情况下，这些都交织在一起。

但是，进一步而言，对社会中某些特殊功能的运作，是在阶级结构中所定义的社群的一种体现。对阶级和社会阶层的定义基础之一是它们在整个生产关系中所处的地方。总部的方位
在某个地区/国家/局部区域，而分厂的方位则在其他地方，这 89
种现象在那些地方的社会成分中都将得到体现。所以这也将体现在与车间生产截然相反的产品研发部门的区位分布上，或者体现在与更多的直接生产截然相反的金融部门的区位分布上。

或许，更重要的是，回到文章开篇时的主题，讨论某个区域中都充斥着高层阶级、白领阶级的工作，而在另一个区域则充斥着低收入者、体力劳动者，并且同样重要的是这仅仅是所有不平衡发展的一个方面。因为这种明显的职业分布和社群分布本身就是那些区域间不平等的基本结构的一个体现——这是通过那些生产关系的组织来运作的(马西，1984)。

所有的这些都进一步体现出两个方面的内涵。首先，如果这些在空间(空间结构)中延伸的劳动分工是由多种决定性的要素构成的，那么一些地区的功能性(和社会性)特征则定义着另一些地区的功能性特征。举一个极端的例子，如果一个地区拥

有所有的控制功能，并且只具有控制功能，那么其他的地区则必然有所有被控制的、从属性的功能。这具有明显的政治和政策含义。其次，这意味着就我们考虑到的这些特点而言，任何一个局部区域(地区/国家)只有被放置在更广泛的劳动分工职能和这些地方中的生产关系的大背景下来分析，才具有意义。换言之，这些“局部区域”的特点，必须在更广泛的资本主义经济结构的演变中得以概念化。[3]

在此还有另外的原因可以用来解释为什么将空间结构层面的不平衡发展问题以及生产关系的空间组织问题概念化是有益的。不同的空间结构有可能对它们所构成的区域的发展动态造成不同的影响，管理职能和生产职能在地理上的分离就是一个例子(总部和分厂)。它可能导致后续投资的利润流从分厂地区流向总部地区，这也可能意味着总部地区商业服务的经济乘数要远远高于分厂地区，因为这些服务涉及的是管理和战略职能，而非直接生产。这样反过来将会让管理地区比分厂地区具有更强的经济上的一致性。这也可能会导致不同的收入乘数，因为前者的工资要比后者高很多。在分厂的工人要么得和身处本地
90 但却没有战略规划权的管理层交涉，要么就得和本地以外的管理层进行协商，此类情况不胜枚举。[4]如果分厂仅仅是作为整个公司的劳动技术分工的一部分的话，那么当地的影响力可能会更为衰落。这不仅会使当地的乘数水平对商业服务部门的影响受到限制，也会让各种技术乘数受到限制。零部件将会从公司内的一个车间运送过来(同样的，也可能是简单地将产品运送到另一个车间)。这就像是“荒漠里的大教堂”一样，对当地经济的推动作用可以说是微乎其微的。(一个进行着相似的物理输出的

工厂，不可能像内嵌于更庞大的公司体系的分厂那样，展现出不同的地方影响力，在类似于分包关系的市场中，它们还会再次展现出不同的影响。）

所以，不同的空间结构暗示着不同形式的地理分化，都是以地区之间社会分化的模式和区域关系的结构来展开的。这就意味着不平衡的发展不像有些观点说的只是在程度和措施上有所不同，它其实在本质上就有所不同，并有着不同种类的“区域问题”。

在一个空间结构中存在着某些必要的元素，这些不同的元素在一种相互定义的张力下聚集到了一起，并且这有可能意味着：不同的空间结构有可能对局部地区产生不同的影响。但也要意识到这些影响并不是必然的。第一，事实上虽然生产的空间结构意味着在所有生产关系里的一个特定的职能分工，但是却没有说明哪一个社会组织（除职业类别外）会实际执行这些职能。这是由它自己的一套因果关系决定的，只是偶然性地与空间结构的逻辑产生了关联（事实上，这种关联存在的可能性是很大的）。第二，一个职能的分工并不一定意味着社会价值会与这些职能的执行者的社会地位和经济报酬等相一致。所有的这些，虽然是偶然的，它也有可能关系到职能本身的定义和执行者们的本质。第三，空间结构本身并不意味着任何事物都要关乎真实的地理，在特定的地方这个意义上，其构成要素将会被定位于其中。然而，我们在后面的部分会看到，尽管在它们的相互关系的形式中不存在必然性，但是上述所有要素都有可能相互影响。

最后，所有这些空间结构的重叠和交织就是劳动的空间分

工的基础。在20世纪60年代中期，新一轮的劳动的空间分工
91 开始在英国占据主导地位，管理职能比以往更加集中。在伦敦，科学和技术职能曾经集中在东南部和直接生产地，而现在在东部和南部以外的区域，经济活动的比例更高。这个新的劳动的空间分工就是一系列变化的产物，这些变化以不同的方式影响着经济的不同部分。这促成了各部门与空间结构重组的平衡关系的转变，也促成了新的空间结构的发展。这个空间结构的联合体在整个国家(英国)催生出了新一轮的劳动的空间分工。本文还会提到的一个问题就是这样的情况在接下来的这些年里还会产生怎样的变化。

二、新的方向

在新一轮的劳动空间分工的形成过程中，经济和空间的重组从20世纪60年代中期一直持续到了70年代中期。它的结束碰巧遇到了整个经济(在国内和国际层面上)和政治气候的转变期(马西，1984)。在一段时间里，地理重组和国家经济及区域政策都致力于“现代化”。而且，这个现代化的形式反过来可以被理解为试图使英国所谓的福特主义生产方式继续延续下去的一种尝试，更广义而言，就是延续与之前匹配的社会关系。

旧的基础的工业，像煤炭业和造船业都是“合理化的”，这导致了失业的产生，并且也造就了“外围”地区的额外劳动力储备。在制造业中，那种更为老旧的生产方式见证了其产能的衰退和技术的进步，这导致了就业率大幅度降低，尤其是对那些在都市圈和19世纪的工业区中的男性技术工人和半熟练工人而

言。新的工业生产方式，特别是电子产业扩大了就业率。研发和技术行业（的就业率）有所增长，特别是在东南部更是如此。同时主要针对女性的组装工种，在整个国家，包括一些“北方地区”也有所增加。消费品工业的规模虽然增长缓慢，但是也有所扩大，尤其是那些拥有大量资本，并且继续维持其建立已久的分散就业制度的企业，这些企业在外围地区为女性提供了特定的工作。在服务业中，公共部门增长得最快。中枢地区的就业状况有明显的分水岭，一些地位高的工作集中在东南部地区（主 92
要是伦敦），而地位和收入较低的工作则分散到了另一些地区。地方政府的专业化和手工业的就业率，以及健康和教育方面的就业率在不断增长的同时，其在地理上的分布也更加分散化。最后，在一些私营的服务部门，生产服务业的就业率增长速度最快。那些地位高的专业工作以及技术含量高的工作又一次集中到了东南部。

制造业的分支机构分散到各地，就某些行业而言，这与技术变迁有关，与生产过程中急剧加速的技术分工也有一定的关系。在另一些行业，例如服装业，选择北上或西进，是其应对来自不断增强的国际劳动分工重组所带来的挑战时，采取的一种缩减劳动力成本的简单易行的方式。服务业的分布也开始分散化了，只有那些需要进行大规模生产的部门留在了东南部。

试图利用空间重组来维持生计的一些制造业企业，在规则变化的情况下，必然会失败。对于这些制造业企业而言，其面临的竞争越来越多地来自于第三世界，将其生产活动转移到英国的其他地区是不够有效的。而且如果将某些公共部门分散化是用来尝试降低集中成本，从而维持现有的管理模式的话，也一样会失败。对公共服务部门而言，区位的改变不会在很大程度上降低成本，因为大部分的服务，具体来说那些在60年代晚期快速发展起来的服务，像健康、教育和社会之类的服务，不可避免地和国家的工资水平以及人口的地理分布联系在了一起。

从70年代中期开始，对英国的经济和地理进行再塑形的方式就开始变得不一样了。不仅仅是更为广泛的经济背景的变化，也有政府主导的政治的和意识形态的棱镜的改变。许多相同的进程还在继续着，但却是以一种不同的节奏或方式进行着，而且进程之间的平衡和它们编织在一起的方式已经和之前的时代有所不同了。

从叙述性的层面看，一些重要的变化可以被揭示出来。基础工业中一些老的发展领域——煤炭、钢铁和造船工业，都被进一步削减了，尽管是在一个和60年代不一样的政治和社会背景下。自1966年以来，制造业的就业情况就不容乐观，在80年代前期的经济衰退中更是急剧恶化，不过此后有所缓解。从地理上说，这次衰退的影响是有极大差异的，大部分的失业发
93 生在东南、西南和东安格利亚(East Anglia)以外的地区。服务业的就业率继续保持着持续增长，但是在它的重要性和特点上有着显著的变化。一部分是因为制造业的快速衰落，就业从制造业到服务业的转型加速。但是服务业就业增长的本质也发生了变化：从70年代起绝大多数的私人服务业主导了就业的增长。服务业所处的地理位置不仅与制造业的完全不同，而且不同的服务业在地理上的位置也是截然不同的。从70年代开始服务业的就业率在伦敦和东南区域迅速增长。在私人服务业里最重要的部分是商业服务、银行、保险和金融，正是由于这些行

业的发展，才使伦敦成为一座世界城市。

70 年代中期，制造业就业的分散化终结了这个过程。面对急速的衰退、投资，通过削减劳动力成本的现代化以及地理转化的结合方式也被放弃了。无论 60 年代和 70 年代早期的区域政策如何影响，当潜在的流动投资供应枯竭，制造业就开始衰败，许多分散化的就业人口接二连三地开始失业。在其他的部门，作为新的劳动的空间分工的重要基础，就业的模式改变了。“电子业”作为一个部门失去了成为主要雇主的机会——事实上它在全国范围内的就业下降了，它的就业内部结构也发生了变化。然而大多数失业者是那些主要从事直接生产的工人，而专业人员和研发人员的数量仍在持续增长。鉴于这些工人种类在地理分配上的对比，后者更集中在东南部，再次说明地理影响对于这些行业的变化是高度分化的。

但是如果从南部和东部分散的过程不再重要，北部和西部地区还是经历着分厂的到来和分支地位的到来。现在，它们的到来作为一个不同工序的一部分，更多的却是来自国外。最重要的是，分支状态的中介由制造业转向了服务业。莱申、思里夫特和图米(1988)在金融服务方面做了论述，艾伦(1988)探讨了跨国公司对目前被保护的国内市场的渗透，意味着将会出现更广泛的服务业，包括餐饮业、清洁业、休闲娱乐业。虽然整个服务业在东南和西南地区继续着集中化的过程(在苏格兰地区 94
的扩张中例外)，但不同的组成部门的表现却截然不同。在公共管理和国防方面都出现了亏损，而在全国范围内的综合服务业中(包括教育和卫生部门)，则出现了持续的增长，进一步的(除了苏格兰)集中出现在分配上(边际下降)，以及专业化和科学化的服务业中(边际增长),有证据显示,至少一些地区的保险业、银行业、金融业和商业服务出现了分散化的迹象。

最后,80年代的最后几年预示着一些新的变化即将到来,特别是在传统区位的基础上开拓出来的新区如雨后春笋般地涌现了出来。某些服务业(在房地产开发商之前)对内城的部分地区有了新的认识,并且随着经济增长的影响延伸到更南方和更加乡土化的"北方"。南北差异的情况将会得到重新调整。

三、空间结构

针对模式的变迁,采用空间结构和劳动的空间分工的概念能够获得什么样的洞识力?

如果把英国的职业结构作为一个整体看,这些发生在大概70年代末的变化看起来加强了许多已经在进行的广泛转型。管理和专业阶层作为经济活跃的就业人口比例继续扩大;熟练手工业者的人数相对快速下降,半熟练和不熟练的手工业者人数下降得相对缓慢,文职人员和销售人员则是缓慢增长,几乎停滞。像前面说的那样,社会结构的地理位置也在持续地朝一个方向移动,虽然有一些初期变化持续到了最后的阶段,比方一些高收入人群向市中心地区的入侵。但是,最明显的是经理、管理者、专业人员和技术人员仍然继续集中在国家的南部和东部。

在非常宽泛的条件下,劳动的空间分工看起来很相似,实际上这样的相似性正在被强化。然而,从70年代末以来,劳动的空间分工背后的社会结构的平衡关系发生了一些变化。这里有许多方式可以说明这些变化。

第一，就制造业而言，“北部”地区仍然是由分支结构主导。
事实上这些从属状态在80年代被加强了。但是在某些方面，分 95
厂的性质已经发生了改变：作为空间结构的一部分，它们相互间是有差异的。它们中有更高的比例要对英国以外的总部负责，在某种程度上说，这是因为英国境内本土制造业的下滑。还有就是外国公司对英国注入了新的资金，比方说日本的跨国公司就是著名的英国投资商。另外，虽然很多的分厂是生产、加工或是层级的一部分，但它们依靠着同一个公司其他工厂的输入。而在其他的地方，这些层级的运作方式可能正在改变。如果这些改变是真的，比方说零库存制度被更多的公司采纳，那么分厂变成像60年代“荒漠里的教堂”的可能性就会减小，这些工厂逐渐地会要求零件供应商坐落在它们的附近(Crowther and Garrahan，1987；Oberhauser，1987；Schoenberger，1987)。

换句话说，许多北部“分厂的地位”仍然没有改变，虽然现在有两方面的证据表明它们可能发生了一些转变。这些工厂更受制于英国以外地区(视为一种负面的)，虽然它们可能对当地有更大的技术乘数效应。这样的情景与新福特主义的描述相一致，它预示着一种空间的分散化集中(decentralized concentration)的过程。(这里提及的分散化集中指的是产业的空间结构，即一方面总部的核心地位被强化，另一方面各分支机构更广泛地分布到不同的区域。——译者注)无论如何，对待这种可能性，我们都应该采取十分审慎的态度。几乎所有的零零散散的证据都来自于汽车制造业(当然也是因为它是福特主义的生产方式)。

进一步说，在这些空间结构被重组以后，它们对当地的影响也随之发生改变。这种改变增加了分包制度和雇佣临时工制度，这两者都改变了生产与工人的社会关系或者生产与公司的社会关系。因此与长期合同或者计划内的关系相对比，短期市场关系重要性的增加导致了制造业企业工作条件的两分法的出现。

第二，80 年代末，即将来临的另一种可能性，就是垂直一体化的公司，在福特主义时期所具备的关键要素将会变得不那么重要，当更多的垂直结构解体时，准一体化的结构可能会变得更加重要（克里斯托弗森和斯托波，1986）。有关这些问题，目前英国系统化的证据还很少，但是可以看到两大发展趋势。
96 一是独立技术部门的增加，包括研发及类似软件生产的活动。二是在金融和其他商业服务领域兴起的类似的独立的板块(独立，也就是说，独立于制造业)。这两大现象都集中在(部分)英格兰东南部。

这就是说，随着这部分的劳动分工进一步复杂化，制造业中的某些功能就会被外化出来。因此，社会分工的新领域、新部门，是由曾经在以制造业为基础的公司内部的某些技术分工形成的。这种分工关系在曾经的公司内部属于计划关系，现在被市场关系取代了(即便是在标准一体化的“非市场”条件下运作也是如此)。

如果这些事情真的发生了，那么空间结构的一些方面也正在发生变化，这些方面是英国的劳动社会分工的基础。这其中的一个元素就是南方和北方之间部门分工的平衡关系的转变。金融、技术和专业服务公司，作为劳动社会分工的独立部门，集中在南部，它们通过部分流程(part-process)的技术分工模式来远离北方对其进行的主导。这个平衡的转变也可能导致经济中不同部门的相对重要性的改变，特别是相对于制造业、服务业的重要性日益增加，还有电子业重要性的相对下降。

我们应该看到以后的世界会比实际情况要更加复杂；但是考虑到目前论争的意义，这种南北部门分工的再次出现会大大加速东南部地区自给自足的增长周期，这个过程已经在60年代和70年代出现过。在伦敦和东南部，管理职能的存在是商业服务在同一地区集中的重要原因，处理这些关系的就是总部。此外，商业服务一旦出现，就是发展和建立其他公司的进一步的条件，特别是对于那些需要购买服务的小公司。城市的出现保证了风险资本在东南部比其他的地区有更大的可用性(梅森，1987)。甚至是房子的价格越高(产品的集中程度越高，收益越高)，意味着获得初始资本更容易。更高的收入通过广泛的需求产生了更进一步的增长。金融行业催生了对电子软件和硬件的需求、对服务的需求，如设计，也促进了房地产开发和建筑业的增长(莱申、思里夫特和丹尼尔斯，1987)，等等。这已经形 97
成了一个良性的循环，那些行业进一步加强了金融和商业服务业的发展，同时也成就了经济部门的重要增长。在电子业，集中运营的倾向已经运作起来，一是因为公司在技术层面上希望获得一席之地，二是它们需要途径得到高素质的劳动力。然而，伴随着(产业组织的)垂直解体(vertical disintegration)或准一体化(quasi-integration)的发展，有证据表明，上层社会群体之所以出现聚集的趋势，是因为市场关系变得越发的重要了，所以他们才有加入重要的社交网络的愿望(克里斯托弗森和斯托波，

1986，p. 317)。

在某种程度下这种情况是正确的，它会有进一步的影响，会拉大这个国家南北之间经济的差距。南部和北部以一种不同的方式固定在了国际空间结构和国际劳动分工中。特别是在英格兰东南部有国际化大都市区域，伦敦就是世界三大核心城市之一。几个世纪以来，伦敦这个金融城更着眼于世界经济而不是国内经济。当今更是明显，大部分东南部地区的经济越发地朝世界走去。的确，莱申、思里夫特和丹尼尔斯(1987) 认为“城市构成一个轴心，或者英格兰东南部就是经济的轴心”(p. 80)。金融业和服务业建立在这个地区并且成为经济的一个部分，同时日趋国际化。伦敦和东南部地区是第一个也是最频繁的英国进入全球商业贸易的窗口(丹尼尔斯，1988)。在伦敦，外国企业大量涌入金融领域，在某种程度上说已经不再是英国企业在领导着这个日益国际化的中心城市了。伦敦和东南部的经济竞争对象已经是其他的国际化地区和国际城市，而不再是其他的英国地区。

相比而言，北部的工厂的竞争对象仍然是欧洲其他类似区域的工厂，某些时候还是一些第三世界国家。对于北部的外国投资而言，则是把这些地区联系到了世界上其他的分厂网络里，而不是全球化的金融系统里。

而且，北部和南部分别连接进入了不同的变化着的世界劳动分工，这不仅仅发生在空间结构和竞争体系上。同样的事情也发生在劳动力市场上。在国际劳动力市场上，南部和东部的
98 精英阶层正在上升，而“在国外一段时间”也成了想要让事业再上一个台阶的重要阶梯。

当然，现阶段南部和北部还是联系着的，其中一个联系就非常像伦敦和世界其他地区的联系，即位置的控制。如果南部开始独立于北方来发展经济，大部分的北方经济还是会从属于伦敦。不仅如此，南部的一些新的和快速增长的服务业务也在迅速向北方扩张。虽然在 60 年代和 70 年代出现过一些商业服务的分散式发展，但那毕竟是有限的，而且更多的是从伦敦分散到周边地区，而不是从南到北的分散。现在没有大规模的集中性分散了，80 年代末以后出现了一些分散的例子。在整个金融服务的范围内，一些仍然高度集中在伦敦和东南部地区，但是也有一些开始将它们的空间结构扩展到其他主要的城市去，投资银行业务、会计和商业地产业务就是较好的例子(莱申、思里夫特和丹尼尔斯，1988)。这种试探性的相对分散到其他地区(或者说，分散到某些特定城市)可以采取多种渠道，包括在一些领域自主增长。但是，要注意的是，这些东南部地区的大公司向其他地区扩张要么是建立新的分厂，要么是收购当地的企业。

从这个意义上说，服务行业现在发生的情形与 60 年代和 70 年代前期在制造业所发生的情形如出一辙。北部经济在结构上继续是分厂，功能上仍然被伦敦和东南部，以及日益增长的外国公司控制。由于国家的就业结构越来越多地被服务业主导，所以服务业也正在复制东南部和其他地方的分厂的关系。[5]

然而，这些空间结构和 60 年代的制造业分散并不一样，而且分厂的性质和影响也和之前不一样，所以地区间的主导和从属的关系也是不同的。

以其中的金融业为例。如果空间结构被看作社会生产关系

中的组织，从广义的空间角度看，空间结构是由区域城市中的金融部门的分厂的建立而建构起来的，这与几十年前制造业分
99 散化的典型模式有很大的不同。首先，它包含着不同种类的功能，因此功能之间的关系也不同。虽然这里肯定会有一个地理上的结构管理层级，最终的控制和管理仍然是在伦敦或者东南部，在运作功能的类型上伦敦和其他地区的办公室也有所不同。一个典型的场景就是在世界级的城市里，办公室是事务的中心，地区办公室将会负责业务的生产和指定区域的销售网点(库克，1988)。其次，与此相关的是，在部分地区的金融部门中，其所担负的职能的性质决定了办公场所的区域化，因为它们需要在一个特定的区域市场中来履行该机构的职能。例如，在银行投资业，一些相对的分散已经发生了。这样一种分厂的意义是联系局部地区而不仅是中心总部，它的功能是发现局部投资渠道。最后，有证据表明，伦敦金融城企业(City firms)的分厂相对于制造业的分厂有更多的自主权。此外，随着区域分公司自身进一步与当地市场的整合，这种自主权会继续提高。那么，在制造业中，很有可能就出现了一种不同于以往的分厂模式。

它们对当地区域的影响可能会相应的不同。莱申、思里夫特和图米(1998)对此进行了分析。他们指出，在60年代和70年代，地方的影响力同那些在空间结构中与分支机构相关的典型制造业相比，有着怎样的不同。最明显的对比是，这些分支机构具有“代理的影响力”，即它们提供的金融或生产性服务可能有助于鼓励其他地方的经济增长。这一点尤其适用于那些与分支机构(投资银行)业务的“正常”形象形成鲜明对比的部门。分支机构的建立(即使是通过收购)，可能会对提高地方性金融

机构的地位、抵消地区偏见以及对特定形式的投资资本的利用具有重要的意义。

再次，建立这样的分支机构有直接的乘数效应，特别是在房地产、土地市场和建筑行业中。对于这样的机构，需要有相应的地产为其服务。但在这些机构所处的地方性中心，很难找到要么可用的，要么条件合适的办公场所。这就是之前提到过的在一些北方城市的内城区“重新发现”的元素。

从原则上说，分支机构在管理层级中处于从属地位，讽刺的是，这可能意味着这些办公机构在当地经济中的购置行为的 100
乘数效应会很低。从这一点看，它们可能更像是典型的制造业分厂。这种情况伴随着近年来企业联合与部门服务内在化的进程变得更加严重。然而，分支机构自主性的扩大可能会对乘数效应产生影响，事实上，莱申、思里夫特和图米确实表示过，当地的直接乘数效应可能包括对辅助服务的购买。

他们也指出这种影响和经典的制造业分厂在就业的构成方面是有区别的，这里的就业人员会有非常大的比例是专业和管理人员。所以，反过来说，这也意味着在局部地区经济里他们的收入乘数会增大。

毫无疑问，这些空间结构和60年代的有着很大的不同。相应的，它们在当地也就具有不同的影响力。莱申、思里夫特和图米（1988)仍然被限制在他们对整体效果的评估当中，他们将其总结为“模棱两可”。尽管上文提到了这些效果，但是：

> 这也毫无疑问是一个事实，大型的跨国金融和生产性服务聚集在北方的省会城市，这本身有利于延伸公司对金

> 融和服务生产活动的控制。从这个意义上说，这些大型公司办公网络的增加……可以被看作伦敦的影响力向区域经济延伸的一种方式。(p. 46)

此外，必须要强调的是这不是一个主流现象。在整个世界金融中心的不同排名里，英国除了伦敦没有其他的城市出现过。伦敦和其他地区之间的差距是巨大的。而且，在英国只有少数区域性城市被认作建立起了功能性分厂。实际上，就金融体系而言，一个庞大的城市等级的重组正在进行中。

最后，有一种空间结构绝不是典型的服务行业，也不是金融部门。在这种空间结构里，主导和从属的关系可能更加柔和，当地的经济效果可能更加正面。艾伦(1988)指出在一些银行中，商业服务和部分流程(part-process)结构的保险业是有很大区别的。这其中的每一个对分厂城市的经济都有不同的影响。更消
101 极的影响可能会是餐饮业和清洁服务业的延伸，这两个产业正在渐渐被跨国企业接管，特别是在私有化和“外包”的大背景下。正如前面所提到的制造业，这里所产生的影响是工资降低、工作条件恶化，甚至不如60年代大企业的分厂的条件。在这种情况下，北方成为伦敦经济的分厂所在地，而东南方则成为相较于制造业更为糟糕的服务业的所在地。

所以，60年代建立起来的新的劳动空间分工在广义上来说延续了它的主导，而从70年代后期开始，空间结构的构成开始了一些转型。依旧如同60年代一样，空间结构促成的劳动空间分工依然成为一个混合产物(马西，1984)，但是自从70年代后，这种混合产物可能在它的平衡上和构成上已经有了一些变

化。相应的，局部地区内产生的一些效果也会发生变化。如果要概括的相关考察的证据是可信的，那么它意味着80年代后期的效应更可能在局部地区的劳动力市场产生极端效应。最后，这里也有一些对地区关系之间的影响：伦敦和东南部地区的经济越来越多地融入国际金融和商业服务的空间结构，北部经济绑定在了非常不一样的全球制造业企业的结构当中。东南部开始了自己积累增长的过程，北部虽然在一些方面越来越复杂，但仍然受伦敦的结构控制，它力图抓住这些广泛的关系，以便用一种不断变化的方式将本地的和区域的经济带入资本主义生产结构的演化之中——这种能力可以超越分布于表面的不平衡发展——这是由空间结构的概念所提供的一种途径。

四、社会结构的地理学

空间结构的概念提供了一种方式去分析地区间经济的关系，社会地理位置的生产关系是资本主义社会任何不平衡发展形式的基础，它也提供了研究社会地理结构和地理的阶级性的基础。

如果阶级在生产关系中被地方所定义是很重要的(尽管不是唯一的)，那么空间结构所阐述的地理关系与其中涉及的地方，就可以定义一个地方的阶级。这不是一个确定的关系，正如本 102
文的开篇和稍后要提到的一样，但是如果阶级无论如何都是基于生产的话，那么这就是一个切入点。

我们来考察一些例子。在英国经济活动中增长最快的职业群体是经理、管理者、专业人员和技术人员。我们把目标集中在这些群体的上层。他们所代表的主要是相对而言的高收入、高地位和非体力劳动。这里也有对于这个等级的定义和特点的不同观点，恕不在此赘述。在对生产的空间结构的分析过程中，我们所需要发现的问题是什么样的光芒照耀在了这些群体身上以及他们所处的地理位置。[6]

首先要说的是，事实上这个广泛的群体是一个包含了不同群体的混合，他们中的每一个都基于不同部分的劳动分工。经理不同于技术人员和专业人员(马西，1984)，公共部门的雇员不同于私人部门，他们属于不同的劳动分工部门。

由于这个原因，他们也在生产的空间结构里占据不同的位置。的确，他们也有着不同的地域，他们都集中在这个国家的南部和东部，经理们更多地集中在伦敦。这里有非常明确的排序等级，高层们一般在首都，更大比例的下层在地区。这个例子说明了科研和技术人员比较少地集中在大都市，而是更多地分散到了东南部的一些城市少的地方(马西，1984)。这些是关于英国的经济和社会的不同类型的战略管理的地理学。

此外，在不同群体的成分之间的平衡上和他们阶级的特点上，也发生了变化。在 60 年代和 70 年代早期是一个奉行“大即是美”的时代，公共部门和制造业增长。拉希和厄里 (1987)认为这是英国服务阶级的形成时期，而且他们强调这是公共部门的基础。这更确切地说是威尔逊式的现代化产物。今天，重点较少地放在复杂企业管理等级的建立上，而是更多地放在“灵活性”上和提升小型企业上。这决不意味着对社会的真正控制已经消除，而是更大众化，不过放缓增长的纯粹管理可能是重点变化的一个反应。相似地，60 年代的科研人员在大型企业的研究室里工作(史都华德与维尔德，1984)；相同的员工在 80 年代末

更有可能在一家小型的公司上班，确切地说是在一个更小的单 103
位，将他们的科学技术职能和管理要素，甚至还有所有权都充分结合起来。这些标志着他们的阶级地位发生了改变。

在这里，南安普顿地区和伯克郡之间的对比就很有启发性。在威特、梅森和平齐(1988)对南安普顿城市地区的电子和电气工程行业的研究中发现了该地区行业的增长时间、行业的空间结构位置和其社会特点之间的联系。这个地区产业发展的早期出现在50年代中期到60年代，这一时期也是一些主要的已经在运作的公司的迁徙时期，它们要么通过建立分厂的方式要么通过独立搬迁公司的形式来到这里。事实上这是最早期的一波电子产业从伦敦基地分散的产物。当地的企业起的作用很小，而且，大部分的科学和技术工人(形成了很大的比重)要么在大型实验室工作，要么在现场工作，这些也有着制造业的功能(p. 30)。[7]

对伯克郡的增值研究则呈现出截然不同的画面。该郡的增长开始于50年代，基于跨国企业的分支(摩根与塞耶，1988a)。近期，虽然当地企业变得越来越重要："由原来的雇员发展的小型高科技公司数量有所增长。"(巴罗与萨维奇，1986，p. 160)科学和技术人员的阶级特征似乎正在发生变化，其空间结构也随之改变：他们不再像以前那样被公司的结构层级所埋没(虽然他们毫无疑问属于精英)，他们的工作也不再受"无产阶级化"的影响，他们正日益把他们对技术知识的垄断权和所有权与控制权相结合。所有的这一切对于这个地区空间结构的兴起都是不可或缺的。

所有的群体里增长最快的是广泛的私营部门中与商业相关

联的专业人员，特别是金融和服务专业人员。思里夫特、莱申和丹尼尔斯(1987)记录了这一爆发性的增长，它改变着阶级的特点和国际视野。但是所有这些群体所分享的，就是对整个经济管控权的参与和占有，而这仅仅是他们在劳动的不平等分工中所处的位置的产物。

104 然而，这些都不能说明社会上哪些群体在多样的空间结构中填补了这些不同的精英职位，这要视劳动分工本身而定，它不一定是显而易见的。无论如何，即使是最粗略的统计，也说明这些职位大多都是由男性拥有。原因虽然多样，但是任何情况下都是遵循简单的阶级关系和资本需求。[8]科伯恩(1985)分析了在这个模式中有关科学家和技术人员的案例。她认为，在阶级社会中，对生产工具的设计和发展一直有着特别重要和强有力的作用(p. 26)。同时她描述了这个机制，认为这个机制一直都是生产系统的一部分，并且一直是由男性主导的，而不是由“资本”主导。她从三个行业入手，发现女性在这三个新的技术行业中扮演的角色的重要性都很简单：她们都是操作员，按按钮或者是键盘……在技术管理、产品的开发和维修服务这三个行业中，是看不到女性的(p. 142)。

这个群体的另一个特点是在工作场所的自主程度及劳动过程的控制程度(Massey，1984)。但是这也有两方面的内涵。其中之一是，工作的时间很长。科伯恩已经增加了值得考虑的证据，并丰富了其内涵。他们中很多的人“工作时间长且不规律。对家庭的责任都退居到了其次。从事这种工作的前提是工人没有孩子需要照顾，更确切地说，是不需要照顾任何人，甚至还需要被人照顾”(1985，p. 181)。莱申、思里夫特和丹尼尔斯

(1987)记录了一个城市工人的工作日长度(p. 60)。女性不应该是技术人员，男性不应该在家里做家务，这并不是阶级结构里和劳动技术分工里固有的。然而，事实上，男性技术人员在实际上已经影响了其工作职责的性质和执行方式(穆加特罗伊德，1985)。科伯恩认为，

> 持有技术优势的女性已经越来越重要，她们正在蚕食男性堡垒的基础。男人无法承受他们丧失作为世界工程师的历史地位，就在这一点上他们不再感觉到在家庭经济支柱上和地位上的安全感。(1985，p. 235)

在1984年的英国技术行业里，95%是科学家和技术专家，96%是技术人员，98%是工艺师并且都是男性，97%的管理职 105
位由男性拥有(科伯恩，1985，p. 225)。

虽然在这些空间结构中有一个特征(也就是说，某一个社会群体充斥于各种各样的职位当中)近几十年来都没有发生变化，但是其他的特征已经悉数发生了改变。特别是这些英国社会的特权群体在收入和地位上已经大大提升。这里有大量的资料为据，尤其是有关金融部门和城市，莱申、思里夫特和丹尼尔斯(1987)记录了伦敦国际劳动力市场的工资影响。[9]事实上这些地方的工资是被迫上涨的，而不像其他地方的工资是被迫降低的，这在一定程度上反映了这些阶层在劳动力市场中的力量。大规模的金融改革和国际化产生了技术短缺，而技术短缺的状况在不断恶化，究其原因，一方面是因为英国培训水平的低下；另一方面则是合格的专业人士流入到了收入更高的金融部门，从

而也抬高了技术层的工资水平。最后，在 80 年代，所有的群体由贫穷到富有，都从政府的再分配政策里获益匪浅。

到目前为止，已经建立了的是在电子行业里不断深化的劳动技术分工，在这样的方式下，研发和生产之间的空间距离不总是必要的，[10]而且在某些高科技行业和一些金融和商业部门，通过制造业外包的不断深化的劳动分工使得这些部门之间的空间距离可能更大。而它们和主要的公司总部之间的距离，比直接生产本身的空间距离更大。这些职位很多都是男性占有，事实上也加强了由劳工分工本身所带来的状态。通过其他的手段，这些群体的收入和地位已经大大增加了。这里所出现的是一系列的空间结构，在这个结构中所出现的群体聚集，以及这些群体和其他经济部门的距离问题，具有很强的代表性。

然而，进一步要讨论的是结构化。空间结构的真实地理方位是由劳动分工中不同要素所处的区域决定的，而不是由空间结构本身决定的。它是由一整套其他的因果系统在很偶然的情况下决定的，而非必然隐含着空间结构本身。在东南部外围地区，分布着很多精英和白领阶层，这为我们展现了一个上述特征相互作用的令人着迷的例子，它们在空间形态和社会形态中相互交织和影响着。事实上，在这个地区发展的背后包含着一
106 系列的因素，这些因素包括：该地区邻近伦敦这样一个权力中心和国际关系的汇聚中心；希思罗机场和良好的通信设施的存在，这些设施最初是为当地的电子工业和政府的国防与研究机构服务的。其实，上述活动的结构一旦建立起来，某一区域就有可能通过聚集的趋势发展起来。但另一个重要的因素也不容忽视，那就是区位本身也扮演着重要的角色。

劳动分工的发展为这些群体从直接生产中各自分立出来提供了可能。他们为之而奋斗的高层级的社会地位或许会促使他们将这种可能性付诸实践，以此来确保他们能够从车间生产中分离出来，并被安置到一个更有意义的区位。但这无法解释为什么是某些地区而不是其他地区有这样的情况，事实上也无法解释为什么要把生产的分离视为一种资产状态。这可以参见"便利性高的地区吸引高素质、高收入、高流动性的劳动力"的观点(霍尔，1988；贝里，1970)，以及"心理收入"这个假设性的探索，这是基于对效果的简单分析来找出原因：这些区域必须是"高便利性的"，因为这才会是那些高收入、高移动性人群想选择去的地方。当然，这些偏好并不是与生俱来的，而是后天建立起来的。最近的发展正以一种最简单的方式体现着城市中心的年轻与富有。在伦敦，这其中的一部分原因是由于长时间存在各种压力，如果家住在"城外"的话，就需要处理工作与通勤时间的问题(莱申、思里夫特、丹尼尔斯，1987)，但是从文献上大概能看到这些地区被认为是"高便利性的"，而且他们的另一个天生的偏好也被发现了，那就是喜欢生活在运河和码头附近。

那么东南部外围的吸引力是什么？很多证据表明这主要与自信和阶级有关。比如，有人认为，生活在这些区域能实现"绅士"的自我定位(思里夫特，1988)。这是一种维护社会地位的方式。这一切都引发了这么一个问题："城乡转移"是否意味着从城市转移到乡村。然而，它似乎是一个从工业(制造业)向非工业转移的过程。这可能是对城市重新认识的开始，世界城市(伦敦人口再次增长)的繁荣就是明证。基尔本的研究工作(1976，

1980)是以制造业的数据为变量的，而非以城市人口作为变量；福瑟吉尔(Fothergill)和加金(Gudgin)等人的研究正是以工业城
107 市为对象的(福瑟吉尔、加金、基特森、蒙克，1988)；劳埃德(Lloyd)和里夫(Reeve)(1982)指出许多北部的小镇服务业没有增长或者也没有中产阶级的进入。他们举出例子：在肖尔(Shaw)，80.5%的就业在制造业；在利特尔伯勒(Littleborough)，从事制造业的有99.2%。这似乎体现出了工业生产与社会背景的疏离。私营部门的中产阶级对多克兰码头的入侵与六七十年代伦敦内城的公共部门的中产阶级是不一样的，它涉及完全清理或者重塑这个区域。早期的入侵是一个大胆的举动，同时，大胆的先驱者通常都得到了特殊的激励。一旦确定为"可接受的"地方，当然，像这些地方，无论是码头或者是M4走廊，都开启了另一种要素的良性循环，但是这一次是在阶级的基础上。特定的群体必须在更广泛的背景中得以检验。东南部地区对于其他更广泛的群体而言也是一个家，这成为该区域社会特征的一部分基础，进而成为针对这些群体的区域吸引力的一部分，其范围从中心地区的雇员到整个文化产业的工人。而且尤其要指出的是，他们之所以在这里，是因为这里是首都伦敦。

所有的一切都表明，在社会意义上，阶级力量作为当下英国经济中占主导地位的区域性部门和层级的一个要素，是非常重要的。拉希和厄里(1987)指出了两点直接说明这个问题。第一，他们认为这些层级的主要权力是"重建资本主义社会，以便最大限度地把理念和执行分离开来"(p.177)。第二，他们认为"英国的职业延续了职业地位的绅士模式"，而不是资产阶级的

“职业专业主义”，他们注意到了“在这个身份职业化的进程中，伦敦的空间重要性不仅影响到了老的职业，也影响到了新的职业，比方说工程行业”（pp. 184—185）。特别是从 70 年代后期以来，这些阶层与日俱增的重要性及其不断变化的构成，都体现出了上述两点内容的重要意义。

但如果空间结构是由各种因素相互作用而构成的地理系统的话，正如本文的第一部分提到的，那么在整个劳动分工中，某些功能的聚集就具有了另一种含义。最明显的是，这些功能的集群式的存在使得那些失去了这些功能的地区具有了存在的必要——如果真是这样的话，那么这样的地区就是英国北部。事实上，有证据表明这个群体聚集于东南部，并且他们不断增
长的相对收入是用以解释南北差异的重要因素——这就是工资 108
(水平)。虽然在国家的不同地区中 10％的底层收入者的工资其实变化不大；工资变化在前 10％的男性非体力劳动者中是很大的，东南部的收入水平也远远比其他地区要高(马西，1988)。此外，空间聚集的事实本身也有其社会效应。最明显的是，这早已导致了东南部地区的劳动力短缺，从而进一步提高了工资水平。在同一时间，那些(小得多的数字)在北部地区有相同技能的人或者还在低收入水平上，或者找不到工作，又或者没有能力搬到南部去找工作或是增加收入。这样一来，最初的空间集聚的动力不断积累，从而加强了已经享有特权的南部地区的收入优势，甚至在南北分离的循环发展中产生了地理上的不平等，那些低收入群体甚至无法移动到他们想去的地方，那些高收入群体在劳工市场中获得了更加强有力的地位，从一个工作岗位迅速地跳槽到另一个工作岗位，不断讨价还价以提升自己

的收入规模，并见证着他们的财富与房价一同增长。

我们正从一个社会的构成和结果的层面上改变劳动的技术分工和社会分工，这种改变在某种程度上是新空间结构产生的原因，新空间结构的定位又进一步塑造了这些群体构成的社会特点。

一个有趣的问题出现了。马歇尔(1987)在他的英国地区历史兴衰的研究中(地区发展的长波周期)认为，每一次新的长波(long wave)周期的到来(此即康狄夫长波理论，该理论描述的是社会经济的周期性发展。——译者注)都见证了新的社会和政治力量的崛起，而且这些都是基于某个地区的，在那里这种长波的更替具有最强的冲击力。他指出了19世纪上半叶曼彻斯特的自由贸易运动，以及19世纪晚期至20世纪早期的西米德兰兹郡(West Midlands)的社会帝国主义者(social imperialists)。如果要说著名的东南部外围及其离群者在20世纪末造就了类似的奇迹，那这样的说法就是毫无意义的。这样的政治特征并不是直接从空间结构中推导出来的，也不是从与之相关的社会结构中产生的。然而，尽管没有任何意义上的所谓“运动”，但这个地区显然已经成为政治话语中所使用的意象。这就是撒切尔主义的中心地带，其他地区则被迫遵循“这个例子”，从而变得
109 更加“创业化”(马西，1988)。此外，它在伦敦附近的位置给了它一个特殊的地位。这一次，长波在首都周围的地区展现出了其最强的推动力，而且占主导地位的联合模式为地区“霸权”的形成提供了一个更广泛的基础。这类地区中的阶级力量目前主导着社会形态，这就是英国的“第五个康狄夫长波上升期”(第五个康狄夫长波上升期是由电信、互联网、IT产业推动的。——译者注)。

五、不平衡的再发展：随时间变化的再生产

不平衡发展的结构正在不断演进。在 60 年代中期出现了新的劳动空间分工的建立，从 70 年代晚期开始则是在空间结构中出现了一些根本性的改变。很清楚的是，虽然变化是连续的，但是也有周期性的更彻底的转变。换句话说，在结构变化上有不平衡的发展，这些变化在其他的经济方面也存在。进一步而言，这些都是不可或缺的。(60 年代的分散化是为了挽救现存的工业形式以及在世界经济中的特殊地位；东南部外围的兴起则是在国际上占主导地位的新角色的呼声。)于是，换言之，经济周期和它的区域化之间的关系(在最一般的意义上)是不平衡发展的形式。很明显的是，从 60 年代中期开始，新的劳动空间分工开始发生转向。如果它一开始就试图去开启一个技术层面的、社会民主的现代化观点的话，那么它就会被延续下来，并且有可能被 70 年代末的经济和政治变革所加固。

我们一直讨论的这些变化是本地和区域变化的万花筒。地理的格局和行业的需求都在不断变化。举一个之前提到的例子，20 世纪六七十年代曾是西部和北部地区制造业的鼎盛时期，但是近期有证据表明这些地区再也没有像当时那样充足的女性劳动力储备了。之所以对当地劳动力储备特征进行描述，是因为这些地区的女性被视为具有潜在脆弱性的“绿色”劳动力。伴随着几十年的失业和绝望的工作，以及没有工会经验的新一代男性的出现(他们确实缺乏有偿工作的经验)，这些地区的男性劳动力市场已经从工联主义的心脏地带转移到了可以引进全新形 *110*

式的劳动关系的地方。这些区域的男性劳动力也可能被看作一个脆弱的行业储备。

“地理格局”和“行业的需求”总是相互作用的。摩根和塞耶(1988b)举了个相互协调的例子，这个例子正是从管理层和员工的相互关系入手。“一般流程”只存在于特定形式的情况下。新的空间结构及其社会形态这个问题在前两个部分就已经讨论过了，它们彼此影响。大量的白领和高收入雇员来到了东南部外围，已经改变了早已生活于此地的劳工阶级的发展前景，他们可以通过就业和住房，从流入中获益，也可能被边缘化。就像高收入群体的集中已经对阶级的特点有了影响(见上一部分)，所以它也影响到了那些低于平均收入水平的人。在伦敦或者是东南部地区，一个固定收入者(比方说，地产行业)的生活处境，和北部地区是非常不一样的。除了不平等更有可能被发现以外，我们还能发现这里有较少的支援性的组织，物价更高，合理价位的住房很难找到。一般而言，东南地区是最富裕的地区，但也是最不平等的地区。

一个特定区域内的更广泛的结合过程也可以触发其他动力。长久以来，伦敦的地价给制造业带来了不少难题，但是目前这股结合的力量特别激烈。在国家层面上，加剧的国际竞争的结合是痛苦的，许多在伦敦经济中表现出色的部门，都伴随着来自劳动力供给的压力，以及不断上涨的房产价格的压力，这些困难在这个国家的其他地区是不存在的。事实上，有证据表明有些地区所受到的影响现在已经超过了伦敦；巴罗和萨维奇(1986)从伯克郡找到了证据。

最后这两点都关涉利益的冲突，或者至少涉及了特定区域的不同利益，并且这两点都被很好地研究过。地方的特征在群体之间可能有差异，也可能是冲突的。然而，有一个问题看起来没有被研究到，这就是在东南部外围地区的女性大学毕业生的劳动力市场。“男性专业工人”和“地区工人”之间的两分法经常被评论(比如巴罗和萨维奇，1986)。但是考虑到社会结构可能会有许多女性(想要成为)专业工人，这会怎么样？在他们对 111
布里斯托尔(Bristol)的研究中，博迪、利弗森和巴西特(1986)注意到有越来越多的女性出现在特定的技术和专业岗位上，但是他们总体上得出的结论是女性的就业机会及其质量不容乐观。他们还指出大部分女性的工作(低收入)都是在那些有男性高消费产生的部门里。换言之，在上一部分讨论的高收入和当地收入乘数的广泛影响，可能会进一步加剧当地劳动力市场的两极分化，因为其他服务业的薪酬和条件水平都很低。之前也讨论过，这可能是生产空间结构和群体内的社会特点的结合正在东南部外围和其他“父权地区”产生更广泛的劳动的空间分工。

“劳动的空间分工”不是一种解释性的概念，从这个意义上看，它赋予了任何一种不平衡发展以具体的解读。在这里，它就像其他的劳动分工的概念一样。从更长远的历史视角看，任何形式的不平衡发展的原因都将随着时间而改变。“劳动力特点”不总是主要的考虑因素（沃德，1985）。事实上，工业区位的模式不是由简单的“因素”清单来解释。这里有大量的参数，是维护资本主义积累的主要方式之一。但是要形成一种具体的劳动的空间分工将取决于很多因素。最重要的是解释在这两个世纪里英国不平衡发展特点的转变，这种转变已经改变了国际劳动分工关系、经济结构、科技和工业组织的主导模式。这些都将会影响空间结构发展的类型，以及它们之间的平衡，也会影响它们在一个更广泛的劳动的空间分工里的整体结果。此外，正如我们所见，影响会比这更深远。与维护资本积累一样，不平衡发展的形式也会反映到维护阶级权力的斗争当中(虽然有明显的关联，但肯定是不一样的)，并且将从一个更广泛的政治层面中折射出来，这其中包括关于什么是资本积累的需求的政治解读。例如，从 70 年代末开始，在战略上已经强调并能够让英国在国际劳动分工中有特定的双重角色：银行业的中心和廉价
112 产品所在地。除此以外，特定阶级的统治权，是导致今天英国不平衡发展的最重要的维度之一。

米尔顿凯恩斯

发表于 1988 年

【注释】

[1] 考虑到我们目前所处的发展阶段和发展趋势。

[2] 此处有一个很明显的假设，认为社会中的所有工作、所有功能都包含在整体分工特征中。这就提出了两个重要问题。第一，我们所考虑的系统必须从原则上认为是国际化的，英国各地区经济领域的劳动分工也是全球化的。第二，社会整体分工包括很多无酬工作，这些工作通常不被考虑在“经济”范围之内。所以“挣钱养家的人”的“经济”地位也暗示了另一种地位(从事家务劳动的人)，这些人通常不被计算在有酬经济领域之内。所以，正确的做法是呼吁将再生产劳动包括在这一方法之内[见沃德(Warde)，1985，1988]。而很遗憾的是，本篇《不平衡发展：社会变迁与劳动的空间分工》没有进行这种呼吁，但即使是增加更多的本地“方面”，也无法达到这一结果。

[3] 这并不是说，这是唯一的概念化的方式。

［4］关于这些潜在含义的充分讨论，以及不同空间结构的不同影响，参见马西，《劳动的空间分工：社会结构与生产地理学》(1984)的第三章。

［5］这一统计数据并不完备，但也说明(只)在苏格兰，某些经济领域也许是个例外。

［6］这些话题在马西(Massey)、昆塔斯(Quintas)和维尔德(Wield)(1992)的著作中被论及。

［7］但是，这一研究没有包括独立的研发领域。

［8］从最近的争论来看［见麦克道尔(McDowell)，1988］，正如科伯恩(Cockburn)(1985)和沃尔比(Walby)(1985)所提出的那样，最好将父权关系的动态远离资本主义关系的动态。这也表明，仅仅询问工业重组对“女性的影响”是不够的。“对女性的影响”不仅来自资本行为，也来自男性力图维持男性主义的斗争。

［9］国际对比会造成薪资的强制上涨，但次数并不多，地理变化对薪资水平的影响就是其中之一。(同时期，正巧北部分厂的工人的薪资和工作条件由于国际对比而下降——这又一次表明了北部和南部以不同的方式被挟裹进 113
国际劳动分工之中。)

［10］虽然情况可能如此，见博迪(Boddy)、洛夫琳(Lovering)和巴西特(Bassett)(1986)，但我们在 Massey，Quintas 和 Wield (1992)的著作中提出，空间隔离可能具有负面效果。

【参考文献】

Allen，J. (1988)，“The Geographies of Service”，in D. Massey and J. Allen (eds)，*Uneven Re-development*：*Cities and Regions in Transition*：*A reader*，London，Hodder and Stoughton in association with the open university，pp. 124—141.

Barlow，J. and Savage，M. (1986)，“The Politics of Growth：Cleavage and Conflict in a Tory Heartland”，*Capital and Class*，No. 30，pp. 156—182.

Berry, B. J. L. (1970), "The Geography of the United States in the Year 2000", *Transactions, Institute of British Geographers*, Vol. 51, pp. 21—53.

Boddy, M., Lovering, J. and Bassett, K. (1986), *Sunbelt City?: A Study of Economic Change in Britain's M4 Growth Corridor*, Oxford, Clarendon Press.

Carling, A. (1986), "Rational choice Marxism", *New Left Review*, No. 160, pp. 24—62.

Christopherson, S. and Storper, M. (1986), "The City as Studio; the World as Back Lot: the Impact of Vertical Disintegration on the Location of the Motion Picture Industry", *Environment and Planning D: Society and Space*, Vol. 4, pp. 305—320.

Cockburn, C. (1985), *Machinery of Dominance: Women, Men and Technical Knowhow*, London, Pluto Press.

Cooke, P. (1988), "Spatial Development Processes: Organized or Disorganized?", in D. Massey and J. Allen (eds), *Uneven Re-development: Cities and Regions in Transition: A reader*, London, Hodder and Stoughton in association with the open university, pp. 232—249.

Crowther, S. and Garrahan, P. (1987), "Invitation to Sunderland: Corporate Power and the Local Economy", paper presented to the Conference on the Japanisation of British Industry, UWIST, Cardiff (mimeo).

Daniels, P. (1988), "Producer Services and the Post-industrial Space Economy", in D. Massey and J. Allen (eds), *Uneven Re-development: Cities and Regions in Transition: A reader*, London, Hodder and Stoughton in association with the open university, pp. 107—123.

Fothergill, S., Gudgin, G., Kitson, M. and Monk, S. (1988), "The Deindustrialization of the City", in D. Massey and J. Allen (eds), *Uneven Re-development: Cities and Regions in Transition: A reader*, London, Hodder and Stoughton in association with the open university, pp. 68—86.

Hall, P. (1988), "The Geography of the Fifth Kondratieff", in P. Hall & A. R. Markusen(eds), *Silicon Landscapes*, pp. 1—19, Boston, MA.

Hamnett, C., McDowell, L. and Sarre, P. (eds) (1988), *Changing Social Structure*(Restructuring Britain, Open Text 2), London, Sage/the Open University.

Keeble, D. (1976), *Industrial Location and Planning in the United Kingdom*, London, Methuen.

Keeble, D. (1980), "Industrial Decline, Regional Policy and the Urban-rural Manufacturing Shift in the United Kingdom", *Environment and Planning A*, Vol. XII, pp. 945—962.

Lash, S. and Urry, J. (1987), *The End of Organized Capitalism*, Cambridge, Polity Press.

Leyshon, A., Thrift, N. and Daniels, P. (1987), "The Urban and Regional Consequences of the Restructuring of World Financial Markets: The Case of the City of London", Working Papers on Producer Services, No. 4, Department of Geography, University of Liverpool.

Leyshon, A., Thrift, N. and Twommey, C. (1988), "South Goes 114
North? The Rise of the British Provincial Financial Centre", paper presented at the Annual Conference of the Institute of British Geography (mimeo).

Lloyd, P. and Reeve, D. (1982), "North West England 1971—1977: A Study in Industrial Decline and Economic Restructuring", *Regional Studies*, Vol. 16, No. 5, pp. 345—360.

Marshall, M. (1987), *Long Waves of Regional Development*, Basingstoke, Macmillan.

Mason, C. (1987), "Venture Capital in the United Kingdom: A Geographical Perspective", *National Westminster Bank Quarterly Review*, May, pp. 47—59.

Massey, D. (1984), *Spatial Divisions of Labour: Social Structures and the Geography of Production*, Basingstoke, Macmillan.

Massey, D. (1988), "A New Class of Geography", *Marxism Today*, May, pp. 12—17.

Massey, D. and Allen, J. (eds) (1988), *Uneven Re-development: Cities and Regions in Transition*, London, Hodder & Stoughton.

Massey, D., Quintas, P. and Wield, D. (1992), *High-Tech Fantasies: Science Parks in Society, Science and Space*, London, Routledge.

McDowell, L. (1988), "Gender Divisions", in C. Hamnett, L. McDowell and P. Sarre, (eds), *Restructuring Britain: The Changing Spcial Structure*, London; Newbury Park, Calif.: Sage Publications in association with the Open University, pp. 158—198.

Morgan, K. and Sayer, A. (1988a), *Microcircuits of Capital: The Electronics Industry and Uneven Development*, Cambridge, Polity Press.

Morgan, K. and Sayer, A. (1988b), "A 'Modern' Industry in a 'Mature' Region: The remaking of Management-labour Relations", in D. Massey and J. Allen (eds), *Uneven Re-development: Cities and Regions in Transition: A Reader*, London, Hodder and Stoughton in association with the Open University, pp. 167—187.

Murgatroyd, L. (1985), "Occupational Stratification and Gender", in The Lancaster Regionalism Group, *Localities, Class and Gender*, London, Pion.

Oberhauser, A. (1987), "Labour, Production and the State: Decentralization of the French Automobile Industry", *Regional Studies*, Vol. 21, No. 5, pp. 445—458.

Schoenberger, E. (1987), "Technological and Organizational Change in Automobile Production: Spatial Implications", *Regional Studies*, Vol. 21, No. 3, pp. 199—214.

Steward, F. and Wield, D. (1984), "Science, Planning and the State", Unit

16 of D209, *The State and Society*, Milton Keynes, the Open University.

Thrift, N. (1988), "Images of Social Change", in C. Hamnett, L. McDowell and P. Sarre (eds), *Restructuring Britain: The Changing Social Structure*, SAGE Publications Ltd., pp. 12—42.

Thrift, N., Leyshon, A. and Daniels, P. (1987), "Sexy, Greedy: The New International Financial System, the City of London and the South East of England", paper presented to the Urban Change and Conflict Annual Conference (mimeo).

Walby, S. (1985), "Theories of Women, Work, and Unemployment", in The Lancaster Regionalism Group (eds), *Localities, Class and Gender*, London, Pion.

Warde, A. (1985), "Spatial Change, Politics and the Division of Labour", in D. Gregory and J. Urry (eds), *Social Relations and Spatial Structures*, Basingstoke, Macmillan.

Warde, A. (1988), "Industrial Restructuring, Local Politics and the Reproduction of Labour Power: Some Theoretical Considerations", *Environment and Planning D: Society and Space*, Vol. 6, No. 1, pp. 75—95.

Witt, S., Mason, C. and Pinch, S. (1988), "Industrial Change in the Southampton City-region: A Study of the Electronics and Electrical Engineering Industry", Working Paper, Urban Policy Research Unit, Department of Geography, University of Southampton.

第二部分

地方与认同

概要

许多关于空间的早期争论一直关注于思考地理学中更广阔领域的重要性。这些讨论至少部分来自于这样一种愿望的激励，那就是将“地方”(不论是将其视为国民经济、区域或是内城)置于更广阔的权力关系的语境中，“地方”不仅是权力关系的一部分，同时又超越权力关系，成为决定其命运的重要角色。这其中的一个后果是将地方从一个特定的个别特征的尺度中抢夺过来(当然这里有一种不平衡发展，将地方分配于世界经济秩序下的不同位置和职能上，但最终它们都是国际资本积累的产物)。另一个后果是将所有的因果关系几乎都分配到了没有具体方位的“全球”概念上。将目光转向本土，去阐述地理特征的结构并认真对待其重要性，这会带来一些冲击，并且在某些领域会被强烈抵制。

然而，这样一个新的焦点问题(事实上是复兴)再一次出现在学术议程中，至少部分原因来自于具体的政治问题，而不在于大学本身。显然，不同地方(见《即将面临的格局》)的本土经

济和政治动态有着很大的差异，它们有着很不一样的议题(从各
118 种问题和政治潜力方面而言)。同样明显的是，那样一些政治辩论，例如像埃里克·霍布斯鲍姆的《前进的劳工止步了?》所挑起的辩论——如果不考虑本土特质的话，是很难在国家层面展开讨论的，因为正是这些特质构成了整个国家。显而易见的是，那些国家层面以下的地方成了政治辩论中的主要对象。这些地方有金丝雀码头(Canary Wharf)和多克兰区(Docklands)的崛起(这个受到很多资助的地方代表着未经政治选举的企业家的胜利和地方政府的失败——其后续发展带来的麻烦也同样具有代表性)；有许多市议会中的新城市左派(new urban left)以他们鲜明的政治立场，在众多针对国家政府的最直观、最激进的政治挑战中扮演着领导者的角色；有漫长的矿工罢工的清晰的地理基地和内部差异；有撒切尔夫人以她那美妙的步态、整洁的仪容、手拿皮包所穿过的废弃的提赛德(Teesside)；还有那些穿越了政治光谱的新兴的地方主义，最令人担忧的如东欧和苏联的那种带有攻击性的排外主义和民族主义，这些例子不胜枚举。如果不了解地理特质，不了解人们所依附的地方的意义和象征是什么，以及那里所经历的斗争如何，那么这个时期的政治生活将会是艰难的，因为这些都是很重要的问题。这在许多不同的方面都进一步表明了一个论断，那就是地理因素很重要。

然而，对这些问题的分析，部分是来自于对地方概念的反思，尽管这样的反思得到许多人的欢迎和采纳，但也受到其他一些人的激烈反对。在《本地研究的政治地位》一文里，就有部分内容是对这种批评的回应。

一些人对于“本土性的研究”的负面反应，以及对待地方这

个概念所呈现出的普遍的谨小慎微的态度，都可以被理解为是根植于通过内在化的描述来处理地方特质的一种特有的地理历史。但这也具有强烈的讽刺性，因为“地理”的一个关键元素就是差异和特质。

对于空间差异性的关注实际上可以被看作地理学针对这个时期社会科学领域出现的有关“差异性”问题的一个独特的倾向。事实上，这种时机上的巧合(尽管这其中也有许多的原因，而非仅仅是简单的巧合)或许可以在一定程度上解释为什么这样的辩论会陷入纠葛和混乱中，有时甚至变得更糟。因为有关地理学者该如何看待地方概念的论争和正在兴起的后现代主义的讨论，被人们彻底混淆了。

事实上，本地研究的议题和后现代主义的议题在原则上是 119
很不一样的(见《本地研究的政治地位》)。然而，使它们二者相混淆事实上表明了围绕地方研究的辩论者之间的真实差异。因为那些怀疑对于“本地”这个术语的研究是否有价值的人们，有时会成为这类研究的反对者。将某个事物称作地方斗争或是地方关切，在一定的语境中就意味着赋予地方一系列的特质——一种特殊主义、排外性、本质主义、自私自利，这些特质拒绝考虑可能存在的(潜在的或明确的)更好的普遍性。

此外(更何况所有的方法论上的混乱使得该术语变得混淆不清)，对于像本地这样的事物的负面指代，使其轻易地去除了地理学上的意义，代之以各种各样的问题和斗争。所以反种族主义、女性主义和环境问题，还包括其他一些方面都被批评为“只有本地”的问题(见本书第三部分，尤其是《无处不在的性别歧视》)。全球的和普世的观点(这两个术语间的混淆恰恰是它们本身的症状)关注的是反对将这些议题的比较作为一个阶级问题。因此，事实上，这个议题是在有关本地这个话题的辩论中被抛出来的，该辩论所涉及的问题属于范围更广的社会科学领域，是女性主义、后殖民主义和后现代主义关注的问题。如果有一份需要在一定程度上将那些“进步势力”的斗争团结起来的协议的话，那么这份协议能否达成则充满争议。那些对新兴的“地方主义”持怀疑态度的人们将其视为分裂主义。对于这一观点的反驳无疑是宣称旧有的联系实际上是建立在对内部多样性的扼杀基础之上的——在由男性主导的煤田中，人们深情回眸的画面被当作团结的典范，这是一个清晰而恰当的例子(见本书第一部分《即将面临的格局》)。而且，越来越多的斗争表明可以营造的团结只会先产生出差别意识(这是潜在的)，无论这种差别意识是体现在地方上还是性别上，抑或是在种族划分上。

但是另一个反对地方重要性的主张的阵线则从其他方面入手。其论证策略是将“地方感”同回忆、静态、乡愁联系起来。这里所构想的“地方”必然会成为一种本质主义的概念，伴随着坠入到过往传统的诱惑，让人们陷入到(被称作)舒适的固有存在当中，而不是按照建设性的计划(假定它是进步的)前进。在这里，性别问题尽管在很大程度上被掩盖了，仅仅只是作为辩论的一部分，但是固有存在的特性和我们文化中所描述的女性
120 特征是有相通之处的，这是不能被忽视的(《一个被称为家园的地方?》以及第三部分的相关内容)。[1]

本部分的文章试图去解决辩论中提到的问题，而不是简单地回应批评的声音，更确切地说是要反思“地方”这个概念(《全球地方感》《一个被称为家园的地方?》)。

本书第一部分中的文章曾对社会空间的看法进行论证，这里说的社会空间着眼于社会关系的衔接性，因为在社会关系的相互作用中必然存在着一种空间形态。如果这样的观念被接受，那么我们就可以将地方看作在相互交织的社会关系中的一个特定的片段，看作一个随着时间的推移而编织出来的网，并与其他的社会关系网相互作用，周而复始。这些关系中的一部分可以说将会构成地方；而其他的关系则会继续延展并超越这个地方，携带着其特有的本地特征进入更广阔的关系和进程中，而这些关系和进程又和其他地方有着千丝万缕的联系。事实上，在第一部分的文章中所详细论述到的——地方的命运只能是将本土置于一个更广大的背景下才能被解释清楚(例如，这样的论述反对"归咎于城市")——至少需要以这样的方式看待地方才行。另外，用这样的方式将地方概念化对一种批判的观点带来了挑战，这种观点试图将所有区域性研究的特点都概括为内在化的描述(见《本地研究的政治地位》)。尽管这样的评论很容易被指责为一种宏大叙事的理论(例如所谓的国际资本主义)，但是这里所构想的地方概念明白无误地表明对于任何有关本地的理解都应该准确地把握住超越边界的联系。

进一步而言，这里不仅是要将本地置于一个更广大的环境中来理解，从而使区域研究"改变命运"，而且要关注地方本身的特征。这不仅是说，一个区域工业衰退的因素必须被解释为资本积累的力量，市场的变动，或者是外部所有权——而不应该被解释为看到了区域本身的特质；它同样也表明，地方认同的构成本身——包括地方的社会结构、政治特征、"本地"文化——这种文化也是相互作用的产物。"一个区域的特征"不再是一种内在化的历史的产物，而是与建立在其基础上的制造业的命运息息相关。全球就体现在本地中，体现在本地的形成过程中。这是对空间问题论证中所提到的地方概念的延伸，这里
121 强调的不单是社会关系产生了空间，而且“这些关系构成了社会现象本身”(见本书第一部分“概要”)。

以这样的方式看待各个地方，意味着作为开放而可渗透的社会关系网的这些地方，并没有太多的边界限制。[2]这也意味着这些地方的“身份认同”是通过它们与其他地方相互作用而建构起来的，而不是采取相互对立的方式。[3]进一步讲，这些身份认同将会是多元的(因为某个地方中的各种社会群体会分布在不同的具有差异性的社会关系中，并且他们对这些关系的解读以及他们的所作所为都是不同的)。反过来，这表明了任何地方的主导意象都会受到挑战，并随着时间的推移而改变。正如厄尼斯特· 拉克劳所说的：“所有的衔接点都是局部的不稳定的。”[4]

在有关本土问题争论的过程中，其中的一个重要部分实际上是来源于人们对日益明显的全球化和时空压缩现象的关注。以这样的方式来看待空间和地方，也调整着这些概念自身的阐述方式。它强调了超越针对加速发展、即时通信、恒定的全球流动的特性描述的必要性，主张设想社会关系的空间重组的过程，这些社会关系中充满了权力和意义，并且社会群体有差异地分布在这个重组的空间中(“全球地方感”)。在这些“地方”之中所发生的事情很自然地就被卷入到了这其中的社会关系的重构和传播当中了。[5]

论争这一切的重要性在于，可以将这些问题注入主流辩论中来。这里不是要去设想地方通常被看作什么(一种防御性和排

他性的地方——基于现实情况，这个谎言将立马被揭穿），而是要论述地方可能被怎么样看待，在这种情况下，某些政治争论可能会发生转向。这里提到的目标和前文论述的目标是一致的（见总论），和艾利斯·马瑞恩·扬在论述没有压迫的城市时所持的目标也是一致的。[6]这种可选择性的地方概念的反本质主义结构很快就出现了问题，例如任何自发地将地方同乡愁和永恒静止相联系的做法。它强调任何要求建立某个地方的真实特质的观点都是缺乏基础的（不论这样的观点是用来支持种族排外性，或是用来反对一些多余的发展——“它都将是不合时宜的”）。从这个意义上讲，在一个区域中有这样一个不变的真理，那就是试图建立一个具有内在独特性的地方是不现实的。20 世纪 80 年代，当伦敦东部多克兰区的社团开始抵制那些新的发展 122
项目和“雅皮士”的入侵时，很特别地，“雅皮士”在当时形成了一种潮流，社团在这种背景下喊出“这是劳动阶级的土地”（换言之，雅皮士在这里没有土地）。这就造成了至少两个方面的问题：第一，这是在追求一种永恒的存在（作为劳工阶级的土地——暗指：这个地方是不能改变的）；然而，几个世纪以前，道格斯岛（Isle of Dogs）还只是旷野和农田。第二，这是一种本质主义者的诉求，这种构想所存在的问题在于要求回到大约十五年前。后来，这个地区附近的类似的社团又在抵抗另一种“入侵”。这次抵抗的对象是少数民族群体，并且声称这里是白人劳工阶级的土地。“左翼”政治团体基本上支持了“本地人”抵制雅皮士，但同时也抵制了那些主张独享某个地方的所有权和生存权的种族主义论调。然而人们在这两个事例中的诉求却有着同样的理论基础——以本质主义的观点定义地方。事实上，政治和社会内容是在不断改变的，包括它们的空间形态，没有必要去捍卫伦敦东部某个地区的“真正本质”。[7]

在徒劳的寻求天衣无缝的一致性和永恒性的同时，地方本质的问题和身份认同的概念联系到了一起，并且越发的普遍。当时空压缩被视为扰乱了并且威胁到了个人认同感时（也包括地方认同感），那么人们就会把地方看作可靠性和稳定性的来源。但是，正如单一的一致性和稳定的身份认同感会被质疑一样，地理学家们也会努力破除有关地方身份平行论的主张。例如，罗宾斯认为“强有力的规则是要用来拯救中心的、有边界的、一致的认同感——将认同感置于没有固定方位的时代之中”（《一个被称为家园的地方？》），如果罗宾斯这次是对的，那么这句话一定是想强调在地理学意义上的地方没有办法做到这一点。社会关系的地理学迫使我们去认识我们的互联性（interconnectedness），并且要强调一个事实，那就是个人的身份认同和我们生活、移动（“存在”）在其中的时空整体都是通过互联性而被精确地建构起来的。

那么问题在于，谁会被时空压缩搅动不安？又是谁老练地破坏了身份认同感？谁真正渴望一种稳定的、静止的地方概念？谁在担心那些可能保护着某些认同感的藩篱的倒塌？这至少绝
123 不是一个巧合：在城市失控的错综复杂的事务中狂欢（弗吉尼亚·伍尔芙），对于那种认为一个固定的地方被称为某人专属的，质疑这样的地方是否真的存在，坚持认为回忆和复原不一定要采取乡愁的形式（贝尔·胡克斯），也不一定要持有一种四海为家的心态（米歇尔·乐·迪菲）……所有这些（旧有观念）通常都来自于某些特点的人群，他们游离于那些陈旧的、固定的、

被神话了并具有一致性的社群的边缘地带。

【注释】

[1]换言之，拒绝将本地研究看成“本地的”“非理论的”，以及本地研究无关乡愁等观点也表明了吉莉恩·罗丝的观点。她指出，地理学科中存在着“社会科学的男性气概。”(见她的著作《女性主义与地理：地理知识的局限性》，剑桥出版社、皮翁出版社，1993 年）我还要指出一点，某些地理学论文中对“存在”(Being)和“生成”(Becoming)的严格区分(这些论文对“存在”持有一种诋毁，恐惧的态度)并不能看成对海德格尔的诠释（感谢拉克劳与我的多次讨论)。最后，考虑到地方这一术语和具象在内涵上的联系，对地方的规避可能是由于他们坚持我们必然的嵌入性/表现性，从而可能摧毁了他们那种普遍存在的自命不凡。[Kevin Robins，Personal Communication；Susan Bordo，“Feminism，Postmodernism，and Gender-Scepticism”，in Linda J. Nicholson，*Feminism/Postmodernism*（London，Routledge，1990)；and Donna J. Haraway，*Simians*，*Cyborgs*，*and Women*：*The Reinvention of Nature*（London，Free Association Books，1991).]

[2]Doreen Massey，“Power Geometry and a Progressive Sense of Place”，in J. Bird，B. Curtis，T. Putnam，G. Robertson and L. Tickner，*Mapping the Futures*：*Local Cultures*，*Global Change*，London，Routledge，1993，pp. 59—69.

[3]我要说明一点，这并不是要提出另外一种形式的空间崇拜。也绝对不是说，这指的就是相互影响的各个地方本身，而是各个地方内部机构之间的社会关系。

[4]拉克劳：《对我们时代革命的新反思》(伦敦，沃索出版社，1990 年)，第 208 页。拉克劳在之后的访谈中又强调了这一点，重点强调了认同问题(虽然他谈论的主体认同，而非地方认同)：“我认为一个新文化的主要任务就是……改造我们文明当中存在的认同形式和主体性建构形式。我们有必要避

免在文化形态上建构一种在偶然事件中探索普遍意义的方式，而应该转为关注在普遍存在的事物中探寻偶然性的方式，转为关注特殊性的美感，不可重复性的美感以及超越规范的美感。”(第 190 页)

[5]英国的“城市新左派”在 20 世纪 80 年代面临的问题之一就是对各种社
124 会关系之间的平衡和相互关系进行分析，这些社会关系超出了我们所讨论的范围，也可以说，这些关系就包含在其中。各种规模彼此交叉，全球化在本地也有体现，地方内部的各种关系延续下来，所有这些都表明了城市议会所使用的调节手段的数量和性质。

[6] Iris Marion Young，“The Ideal of Community and the Politics of Difference”，*Social Theory and Practice*，Vol. 12，No. 1，spring 1986，pp. 1—26.

[7]更多关于本话题的相关信息，请参见 Doreen Massey，“Double Articulation：A Place in the World”，in Angelika Bammer（ed.），*Displacements*（Indiana University Press，forthcoming）.

第一节　本地研究的政治地位 125

一、引言：空间、政治和本地研究

在英国有关本土性研究的热烈争论中，许多作者都提出了各种各样的假设，这些假设解释的是在一开始人们进行这类研究的原因。然而，与讨论的其他方面的问题不同的是，这些作者们的不同立场很少被联系到一起进行讨论。但这又是一个很重要的问题。一方面，它将直接影响到本地研究的方式，应当作为一个单独的类别来评估。如果不了解研究的目标所在，就很难充分地对其进行评估，这既是为了获得一些评估参照，也是为了使得各子目标得以评估。另一方面，本地研究的目标这个问题关系到一个更广泛的争论，那就是学者或知识分子的工作与当前的政治问题和辩论呈现出怎样一种关系(沃克，1989)。本文试图简要回顾一下这个被称作“变革城市和区域体系”(CURS)的本地研究项目为什么被首先提出并发展起来。[1]

其中一个最突出的事例与提出这个研究项目的评论家们有关，尽管他们中的大多数将自己定位在“左翼”(阵营)，但他们几乎从不参与政治，尤其是在本地研究的议题已经在政治环境中出现的情况下，他们也仍然没有参与进来。如果政治没有成 126
为这个问题的一部分，那么它通常是属于以下两种情况中的一种(有时则是两者兼备)。一方面，一些人认为马克思主义理论或大规模的积累机制无论在何时何地都是政治“正确”的。另一方面，有人认为研究“本地”或“地方”必然会引发政治问题。[也有一些例外，乔纳斯对这些例外进行过有趣的讨论(1988)。]

当下一些有关本地研究的理念来自于20世纪80年代初的英国。从20世纪60年代末开始，就出现了一个清晰的迹象，那就是经济正迎来一个巨大的转变期，或许社会层面的转变还更加广泛。这样的转变体现在经济正从以往的制造业中，从显著增加的失业率中，从职业结构的持续转型中脱离出来。这些经济上的转变似乎预示着社会转型的到来，也激起了政治上的回应。20世纪80年代初的一些事件进一步加剧了这一进程。这些事件包括弹性化(flexibilization)和“后福特主义”(Post-Fordism)的争论以及右翼保守势力的长期掌权，还有工党未能在多数人的期望中发挥应有的作用，这些都让人强烈地感受到一个时代就要终结了。埃里克·霍布斯鲍姆引发了一个重要的政治争论，争论的内容包括是否那些“前进的劳工”已经止步了，工党那“天然的”(这个说法向来都非常可疑)社会基础是否正在被无情地侵蚀，还有劳工阶级的分裂(或者说这样的分裂和围绕利益的内部冲突是现在才被发现的吗?)，事实上还包括作为首要的政治组织原则的阶级角色的问题。《今日马克思主义》(*Marxism Today*)发展了其对于结构转变的分析和它们的政治意义(通常是令人沮丧的)，并且概括了争论中所存在的撒切尔主义理论和潜在的新意识形态霸权理论。

虽然这些争论并非首先产生于人文地理学这个科目当中，但是它们之间却有着千丝万缕的联系。一方面，在英国社会显著变化的过程中，一些最重要的部分便是地理因素。空间重组成为社会和经济不可或缺的一部分。大型工业城市的经济进入了剧烈的衰退期。重工业区的基础被逐渐破坏。人口和雇工都从大城市分散到了其外围的广大乡村地区，在这个时期的部分地区，则是由核心区域向老工业区的外围分散。女性雇工薪酬的增长，以及男女雇工之间平衡比例的转化，都在这个国家有差异性地发生着。那些所谓的高科技行业，那些迅速扩张的银 127
行业、金融业以及专业服务机构都改变着东南地区。最近，曾经衰落的内城区的部分地区也发生了显著的改变(如果说空间受到限制的话)。码头区出现了复苏的迹象，到处是昂贵的房屋和时髦的办公室；多克兰区(Docklands)，位于伦敦东部，一度成为撒切尔政府改革成果的象征，撒切尔夫人曾于 1987 年在这里展开了她的竞选活动。事实上，很多发生的事情在某种程度上似乎是有关“地方”及其重构的。

另外，一些更为急切而重大的政治意义体现在，“左翼”的组织基础正受到空间变化的影响，当然也受到了国民经济和社会的影响(莱恩，1982；马西，1983；马西和迈尔斯，1984)。也许更重要的是这样一个确切的事实，那就是国家结构的改变本身就关涉了一个地理重组的问题，这意味着这个国家不同地区的人们正在经历着差异巨大的转变，甚至于这种转变的轨迹(例如阶级结构的转变)在不同地区会很不一样。并且，由于这并不是一个简单的最终结果，而是一个转变的过程，这样的过程对于人们所生活的环境至关重要，这意味着这些“结构变化”的政治意义很有可能也会在不同地区呈现出明显的差异。而且这个国家不同地区的人们会以各自不同的传统和资源来诠释和回应这些改变，这也强化了空间变化。在直接的政治活动中，不论是政府方面还是反对派，都有一个清晰的，更为重要的是，有一个明确的本地基础。或许最明显的例子要数正在崛起的“城市新左派”了。在许多主要的城市，这其中如伦敦和大伦敦议会是最为突出的例子，一个新的激进左派(既在地方政府中，又独立于地方政府之外)成了反对派的主要焦点之一，不论是对政府而言，还是对主要的反对党工党领袖们而言。

地理重组的复杂度，它的反响，以及政治对它的回应，具有许多重要的意义。

第一，它意味着一些争论被导向了单一的国家层面，并且有些结论是从中推导而出的，在任何严格的意义上，这些来自于国家层面的结论是无法被证实的。穿过政治光谱，因果关系产生于工作和职业结构之间的变化，产生于意识形态和政治之
128 间的变化。我们正在面临劳工阶级的终结、阶级政治的终结，我们也面临着一种新的个人主义意识形态，一种消费政治学以及所谓的“新社会运动”的支配。所有这些被争论的问题通常都来自于国家层面的统计学。然而，更不用说在起初建立因果关系的难度以及提出这些问题的经济主义模型的可疑性，空间规模和空间变化的问题通常都被忽略了。可是当因果进程中的每一个相互作用的要素产生于整个不均衡的(并且是有差异的)国家空间时，国家层面上做出的原因和结果的假设很明显就站不住脚了。进一步讲，这种在政治的、文化的和经济上的变化关系可能存在着一种重要的地方层面的运作。换言之，在这场争论中提到的一些因果进程不能被仅仅视为国家层面的运作。

第二，空间变化意味着潜在性、问题，甚至是政治反应和组织的风格在这个国家的不同地区将会有所不同。那些来自国

家层面的有关政策含义和政治策略改变的结论不能再被假定为是普遍适用的了，在这个国家的不同地区伴随着独特的传统和环境，它们是不可能以同样的方式产生共鸣的。在政治层面上或许有一个最不重要，但却最容易找到文献依据，即各个社会群体的投票模式已经越来越多地体现出了地理上的分化。

第三，承认变化绝不意味着要放弃范围更广的运作或组织结构。但是地方差异意味着不可能通过宣称每个局部的改变都是在资本主义条件下进行的方式来建设这些地区——换言之，就是那种轻易断言“普遍性”的方式。为了拥有一个坚实的基础，它也需要认识和理解现实和差异性条件以及那些与地方特性有关联的进程(马西，1983)。

在国家变化中所呈现出的空间变化的这个事实，换句话说，具有直接而明显的政治重要性。[2]这对于了解不同国家和国际关系的改变是如何对这个国家的不同地区产生影响的具有重要的意义。那些可能被称作“重组”的活动很明显还在继续，但这种既包括日常生活，也包括政治组织的模式和潜能的内涵已经高度分化了，其缘由是我们需要知道的。在这种背景下，英国的地方项目第一次被设想并提了出来。这项研究是当下的，甚至是紧迫的，超越了学术界的范畴。

二、地方、实体和后现代主义 129

这段历史有许多启示，它否定了其他的一些回溯性的解释方法。

例如，地方研究并不是经验研究或实体现象研究的一个必要载体。这个问题带来了困扰。特异性和经验主义独特性的问题在同一时期被提上了议事日程，并且再一次成为更广泛的运动的一部分，在哲学、社会科学中均有体现，超越了地理学和人文科学的范畴。考虑到上述的社会和政治背景，首要目标之一正是要理解它们的差异性，就这个意义而言，地方当然是“特殊的”。(当然，这并不意味着它们是不相干的，并且作为这些研究目标之一的地方研究——在这种情况下——也不是必须要被理解的，所强调的不仅仅是直接关联这个意义上的地方之间的相关性，而是这其中关联的方式，地方间正在发生的改变是更广泛的结构重组的产物。)在这种情况下，对立的观点其实就体现在广义(更广泛的意义)和狭义(更地方化的意义)之间。然而，一些评论者在这个问题上陷入了忽略现有差异的陷阱当中，提出了所谓的“实体”，这是多方面因素混合的产物。然后他们推论道，因为地方在这个意义上是实体，所以只有地方才是实体。在这里，所忽略掉的是狭义—广义和具体—抽象之间的某个维度。邓肯(1989)评论道，他所说的“社会”是他使用地方这个术语的原因，他所论述的“同它的科学功用一样重要”通常是“表明某人关注于经验主义和实体”(p. 222)。然而，例如当下的世界经济实体不亚于一个地方(经济)。在一般意义上，世界经济是作为一个地理上的大规模现象存在的，由此可以同内部变化相对立。但是实体与抽象的截然相反也是显而易见的。它不仅仅是一个地方经济，并非资本主义生产方式的简单显现，更多的是一个多种因素的特定产物。有的人将地方与实体合并到一起，因此就在观念上混淆了地理规模与抽象过程。

而且，那些犯了这个错误的人们往往鲁莽地冲向另一个极端：他们混淆了地方研究与描述性，据此他们反对理论工作。照这样看，史密斯(1987)似乎是在主张地方研究必然是描述性的。这个论断存在着许多问题。第一，史密斯在形式上提出了这一点，是要控诉那种仅仅将世界等同于经验主义的普遍性的 130
解释方法，方位作为卑微的地方研究的理论基础被明确地拒绝了。这背后有一种假设认为“理论”是“反对关注特异性或独特性”的，方位的概念是很难站得住脚的，“除非有人想要论述理论无法抓住独特性，并且因此得知独特性的看法是理论中立的——这样的观点至少在二十年前就伴随着理论中立这种观察话语的终结而终结了”(塞耶，1989，p. 303)。第二，这种论调继续混淆了实体与抽象及局部与整体之间的关系。然而那种认为一个现象只要在简单意义上显得“更大”就表明“更普遍”的想法并没有使其听从理论分析。第三，事实上这不仅是因为两方面的标准都是多种因素的产物，而且是因为抽象分析可以像分析“小”目标(微观)那样分析“大”目标(宏观)。正如上文所提到的，在争论中涉及的有关英国发生的变化的一些结论是从国家层面提炼出来的，但事实上并不能单纯从这个层面来提炼，因为这其中一些关键性的因果进程也同样是在更小的空间尺度中运作的，这也正是需要开展地方研究的内在原因之一。“地方”(小型尺度)既不受制于理论化，也不为理论化服务，就这一点而言并不亚于大型的、宽广的、普遍的事物。一般性和局部性的明显不同来源于抽象和具体的差别[见塞耶(1991)对这个问题的扩展论述]。

事实上，当地方研究开始被提上议事日程时，对于实体现象的理解和解释的新锐洞察，成为人文地理学的中心议题(马西，1984a；塞耶，1984)，并且提供了切入地方变化问题的方式。因此，同时出现的对方法论的兴趣和地方研究的兴趣是相得益彰的。但是二者并不能画上一个等号。这些要点是在最初的一份有关建立研究方案的公文中提出的：

> 但是如果在政策和分析两个方面都是有原因的，那么为什么目前这一系列的地方研究是重要的，这也是一个合适的契机，因为不论理论还是方法已经并且仍然发展着，这使得这种分析更具可能性。从单个地区所具有的异质性特征来看，这些研究不应当成为“案例研究”。每一项研究都应当试图把地方的命运和更广泛的国家和国际社会联系起来，这是变化之所以产生的部分原因，而且也能严格地将地方之中正在发生的不同层面的变化联系起来——例如经济和社会的变化。在这个背景下，最近在区域地理学领
> 131 域的理论发展将有重要的帮助作用。越来越多的专注于对特定地区的分析，专注于空间综合体(spatial synthesis)的概念，专注于国家层面的一般进程和特定地方的产物之间的相互关系，专注于更广大的国家层面的劳动的空间分工背景下的地方分析，都将赋予这些研究一个严谨的理论基础。(马西，1984b，p. xv)

那时本地研究之所以重要的原因与理论发展(这些发展使得这个分析更具可能性)中所提供的条件之间是有区别的。

同样的论述必须要解释清楚(因为它似乎很容易被一起广泛地误解)有关那个多次被引用的标语“地理因素很重要”。例如，

邓肯(1989)在他的大部分案例中，反对采用一种本地的概念，即认为本地研究源于对空间形式的有效性的论述。这当然是事实，正如我已经说过的，在这个时代中越来越多的人声称“地方”是重要的。此外，各种方法论被应用于本地研究中，用来解释独特性，以一种不同的方式来强调其要点。因为它强调某个特定地方的特征不仅是方位的产物，这个方位与更广泛的势力有所关联(例如，更普遍的社会和经济重组)，而且这些特征也在这些更广泛的进程中依次被打上了其自身的烙印。这是一种双向式的互动(马西，1984a)。此外，互动的本质，本地特异性(在更广泛的运作过程当中)的影响的本质，可能会有所变化。这样的变化可能是通过自发的社会行动产生的。在 20 世纪 80 年代初的英国，这是一个会引起关注和调查的政治焦点。本地的政治活动家们旨在证明，在实践中和他们有关本地的研究项目中，存在着各种各样的本地活动、本地抵抗和本地发展(的案例)(库克，1989，1990；哈罗，1990)。在这些情况下，“地方影响”的焦点便是地方政府，但它当然也可以是其他机构、社会运动或是它们的星群。另外，本地和更广泛进程间的双向调节不需要成为一个自发的社会机构的产物。本地的影响可能同样很好，也确实更加频繁，它来自于社会进程的结构性互动，不需要任何刻意的本地的社会机构。因此本地的研究可能确实会支持“地理因素很重要”这个观点，但它是一个经验主义的问题。而且，本地研究不会以任何方式排斥“地理因素很重要”这个观点，甚至是在 20 世纪 80 年代初社会和政治问题凸显的情况下也是这样。不仅仅是地方自身各具特点，而且事实上，它们之间的差别与相关性的本质和程度也对更广泛的经济和社会产生 132

着影响。南北划分不论是在英国还是国际社会或许都曾是(现在仍是)最明显的例子。在英国不平衡发展已经对国民经济(参见马西，1988)乃至国家选举政治的未来产生了重要影响。在国际层面，阿瑞吉(1990)最近提出了一个有关社会主义政治的有趣议题。因此，社会关系的空间组织，以及对这个空间组织的阐述，可以在更多的方面产生影响，而不仅仅是通过地方进程来产生影响。诸如距离、中间性、不均匀性、成核性、共现性、时间延展性、环境、迁移和微分迁移，这些因素都影响着特定的社会关系的运作。这些因素甚至有可能成为社会关系存在的必要条件，抑或是阻碍其运作。正如我们刚刚看到的，空间变化本身以及相互依赖的事实、不平衡发展的事实有着重大的影响。“地理因素很重要”不仅仅意味着“地方很重要”——它所涉及的范围更广、意义更大。

最后，在穿越这些事件的短暂旅程中，我们发现地方研究是非必然的，它们并非是转向后现代的必然的一部分。也就是说，有关地方研究的争论在原则上是不同于后现代主义的争论的。当然，地方与后现代之间有许多明显的关联性[库克(1990)最近发现了一些这方面的关联性]，但有很多都只是语言表述的结果，而非真实的连接，并且它们中没有一个构成了真正的等值关系。或许，对本土性问题的关注可以与转向后现代主义的认识论相一致，即认识到本地和多样性的潜在重要性。在我看来，这无疑是积极的。格里高利(Gregory)在另一篇文章中已经证明了这一点：

> 人文科学的存在理由之一无疑是要理解不同于其他文

化的“差异性”。几乎没有什么任务比认识一个多元文化的社会和相互依赖的世界更为紧迫，而且现代地理学中最大的背叛之一就是低估地方及民族的特异性。（1989，p. 358）

甚至那些对后现代主义的哲学论述表示不满的人也承认，至少这个特性正潜在地发展着。据此，哈维写道：

然而，应当如何在一般意义上评价后现代主义呢？我的初步评价将会是，它对差异的关注，对于交流的难度， 133
对于复杂性以及利益、文化、地方和喜好的细微差别而言，具有积极的影响。（1989，p. 113）

当然，问题在于后现代主义在当前的幌子下很难通过这一举动做到民主的潜在开放性。另一方面，正如哈维所承认的，将差异视为一种特性是改良的现代主义，这是可取的。因此，他认为应当致力于这些发展，以应对当下前进的现代主义工程所面临的困难和批评：

对待差别和“差异性”的方法，不能是将其视为马克思主义基本原则的新增条目（例如阶级和生产力），而应当将其视为在任何试图抓住社会变迁的辩证法的过程中无所不在的事物。（1989，p. 355）

然而，从其他一些方面来考虑本地研究，有时会更加接近后现代主义。其中一个问题便是“本地”这个术语本身的意义被超越了。“本地研究”这个术语的含义不再像是曾经使用时的那样，其含义与利奥塔在他的“地方决定论”和放弃宏大理论的论证中所使用的意思是不一样的。

[这似乎有许多词语上的混淆。这些问题是由上文提到的“特殊性”这个术语的多重含义挑起的，并且塞耶(1991)还在进一步跟进这个问题。在这里，“本地”这个术语还处于争论当中。]既不是专注于经验主义的地方(在地理学尺度方面)，也不是要强调并非所有可论证的因果进程的运作都是在全球积累层面上的，在某种意义上意味着利奥塔提出的地方决定论。“地方的”之于“地方”，正如“元标签”之于“元理论”。地理学尺度层面的问题和思维中的抽象层面之间再一次出现了一种潜在的混淆。让我们举一个例子来说明会产生混淆的地方。哈维(1989，p. 117)写道：

> 后现代主义让我们接受了一个个符号和划分……接受了所有的有关位置、地方或社会群体的拜物教，然而否认这样的元理论就可以把握住政治—经济的进程(货币流量、劳动的国际分工、金融市场等)，这种进程始终是让它们的深度和强度更加的一体化，并触及和掌控着日常生活。

这里有很多要点。第一，研究地方并不是要去迷信它(往后
134 我还要再提这一点)；也并非像哈维说的那样。这也许没什么争论。第二，在我看来地方研究确实没有否认把握政治—经济进程这样的理论(例如劳动的国际分工)。这个“变革城市和区域体系”(CURS)计划恰恰是建立在这样的理论基础之上，并且理所

应当的，研究本地化问题所需要的理论一定要大于它们之前所涉及的领域，因为这些理论有更广泛的空间范围，也更加的抽象。但是这些理论不能仅仅局限于经济现象，虽然看起来是这样。第三，确切地说，这似乎是在滥用“元理论”这个术语，混淆了哲学含义和尺度的问题。同样的混淆出现在书中的后半部分，每当提到接受宏大叙事就意味着反对强调社区和本地(p. 351)。然而，如果它们是完全被需要的话，那么正如本地研究中需要宏大叙事，国际研究中也同样需要。第四，这种说法对社会群体执着派持反对态度，同时，对上文提到的所存在的差异，人们也持有一种明显的民主式的承认，从政治的角度看，将二者调和非常困难。尽管后现代主义确实在做任何事时都要比民主式的承认他者的存在要难，但是现代主义似乎也在实际上面临着困难，最终，需要重视他者的自主权。因此，在这段引用之前，哈维写道：“后现代主义哲学家告诉我们不仅要学会接受，甚至于还要能够在碎片和嘈杂的喧闹声中狂欢，只有这样才能理解现代世界的困境。”(p. 116)他绝对反对这种立场。我明白他的意思，并且我也表示部分赞同。但是对这样的构想我也要保留意见。从实际层面看，对我而言此刻似乎还没有充分的碎片化，至少在一些政治辩论中，有时候一些回应似乎来自同一个扩音器。但这就引出了同哈维立场相关的第二个要点：如果你不希望情况发生逆转的话，那么当其他人掌权时，你就不能主张反对的权力(甚至是在“左翼”掌权的时候)。把这些不同的引用放在一起，似乎可以说有这样的管弦乐团作为背景不要紧，只要你自己是指挥就行了。因此这又回到了“本地”这个词的含义是什么的问题，现在所论述的不是一些本地研究可能不会采纳后现代的方式，事实上正如哈维指出的(p.47)，菲什(1980)已经明白“地方决定论”就意味着“本地”，正如解释社区和特定地方之间的关系那样，但是需要说明的是二者并非是不可分割的。

再一次，有关后现代的辩论让我们突然意识到了空间和地
135 方的重要性，事实上也是对空间和地方的重要性的一种陶醉。突然发现，知识分子所涉足的社会科学似乎开始被理解了。詹姆逊(1984)作为最明显的理论家是唯一一个可以指出这一点的人。但又一次说明，进行区分是很重要的。尽管它出现在同一时期，但是后现代主义中有关空间和地方的重要性的论述是不同的，是根源和本质上的不同，从地理学的辩论中引出的是“地理事件”和“空间差异”。一方面，最为普遍地看，事实上令地理学家感到愉悦的事或许是能找到一个使他们达成一致的中心维度，不得不说一些有关空间重要性的提法是来自于后现代文学的，完全是未经证实的。但更值得注意的是，这种来自于后现代性争论中的提法具有历史上的独特性：那就是空间和地方现在是重要的，并且这属于一个新事物。争论中所提及的“地理事件”与此是完全不同的。同前十年中占主导地位的参与和发展马克思主义形式的做法相比，它们是截然不同的，我相信这更具建设意义。从后现代主义所宣称的世界在变这个意义上看，其论点并不是经验主义的。此外，它所涉及的议题关系到我们的理性焦点以及我们应当承认的因果进程的复杂性。这并不是说它与强调空间和地方具有明显的和实际的重要性的论点是不相容的，也不是说这样的重要性可能会与日俱增，它们并不属于同一个论点。

三、地方、反应和进步性

然而，哈维在《后现代的状况》这本书中提出了一个更广泛的论点。该论点指出聚焦于地方和本土的问题，就其本质而言，是反进步的表现。这里必须要澄清，哈维并不是说凡是聚焦于地方的问题就一定是反动的；同样，我也没有说凡是聚焦于地方的问题就一定是进步的(问题远没有这么简单!)，并且我确实也没有说过它仅仅是地理学家们的众多潜在研究路径之一(对这个问题的进一步论述参见马西，1990)。所以从广义上的术语看，我们基本上是可以达成一致的。哈维的观点仍然是有趣的、重要的。

有两条交织的线索。第一条来自于海德格尔和巴什拉的哲学观点，认为时间意味着生成(这是一种假设，在现代主义语境
下是进步的)，空间意味着存在。而这反过来又意味着固定性、 136
停滞。第二条线索在对地方的关注中不可阻挡地被导向了美学模式，并且反过来，几乎不可避免地引起了反应。这些线索的论点都有趣，但它们也都有弱点。首先，二者都存在内部的滑动和逻辑的跳跃。其次，二者不论是各自还是共同暗含的“地方”概念当然不是唯一有效的因素，我要说的是，这至少同一些地方研究中所界定的内涵不一致。

第一，哈维所论述的第一条线索将空间和存在对等起来；“空间包含着被压缩的时间。这就是空间存在的原因”(哈维，1989，p. 217)。这样的内涵一被提出，就意味着例如地方这样的空间在本质上是同时性的。进一步而言，更重要的是，它们

是静止的。

> 存在，弥漫着古老的空间记忆，胜过生成……它是否是集体记忆和所有地方乡愁的基础，这种乡愁影响着我们对国家和城市的想象，以及对地区、环境和地方的想象……并且如果时间真的总是作为经历了地方和空间的记忆而存在，而非一种流动的存在状态的话，那么历史必将让位于诗歌，时间将让位于空间……(1989，p. 218)

这个概念同哈维认为的重大困境是紧密相关的，尤其对资本而言："最为严重的困境是：只有通过空间生产才能征服空间。"(p. 258)当置身于资本积累这个背景时，当然会导出"空间修复"的决定性矛盾，并且哈维在这里从概念到更广泛的领域进行了本质上的概括。但这种概括实际上也是困难重重的。空间修复这个概念的问题也确实是体现在固定性和不移动性上。空间修复是建筑和基础设施的物质形态；它是资本套牢的囚房。但是这个比喻不能被转用到更广的领域，尤其是不能用在地方这个概念上。一方面想把握住共时性，另一方面又试图去遵循事物发展的先后过程，明显是相互矛盾的。但是，在我看来，地方不仅仅意味着建筑物，甚至也不是资本的暂时性套牢；它们是社会活动和社会关系的交汇，更为关键的是社会活动和社会关系必然是动态的、变化的。从静态的意义上说，如果我们要定义我们的世界或地方，那么从改变一开始，就没有过稳定的片刻。这个"变革城市和区域体系"(CURS)计划在其标题的首字母上就已经开始"变化"(change)了。正如本文开篇部分提到的，经验主义的焦点精确地放置在当地的社会关系集的对比上，现在则转变到了它们是如何“生成”的这个问题上。这是一个可以被接受的论点，那就是资本不是一个物，而是一个过程。137
也许应当更加清晰地确定，地方也可以被概念化为过程。[3]如果可以这样的话，那么不但可以同意“当下的有效性只有通过未来的可能性才能体现出来”（波焦利，1968，p.73，引自哈维，1989，p.359）的观点，而且也可以将其应用到地方问题上。

第二，哈维所论述的第二条线索是地方不可阻挡地带来了它的美学，并且循序而来的将是政治的反应。确定这个立场的一个出发点是地方和认同之间产生的紧密关系，下一步便是要赋予地方和认同以天衣无缝的一致性。认同感是人们所需要的，因为现代社会有着令人不安的变化（稍后详述）；认同感意味着稳定、一致、没有矛盾；地方已经被看作建构认同感的载体，因此，地方是一致的、没有矛盾的——这样一种特性描述当然就被静态归属感进一步加强了（这的确是不可或缺的），这个问题已经讨论过了。

现在，有许多关于这个问题的评论。首先，当然就是把“地方”当作通用的概念的做法，哈维认为这样做具有潜在的危险，我同意哈维的这个看法（见下文）。问题在于，哈维似乎忽略了这样一种“地方”概念，这个版本的地方伴随着所有对于地方性（locality）和本地（local）的理解。其次，令人感到好奇的是，这种看待认同的思维方式在承认去中心化和多元认同的时代还如此稳固。个体的认同感并不能与地方或阶级单方面的匹配；它们很可能是由二者同时建构出来的，也可能是来自于其他方面的复合体，尤其是“种族”和性别。这些要素和它们在任何一次遭遇或任何一个时期获得的特性之间的平衡是一定会改变的。最后，这样的道理同样也适用于地方。在这个层面上，它们没有单一的、预设的身份认同。对于地方(places)而言，当它被明确地概念化为本土(localities)时，当然不是没有内在矛盾的。考虑到它们几乎都是并置、交汇、结合、多元社会关系的产物，它们经常被来自其内部的张力和冲突撕裂着。地方是共享空间：你不能设想此刻在伦敦多克兰区没有充满争议的共享，没有利益上的冲突，没有关于这个区域是什么以及应该成为什么的观点上的冲突。这并非一个另类的观点，尽管存在一些术语上的惊人的混淆。例如，思里夫特(1983，p. 40)写的那样：“与其说某个区域至少一开始不会被视为地方，这属于调查研究的问题，不如说它必须被视为许多彼此不同但又相互联系的互动场景。”在本文的论述中，“本地性”(locality)这个术语可以等同于“地
138 区”(region)的用法。此外，如果“地方”(place)这个术语在引用过程中还有额外的意义，那么对它的理解(正如思里夫特所解释的那样)一定不同于其他的空间术语，包括地点在内。乔伊纳德(1989)认为本土(localities)不是有边界的区域，而是相互作用的空间。塞耶指出空间并置可能意味着地方包含着许多十分不相关的元素：

> 然而，尽管这缺乏功能的完整性，它们仍然是各有特点的，甚至于它们的同一性都来自于不一致性……地方的这种尴尬特性体现在人们实际上可以被地方中的因素所塑造，而这些因素是完全不相关的。(塞耶，p. 3)

在此，我不恰当地引用一下目前流行的一个啤酒广告，“只有空间并置才能做到这一点!”(当然，为了防止我被误解，这里所说的并置是社会关系的并置)。

另外，当分析转向演员如何积极地在地方这个舞台上来演出时，类似于内部分化、相互衔接以及潜在矛盾和冲突就会变得更加剧烈。莱特(1985)记述了哈克尼的意义和诠释的变化，它们是相互冲突的。哈尼克提到的每一个“意义”都是不同的——对于老年白人劳工阶级、各种各样的少数民族裔以及新晋权贵而言，这些“意义”都有着不同的内涵。不同的主体对于地方的本质都有着自己的看法，每个人都基于自己的过去，描绘出了一个不同的未来。在对地方的分析过程中，这样的交汇确实是不可回避的问题之一。哈克尼之所以是哈克尼，仅仅是因为关于他是什么以及他可能是什么的各种解释的并存。当然，在现有的文献中有许多关于地方的定义，但是在本文的论述中，它似乎有一个必要条件，那就是在某个特定空间中的社会关系的交汇只能受制于地方状况，如果这个共享的地方意识是严格(并且是武断的)受限的话(同时也对哈维的反应提出了更开放的观点——参见下文)。与此相反，麦克阿瑟(1989)强调任何一种地方意识在一个地区的不同群体间，都有可能在程度和性质上发生广泛的变化。

所有这一切都要追溯到更深的概念化的问题。或许至少从某个方面看，地方可以被概念化为(吉登斯式的)场所集的交汇。但不论它们是什么，地方就是交汇与互动的结构(constructions)，其主体是共存状态下的实体社会关系和社会进程。不论有没有这些共存事件，也不论它是否导致了新势力的产生，这 139

样一个开放式的问题将不会有经验主义的概括式的答案。而且，用特定的社会关系和社会进程来界定地方，将会反映出所调查的问题(反过来意味着任何一个这样界定的地方将不会成为供所有的和每一个社会进程研究的空间区域，这样的社会进程某种程度上被认为是地方层面的变化或运作)。但是所有这些都表明地方不仅仅是一个你可以在其周围简易地画条线的空间区域。它们将被按照正在讨论的社会关系集或社会进程来界定。同样重要的是，它们也是相互作用的。这样的相互作用，进一步讲，有可能包含着冲突。地方将“包含”差异和冲突(事实上地方的一部分正是由差异和冲突构成的)。它们也包括社会现象间的相互作用，这种社会现象没有被“关联”到任何直接的社会关系空间方式之中。也许只有这种共存的事实才使得它们能够产生直接的碰撞。此外，随着时间的流动，相互作用的星群(constellations)将在它们的地理形式中发生变化(参见马西，1984a，p. 123，196，299)，并且任何特定地方的定义也将因此反映出争论中的问题。

但是，所有这些带我们回到了哈维所采纳的空间即存在的最初观点。这个定义及其对应公式时间—生成，是一个奇怪的论证模式。本书中大多数主要的理论模型都具有动态张力，有时则体现为一种建设性的矛盾。有关现代主义的起初的有力的定义也正好有这个特性，这个定义为本书中的许多论述建构了框架。所以为什么在这里还要陷入简单的静态二分法？海德格尔的观点并不是研究空间的唯一方法，事实上针对他在其他部分的一些论述，哈维已经明确地提出了批判，指出海德格尔的观点具有潜在的空想性/保守性。

事实上，哈维的下一步论述就指出，“任何认为身份认同是和地方捆绑的看法，在某种程度上都是基于传统力量的推动”(1989，p. 303)，并且这种关涉地方结构的情感和行动(它几乎是在变化中的)总是保守的：“地理学和美学的介入似乎总是意味着民族主义，并因此不可避免地导致了保守政治。”(pp. 282—283)这就已经表明本地性(locality)概念并非或者不需要和哈维在这里提出的地方(place)概念保持一致。所以如果能明确地做出区分，许多潜在的争论就会消失。仍然有更广泛的议题需要考虑。哈维在他的书中例证了有关地方—审美—反应的逻辑关系的许多要点，他举的例子有保守的民族主义，最明显的是纳 140
粹主义，甚至还有西特(Sitte)的城市设计，这些例子都很生动。但还是没能清晰地表明这个关系链的存在有多必要。因此，有关西特，他这样写道：

> 伴随着普遍失业、空间藩篱的倒塌以及随之而来的地方和社区的脆弱性的情况，对空间和资本而言，很容易利用起地方主义和民族主义最为狂热的情绪。我甚至没有间接责备过西特或是他对这段历史的看法。但是我的确认为认识到塑造空间的工程与西特提出的鼓励空间实践之类的活动之间的潜在联系是很重要的，并且就政治项目本身而言，在最好的情况下具有保护性，在最坏的情况下则具有反动性。毕竟，正是这些有关地方、存在和社区的情绪，才促使海德格尔去拥抱国家社会主义。(1989，p. 277)

然而，如果一个反动的结果是不可避免的，那么哈维在这里只给出了一个可能存在的危险，几乎没有提到可能存在的进步性的例子(尼加拉瓜被提到了)。但是“传统”和历史观念也是可以被对抗感加强的。以英国为例，从小莫斯科(Little Moscows)到红色克莱德河岸(Red Clydeside)，从波普拉区(Poplar)到克莱克罗斯(Clay Cross)再到“南约克郡社会主义共和国”，无不体现出本土基础和传统是如何被利用的。(最后的这些运动发展到了部分乡下，因为它们试图对抗国家政策，尤其是要对抗公共交通!)它并非总是为资本工作的；我们也有自己的传统，并且它们也不是单纯被感伤的对象，它们也是被建造的。而且，建构传统也意味着要批判传统。例如，谢菲尔德(Sheffield)劳工运动的传统，在许多方面有着优势，拥有可利用的资源；但它也传递出了对两性关系及男性主义和女性主义的意义的理解，这必然会走到迎面的挑战，因为这个地区具备维持一个当代激进政治文化的一些机会。在这个意义上，地方是这些条件的一部分，而这些条件并不是我们自身创造的。当然，危险也在于此，甚至连劳工运动的历史也可以被商品化、商业化、浪漫化并廉价出售。但是哈维指出的这种结果的一致性(就地方历史和地方经济策略而言，都涉及试图制造空间和地方来庆祝法国大革命)，指向一个更大的问题。这就是，在哈维这里，资本总能够获胜，似乎只有资本才能够永远获胜。因此，基于经济策略的地方问题的讨论，多半都是在谈资本主义的策略(设法吸引私人资本，制造
141 竞争景象，等等)，就连“市政社会主义”(municipal socialism)都被贴上了“防御”(p. 302)的标签，且没有更进一步的解释。

另外，如果正像是我说的那样，地方(places)确实有多重含义，由不同的社会群体来经营，那么身份认同的主导性的问题

将成为社会协商和冲突的结果。莱特在阐述哈尼克有关不同社会群体的问题时已经解释得很清楚了，不仅仅提到了哈尼克所说的现在，而且有其过往，有其“传统”。过去不再比现在更加真实；将不会有人去阅悉它了。并且“传统”常常是被发明出来的，或者如果不是这样的话，那么传统是否将占据优势的问题是无法预先给出答案的。是人们自身，而非地方，具有保守性和进步性。除非任何一个过去的观念和传统意识在事实上是保守的。哈维聚焦于地方的保守意义本身就是由冲突导致的，大体上看，这样做也是没有必要的。而且这意味着哈维的这种看法必须被反对；它不可能被轻易忽略掉。

哈维写道：“‘地区抵抗’，争取地方自治的斗争，地方性的组织，也许都能出色地以政治行动作为基础，但是它们无法独自承担激烈的历史变迁的责任。”(p. 303)这些运动中没有一个是世界性的革命，在这个意义上，哈维说的当然是对的。但也存在一些术语滑移的问题；基于地方(place-based)的行动变得等同于受地方限制(place-bound)的行动。然而，例如最近几年英国“左翼”的工党议会及其相关组织出台的宽泛政策，从反种族主义到能源政策，覆盖面很广，这样做的目的至少也是要解释一个政治议题，那就是要在更广泛的领域中迅速而直接地影响地方。甚至连激进的经济策略(它与哈维所探讨的地方经济策略很不一样，但最困难的还是要数非地方性的区域政策)都是一个很好的例子(参见科克伦，1987)。对于部分政策的程度问题已经有了很大的争论，最后的结果还是区域间相互竞争。当然，为了使事情不至于此，也做过些尝试(例如，地区间的联合策略，没有打广告，在最激进的情况下强调从简单的财务可行性和/或工作岗位的创造转移到改善工作质量上来，等等)，并且那些最好的地方当局正在继续讨论如何避免狭隘的地方性。当然，在哈维看来，"城市新左派"的时代并不关乎地方认同，他们也用地方基础来解决更广的问题。在这个意义上，大伦敦议会(GLC)尤为积极。它支持在跨国公司本地分支机构工作的工人同英国其他地方的工人及欧洲和拉丁美洲的工人建立联系。
142 它建立了一个"第三世界"的贸易机构——双子贸易(Twin Trading)，这个机构仍然在运转并且很成功。事实上，这个做法如果有可能惹怒撒切尔政府的话，那么其程度不及大伦敦议会对其"外交政策"的坚持，尤其是在爱尔兰问题上。在这里，争论的问题要关联到后现代主义的问题上。

> 后现代主义进步的方面体现在，强调社区和地方性(locality)，地方(place)和地区抵抗，社会运动，尊重差异性……但是在面对资本流通的普遍化力量时，也很难阻止它滑向狭隘主义、鼠目寸光以及自我指涉性(self-referentiality)。(Harvey，1989，p. 351)

情况确实如此，但是任何的策略都有其危险。哈维反对将基于地方的行动作为一个非常抽象的普遍主义。他的策略的危险性在于坐在他的大学里催促全世界无产者联合起来。的确，在这个后现代的光景中，我们应该，也能够，积极地推动地方概念和地方意识的发展，并使其具有运动、连接和矛盾的内涵。地方感是外向型的，并且不得不处理和依赖于来自过去的遗产。这无疑是独特性和相互依赖性共同存在的意义。哈维指出

(p. 351)基于地方的行动会导致分裂。但是它不也是建立真正的统一的必要条件吗？如果我们有信心面对多样性并且在它面前不感到恐惧，同时又能分析出达成团结的真正条件时，我们是可以构建一致性的。这再一次把我们带回了有关差异的争论，以及如何概念化地方性(localities)的问题。至少我们可以说，地方不是一个内向的有边界的联合体，它们必须通过社会关系集来构建，并且不可避免地被带往更大的竞技场以及其他地方。

四、结论

这篇文章的要点决不是要颂扬地方这个层级，无论是作为分析的对象，还是作为政治行动的舞台。若过分强调它的重要性，它对"日常生活"的意义，它所关涉的认同的构建的话，是有很大危险的(马西，1990)。这同样也不是一个关于我们是否只能做地方研究或只能做其他事情的问题。时下争论的问题之一是它已经被一些新的"正统"所理解，这个"正统"才是地理学者应当去研究的。对于其他人来说，同样不理解，它作为一种(曾经的)时尚，已经被摒弃了。通过思考所研究的焦点的发展，
我们发现，这些立场都是跛脚的，因为这些研究完全是学术界 *143*
和知识分子辩论的产物。但事情不是(或者不应当是)这样的。

对于当下所关注的地方问题的其他表述，转到了一个更广泛、具有历史特殊性的语境之中。因此，哈维正在解决一个更广泛的问题，而不仅仅是在研究当前的地方问题。他将我们这个时代所具有的令人不安的本质归结为时空压缩的结果。其论述的许多段落令人感受到了短暂性、困惑、不确定性、变动与

碎片化、瓦解。“在这个困惑和不确定的时期，转向美学（不论何种形式）变得更加的明显。”（p. 328）且不论人们会如何评价这个说法，还有一个更深层次的问题要讲。如果人们开始转向了保守的地方观，那么对这些地方问题的研究也许会很重要。这个现象本身——或者应当——要能够经受住历史唯物主义的检验。研究一个事物不必然要去赞美它；事实上（研究活动）可以成为揭示谜团的重要方法，当地和地方研究如此，其他任何研究亦是如此。

但是我也发现了神秘化的想法，许多人认为，时空压缩某种程度上是一种心理不安。正如哈维所言，这种不稳定和破坏是现代性的一部分。为什么无处不在的地方建设会令人不安？是谁渴望不可分割的整体和稳定的地方？全球地方感——动态的，具有内部矛盾的，外向的——无疑是一种潜在的进步。

事实上，目前地方研究计划的提出仍然是因为历史特殊性，[4]它们在当时当地的情况下出现，而且那样的情况并不是唯一的，甚至不是第一次才有的，只是后来被学术的或知识分子的争论定义出来了而已。这种情况是由更广泛的社会层面中所发生的事情定义的，是由那些变化的结果所引起的重要问题定义的。换句话说，这样一种历史并没有意味着地方研究（locality research），特定的地方（particular places）研究，在更普遍的意义上，总是并且处处都应该成为人文地理学研究的焦点。有时我们可能为了特殊的、策略性的原因来研究特定的地方。事实上，大部分时候，我们会发现其他研究焦点会更重要。

米尔顿凯恩斯

发表于 1991 年

【注释】 144

[1]该作者也是最初的发起者，负责初始方案的撰写。之后，在资助人和参与者的努力之下，该项目得到很大发展。

[2]此处争论针对的是“左翼”，因为这就是我正在讨论的那场争辩。但是我们还可以从政治光谱的相关性的角度提出一个类似的观点，比如政府部门曾经对“企业文化”的地理差异表示出兴趣。

[3]普雷德(Pred)(1984；1989)也曾经一度提出相关观点，虽然角度完全不同。考虑到这篇论文的语境，我认为他过分强调了“本地”的重要性(参见马西，1990)。

[4]当然，有的学者也提出了更多的超越历史的观点。我也对此进行了探讨(1990)。

【参考文献】

Arrighi，G. (1990)，“Marxist Century，American Century：The Making and Remaking of the World Labour Movement”，*New Left Review*，No. 179，pp. 29—63.

Chouinard，V. (1989)，“Explaining Local Experiences in State Formation：The Case of Cooperative Housing in Toronto”，*Environment and Planning D：Society and Space*，7，pp. 51—68.

Cochrane，A. (ed.) (1987)，*Developing Local Economic Strategies*，Open University Press，Milton Keynes.

Cooke，P. (ed.)(1989)，*Localities* (Unwin Hyman，London).

Cooke，P. (ed.)(1990)，*Back to the Future：Modernity，Postmodernity and Locality* (Unwin Hyman，London).

Duncan，S. (1989)，“What is Locality?”，in R. Peet and N. Thrift (eds)，*New Models in Geography：The Political Economy Perspective*，Vol. II，(Unwin Hyman，London)，pp. 221—252.

Fish, S. (1980), *Is There a Text in this Class? The Authority of Interpretive Communities* (Harvard University Press, Cambridge, MA).

Gregory, D. (1989), "The Crisis of Modernity? Human Geography and Critical Social Theory", in *New Models in Geography: The Political Economy Perspective*, Vol. II, ed. R. Peet and N. Thrift (Unwin Hyman, London), pp. 348—385.

Harloe, M., Pickvance, C. and Urry, J. (1990), *Place, Policy and Politics: Do Localities Matter?* (Unwin Hyman, London).

Harvey, D. (1989), *The Condition of Postmodernity* (Basil Blackwell, Oxford).

Jameson, F. (1984), "Postmodernism, or the Cultural Logic of Late Capitalism", *New Left Review*, No. 146, pp. 53—92.

Jonas, A. (1988), "A New Regional Geography of Localities?", *Area* 20, pp. 101—110.

145 Lane, T. (1982), "The Unions: Caught on an Ebb-tide", *Marxism Today*, September, pp. 6—13.

Massey, D. (1983), "The Shape of Things to Come", *Marxism Today*, April, pp. 18—27; this Vol. Ch. 3.

Massey, D. (1984a), *Spatial Divisions of Labour: Social Structures and the Geography of Production* (Macmillan, Basingstoke).

Massey, D. (1984b), "Industrial Location: Some Thoughts and Observations", *ESRC Newsletter*, No. 51, supplement, p. xv.

Massey, D. (1988), "A New Class of Geography", *Marxism Today*, May, pp. 12—17.

Massey, D. (1990), "L 'estudi de Localitats' en Geografia Regional", *Treballs de la Societal Catalana de Geografia* 21, pp. 73—87.

Massey, D. and Miles, N. (1984), "Mapping out the Unions", *Marxism Today*, May, pp. 19—22.

McArthur，R.（1989），“Locality and Small Firms：Some Reflections from the Franco-British project，‘Industrial systems，Technical Change and Locality’”，*Environment and Planning D：Society and Space* 7，pp. 197—210.

Poggioli，R.（1968），*The Theory of the Avant-garde*（Harvard University Press，Cambridge，MA）.

Pred，A.（1984），“Place as Historically Contingent Process：Structuration and the Time Geography of Becoming Places”，*Annals of the Association of American Geographers* 74，pp. 279—297.

Pred，A.（1989），“The Locally Spoken Word and Local Struggles”，*Environment and Planning D：Society and Space* 7，pp. 211—233.

Sayer，A.（1984），*Method in Social Sciences：A Realist Approach*（Hutchinson，London）.

Sayer，A.（1989），“Dualistic Thinking and Rhetoric in Geography”，*Area* 21，pp. 301—305.

Sayer，A.（1991），“Behind the Locality Debate：Deconstructing Geography's dualisms”，*Environment and Planning A* 23，pp. 283—308.

Sayer，A.（undated），“Locales，Localities，and Why We Want to Study Them”，mimeo，School of Social Sciences，University of Sussex，Brighton，Sussex. Smith，N.（1987），“Dangers of the Empirical Turn：Some Comments on the CURS Initiative”，*Antipode* 19，pp. 59—68.

Soja，E.（1989），*Postmodern Geographies：The Reassertion of Space in Critical Social Theory*（Verso，London）.

Thrift，N.（1983），“On the Determination of Social Action in Space and Time”，*Environment and Planning D：Society and Space* 1，pp. 23—57.

Walker，R.（1989），“What's left to do?”，*Antipode* 21，pp. 133—165.

Wright，P.（1985），*On Living in an Old Country：The National Past in Contemporary Britain*（Verso，London）.

146

第二节 全球地方感

人们常说，这是一个事事都加速和延展的时代。资本正在经历一个国际化的新阶段，特别是在它的金融方面。越来越多的人们更加频繁地到更远的地方旅行；你的衣服很有可能产自从拉丁美洲到东南亚的许多国家；晚餐所用的食物则由全世界海运而来；并且，如果在你的办公室有一个电子屏幕的话，你现在会被电子邮件打断，不再像以前需要打开一封信——由皇家邮政转交的信件——花了数天时间穿越这个国家才来到你这里。

当今时代的这种观点可以经常在大量的书刊中找到。多数话题都涉及空间、地方和后现代，强调了马克思曾经宣称的“时间消灭空间”的新阶段的到来。这个过程论证了，通常是断言了获得一个新动力，达到一个新阶段。这是一个被称作“时空压缩”的现象。在很多人看来，对诸如此类提法的使用几乎成了一种义务，而且像加速、地球村、克服空间阻碍、地平线的破灭等短语的使用也很普遍。

这样做的一个后果是导致了越来越多的不确定性，我们将如何定义“地方”，又将如何关涉地方？在面对所有的这些运动和融合的过程中，我们该如何维护任何的一种地方感及其特性？幻想这是一个地方中充斥着一致与均质的社区的时代，这样的做法是在对抗当下的分裂与瓦解。不管怎样，这种相反的论调
147 都是可疑的，当然，“地方”和“社区”也是很少被关联在一起的。

但是这种偶尔对一致性的渴望，仍然是我们这个时代地理分裂、空间瓦解的标志。而且同样偶然的是，它成了引起防御而保守的回应的部分原因——这些回应包括某种民族主义形式，回归“纯正的传统”，以及对新来者和“外来者”的彻底敌意。这些回应的一个效果就体现在地方本身，追求一种地方认同感已经被一些人视为必然保守的(反动的)。

但它必然是这样的吗？难道我们不能重新考虑一下地方感吗？难道地方感就没有可能是进步性的吗？难道就没有一种外向型的而非自我封闭和防御性的地方感吗？有没有一种适合于这个时空压缩的时代的地方感？关于时空压缩本身，有一些问题需要首先得到回答：谁正在经历时空压缩并且怎样经历？我们都是以同样的方式在这其中受益并受苦吗？

例如，当前流行的对时空压缩的特征的描述在多大程度上代表了非常西方化的殖民主义者的观点？只要看一看曾经被人们熟知的街道旁所陈列的一系列文化输入，就会有一种错位感——例如意大利披萨店、烤肉店，中东银行的分支机构——这样的感受必定已经有几个世纪了。然而，如果从一个非常不同的立场来看的话，对于生活在全世界的殖民地的人们来说，他们所看到的这种输入，首先是欧洲殖民的结果，也许包括英国产品(从新的运输到肝盐和吉士粉)的输入，后来则是美国产品的输入，殖民地的人民已经学会了食用小麦，代替了以往的大米和玉米，还学会了喝可口可乐，正如今天的我们在尝试安其拉达(墨西哥特色小吃)一样。

此外，我们不仅要质疑时空压缩理念的民族优越感及其在当下的加速运动，而且也需要探求其原因：是什么决定了我们的移动程度？这种程度影响了我们的空间感和地方感。时空压缩指的是运动和交流越过空间，关涉社会关系在地理上的延展，关涉我们所经历的这一切。通常对这个现象的解释是：这是资本活动和日趋国际化的不可阻挡的结果。这样的解释似乎表明，促使世界进行运转，以及决定我们是否能够在世界范围内从事各种活动的因素是时间、空间和金钱。资本主义及其发展被认为决定着我们对空间的理解和体验。

但是，这样的解释无疑是不充分的。许多其他方面的因素都明显影响着我们的这种体验，例如种族和性别。我们在各国之间移动的程度，或是夜晚在街道行走，或是离开酒店在外国
148 城市探险，不单纯是受到资本的影响。经过反复调查表明，女性的移动受到上千种方式的制约，从身体暴力到被抛媚眼，或者仅仅是感受到不得其所——不仅仅受制于资本，还受制于男性。或者，举一个更加复杂的例子，伯吉特翻阅了19世纪和20世纪关于女性冒险家和旅行家的书籍，指出“今天对于女性出行的要求比以往任何时候都要多得多”。[1]究其原因，她指出，这混杂了殖民主义、前殖民主义、种族主义、改变性别关系以及相应的财富这些因素。仅仅是诉诸金钱或资本这样的解释，是无法认真处理好这个问题的。当前的加速运动在很大程度上是由经济力量决定的，但是我们所体验的空间和地方仅仅是由经济决定的。简而言之，有许多因素决定着我们如何去经历空间，而不只是所谓的资本。

而且，当然了，上面这个例子表明时空压缩并没有在各行各业每个人身上发生。伯吉特这次又写到了太平洋：

> 巨型喷气式飞机可以使韩国电脑顾问出现在硅谷，就像是刚从隔壁那道门过来的一样，新加坡的电脑顾问也可以在一天之内就到达西雅图。世界上最大的海洋的边界前所未有地连接到了一起。波音飞机让这些人走到了一起。但是他们所飞越的在他们五英里之下的岛屿又如何呢？强大的波音 747 是如何使他们同岛上的居民建立伟大的交流的？这些岛屿同样是受到太平洋的海水洗刷的。波音飞机当然没有这样的能力。航空旅行或许可以使商人在引擎的轰鸣声中穿越海洋，但是海运行业的同时衰落却使得许多岛群越来越孤立……皮特凯恩群岛，正如许多其他的太平洋岛屿一样，从未感受到同它们的邻居相隔竟如此之远。[2]

换言之，从最广泛的意义看，时空压缩需要社会层面的差异性。这不只是一个道德上或政治上不平等的问题，尽管提出这一点需要充足的理由；但它也是一个概念上的要点。

设想一下，你在一颗卫星上，这颗卫星远离并超越了所有真实的人造卫星；这颗卫星的存在纯粹是出于和平的意图，在这里你可以从很远的距离观察“地球”，并且装备上了一种特殊的设备，可以让你看到人们眼睛的颜色，并且通过每个人身上的编号看到人数。你可以看到人们正在进行的活动及正在展开的交流。你最远能看到他们的卫星，然后看到飞机，看到伦敦与东京之间的长途运输，看到由圣萨尔瓦多(San Salvador)到危地马拉市(Guatemala City)的飞行。这其中，有些是人们的移动，有些是实物贸易的开展，有些是媒介传播。这其中还有传 149
真、电子邮件、电影发行网络、金融流量和金融交易。看得再近一点，你还能看见轮船和火车，看到亚洲的某个地方蒸汽火车正在艰难地爬山。再看近一点，你能发现卡车、小型汽车和巴士。如果视角往下移一点，你可以见到在非洲撒哈拉以南的某个地方，有一个女人正在步行——在许多女人中间——她仍然需要每天花费数小时去取水。

在这里，我想做一个简单的总结，这一切或许可以被称作权力几何学（power geometry），或者时空压缩的权力几何学。因为在这些流动和相互连接中，不同的社会群体和不同的个人被放置在了很不一样的位置上。这一点不仅仅是要说谁移动谁不移动的问题，虽然这个问题也是一个重要的组成部分；但它还涉及了流动和运动的权力问题。不同的社会群体和这种权力有不同的关系，总之是分化了的移动性：一些人比其他人更多地掌管这个权力；一些在起初便有的流动和运动，其他的人并没有参与进来；一些人是这种权力的接收终端；一些人被这种权力有力地囚禁了起来。

在所有光谱的末端，是那些既展开运动又进行交流的人，他们在某种程度上处于掌控地位——乘喷气式飞机到处旅行的人，发送和接收传真和电子邮件的人，手持国际会议电话的人，发行电影的人，掌控新闻的人，组织投资和国际货币交易的人。从某种意义上说，这群人是真正掌管时空压缩的人，他们可以利用它并将其转化为优势，他们的权势有增无减。在这群人中，较为平凡的包括大量的学者和新闻记者——换言之，这些人对这个问题的书写也最多。

但也有一群人在进行着很多的身体移动，可是他们却一点也不能以同样的方式来把控这个过程。从萨尔瓦多或危地马拉而来的难民，以及从墨西哥米却肯(Michoacan)而来的非法移民工人，他们涌入墨西哥提华纳(Tijuana)或许是为了冒险穿越边境，来到美利坚，以开启新的生活。在此，对于移动的体验，事实上还有对于令人困惑的多元文化的体验，是很不一样的。并且那些来自印度、巴基斯坦、孟加拉国、加勒比海地区的人们，可能走到一半就会被阻止在伦敦希斯罗机场(Heathrow)的审讯室里。

或者——再举一个不同的例子——那些仅仅是处于时空压缩接收端的人们。那些在这个国家中任何一个内城中领养老金的人们，他们待在自己厅房合一的小屋中，吃着从中国外卖店买来的劳工阶级的炸鱼和薯条，用日本制造的电视机看着美国电影；并且在天黑以后就不敢出门。反正公共运输的经费也削 150
弱了。

或者——举最后一个例子来说明这种不同的复杂性——住在里约(Rio)贫民窟的人们，他们对于世界足球了如指掌，并且还涌现了一些他们自己的球员；他们对于世界音乐有巨大贡献，就连去年在巴黎和伦敦的俱乐部里，每个人都在跳着他们的桑巴舞和兰巴达；可是他们却从不踏入里约的市中心。一方面，他们对于我们所谓的时空压缩有着极大的贡献；另一方面，他们又被囚禁于其中。

换句话说，这是一个高度复杂的社会分化。不仅在运动与交流中有不同的程度，在控制与启动方面也存在着不同的程度。人们被置于时空压缩中的方式是十分复杂和极其多变的。

但是，反过来看就会立即引起政治上的问题。如果时空压缩的方式可以被设想得更具有社会性、可评估性和差异性的话，那么这就有可能发展出一种流动性和访问型的政治。因为移动性以及对移动性的控制，看起来似乎是对权力的反应和加固。这不单是一个分配不公的问题，还涉及了一些人移动得比另一些人多，所控制的也比另一些人多。移动性和对某些群体的控制可以明显削弱其他人的力量。有差异的移动性可以削弱那些已经是弱者的影响力。某些群体的时空压缩会逐步减弱其他人的权力。

这种关系显著地建立在资本与劳工之间。资本的能力在漫游世界的过程中进一步得到增强，与此对应的是相对固定的工人，这样，资本可以使在亨克(Genk)的车间与在达格南(Dagenham)的车间相互抗衡。随着它们竞逐其偏爱的某些投资时，移动性也加强了它们与苦苦挣扎的地方经济斗争的力量。波音747搭载着计算机科学家们飞越太平洋，这成为今天皮特凯恩群岛(Pitcairn)被极大孤立的部分原因。并且，每当有人开动一辆汽车，就因此增加了他们的个人移动性，这样他们就削弱了公共交通系统的社会意义和财政收入——并且也因此潜在地削弱了依赖于这个系统的其他人的移动性。每当你驱车至市区外的购物中心时，你就为其物价上涨做出了贡献，你甚至还加速了街角小店的倒闭。时空压缩已经卷入到了生产和再生产富有的第一世界的日常生活当中了——这不仅包括他们自身进行了
151 什么旅行，而且也包括他们所利用的资源，用全世界的资源供给他们的生活——可能是遗留的环境后果，或者是对约束条件的打击，都将可能限制除他们以外的其他人的生活。换言之，我们不禁要问，我们的这种相对的移动性和对移动及交流的掌控力是否给其他社会群体构筑了一个空间囚笼？

但是这种看待时空压缩的方式也让我们回到了地方和地方感的问题。在所有这些社会层面上的不同的时空压缩的变化的背景下，我们该如何思考“地方”？有人认为，在这个时代，“本地社区”似乎越发的破碎了，当你出国找到和家乡同样的商店，听到同样的音乐，或者一段时间之后在一家餐馆享用你最喜爱的外国节日美食——当每一个人对所有这一切有着不一样的体会时——那么我们要怎样思考“地方性”(locality)呢？

他们中的许多人在写到时空压缩时都强调其不安全的、混乱的后果，以及它带来的脆弱感。一些人从这一点出发进而论述道，在这种变迁当中，人们极度渴望得到哪怕是一点点的平静与安宁——这就是一种强烈的地方感(sense of place)、本地感(sense of locality)，渴望能在喧闹之中建立一个避难所。所以，探寻地方的“真正”意义，对遗产的发掘，等等，可以被部分理解为对一种渴望的回应，渴望在所有的运动和改变当中能有一种身份认同上的固定性和安全性。在这样的形式和解释下，一种根深蒂固的“地方感”可以带来稳定性和不容质疑的身份认同。然而在这样的幌子下，地方和本地观念就被许多进步人士当作必然反动的东西而加以拒绝。它们被视为一种逃避：逃避“现实生活”的动态与改变(事实上是无法逃避的)，如果我们要让事物变得更好，这些改变是必须要抓住的。在这样的解读中，地方和本地的观念被当作对于现实世界的一种浪漫的逃避主义。当“时间”被等同于运动和进步时，“空间”/“地方”就被等同于静止和反动。

这个论调存在一些严重的不足。其中一个问题是为什么要假定时空压缩会产生不安全性。我们需要勇敢地面对——而不是简单地否认——人们对于某种依恋感的需求，不论它是以地方的形式出现还是其他的什么方式。当然我们也要承认，在某些时候那些存在问题的地方感仍然会死灰复燃，例如反动的民族主义，对抗性的地方主义，对于“遗产”的排外性的着迷。因此，我们需要彻底思考一下进步的地方感到底该是什么样的，
152 这种地方感能够契合当前全球——本地的时代（global-local times），以及其中所引发的感受和关系，毕竟，政治斗争通常是不可避免地基于地方的。问题在于如何在不保守、不反动的前提下，持守地理差异观，甚至是地方的独特性与根植性的观念。

对于上述地方观的“反动性”的很多不同描述都是存在问题的。一种观点认为地方是单一的、本质的认同。另一种观点认为地方认同——地方感——是由内向的，与外界无关的历史建构出来的，这样的历史建立在对过去内在化起源的探究之上，并且要以《土地赋税调查书》（*Domesday Book*）（英国国王于1086年颁布的土地志。——译者注）为蓝本来转变现在的地名。因此，莱特详述了斯托克纽因顿（Stoke Newington）[《土地赋税调查书》将这个地方称作“纽敦镇”（Newtowne）]的建筑情况和拨款情况以及它的中产阶级的过去：“所耕种的土地要用两个半耕犁……有四座农舍和三十七个佃农，占地十英亩。”他用这个文本同其他群体的情况进行对比——这些群体包括白人劳工阶级和大量的重要的少数民族群体。[3]这种地方概念的一个特别的问题是它似乎是在要求绘制边界。划定区域是地理学家长期以来都在做的事，而且这种“定义”的问题几乎总是会降格为给一个地方划边界线的问题。作为一个地理学者，我记得最痛苦的时光

莫过于煞费苦心地去思考如何在类似于“东米德兰”(East Midlands)这样的地区周围划定边界线。因为在一个地区的四周划定出边界，往往会明确地区分出内外。这很容易建立起一种“我们”和“他们”的对立关系。

然而，如果有人思考一下任何真实的地方，当然这样的地方并非行政区划或政治边界意义上的地方，那么这些假定出来的地方特征都是不存在的。

例如，在基尔本当地的购物中心逛逛，你会发现这是一个十分普通的地方，位于伦敦市中心的西北方。铁路桥下的报摊售卖着爱尔兰自由邦的报纸，我的许多邻居都来自那个地区。路边的邮筒和墙壁都被爱尔兰共和军(IRA)这几个字母装点着。其余空白处则贴着有关一场特殊的纪念会的海报：绝食抗议十周年。在地方剧院埃蒙莫里西(Eamon Morrissey)有一场独角戏上演；在国家俱乐部有沃尔夫·唐(Wolfe Tones)的凯尔特民谣上演；在黑狮子(Black Lion)上演的《芬尼根的守灵夜》(*Finnegan's Wake*)。在两个商店中我注意到了本周的彩票赢家：一位名叫泰瑞沙·格里森(Teresa Gleeson)，另一位名叫舒曼·哈桑(Chouman Hassan)。

从报摊旁穿过拥堵不堪的马路，我记得路边有一家商店的 153
橱窗里展示着印度莎丽服，店里有四个真人大小的印度女性模特和大量的布料。门口的一个通告栏显示着即将在温布利体育场(Wembley Arena)举办的音乐会：阿南德·米兰德(Anand Miland)饰演瑞卡(Rekha)，还有阿米尔·汗(Aamir Khan)、萨尔曼·汗(Salman Khan)、贾西·乔拉(Jahi Chawla)、拉维纳·坦登(Raveena Tandon)一起演出。另一则广告写道，本月月底以前，“所有印度人都会受到诚挚邀请”。(此处提到的很多演员都是印度宝莱坞明星。——译者注)在另一个报摊，我和小贩聊着天，他是一个穆斯林，对于海湾战争有着难以言表的沮丧，并默默地不满于不得不售卖《太阳报》。头顶上空总是会有至少一架飞机——我们似乎位于飞往希斯罗机场的航路上，当飞机途经基尔本上空时，你可以从机身上清晰地辨认出其所属的航空公司，在购物的同时还可以想象一下这些飞机是从哪里来的。飞机下方则是拥堵的交通(这是另一个时空压缩的奇特效果)，导致交通拥堵的部分原因在于：这里是出入伦敦的主要通道之一，是通往斯台普斯角(Staples Corner)的道路，同时也是通往“北边”的 M1 公路的起点。

这只是对直接印象的一种概括，但是对基尔本同世界之间的联系的恰当分析是可以做出的。并且同样的方法也可以用于几乎任何一个地方。

我对基尔本这个地方有很深的感情；我在那里生活了很多年。它确实有“自己的性格”。但是，感受到这些地方特色并不需要去认同任何一种静态观和防御观——在这个意义上提出的“地方”概念是反动的。

首先，虽然基尔本有着自己的特性，但它绝对不是一种完整的、一致的身份认同，它是人人可以分享的单一地方感。它的意义远不止于此。人们路过这个地方，他们所喜爱的居所就在这里，他们将这里同整个剧烈变化的世界联系在一起(物质上的方式，或打电话或靠邮政，或借助回忆与想象)。如果现在意识到人们具有多元的身份认同，那么同样的观点可以用于地方概念。而且这种多元身份认同要么是丰富性的来源，要么是冲突的来源，或者两者皆有。

这里有一个问题，那就是顽固的"社群"型地方识别。然而这是一种错误的识别。一方面，社群并不需要存在于同一个地方之中——从有着共同兴趣爱好的朋友圈到宗教信仰，种族或政治共同体。另一方面，那种一致的社会群体意义上的地方"社群"可能——并且我要说长期以来——是很少见的。此外，就算这样的地方是存在的，也绝不意味着它们就能形成一种单一的地方感，以为人们在任何一个社群中都占据着不同的位置。我们可以将混杂的基尔本与相对稳定同质的(至少是一种常见的设 154
想)小型矿区乡村进行对比。真的就能同质吗？"社群"也是有内部结构的。举一个最明显的例子，我确信在矿区乡村中一个女人的地方感是不同于男人的，她通常所行经的空间，她会面的地方，她与外界的联系，都是与男人不同的。所以这些社群中的"地方感"也将是不同的。

其次，不仅是"基尔本"具有许多认同角度(或者说它的完整的身份认同是由所有这些因素混合而成的)，用这样的方式看，它绝对不是内向型的。甚至于我们在想到基尔本公路时，都不可能忽略大半个世界和大英帝国史(当然，对于矿区乡村也是同样的道理)。想象一下，这样的思考方式促使你(至少是对我而言)产生出一种真正的全球地方感。

最后，与那种防御型的保守地方观不同，我当然不会，也不想为基尔本划定一条封闭的边界线。

所以，从这一点出发，想象一下你又回到了那颗卫星上：一切运转正常，你再次回望地球。然而，这一次不仅仅是要想象所有的物质运动，甚至也不单是无形的沟通，而是要特别关注一切的社会关系，人与人之间的一切联系。用所有那些时空压缩中的不同经历将其填满，因为所发生的一切表明社会关系的地理形势正在发生改变。许多案例表明关系的延展日益超越了空间。经济的、政治的和文化的社会关系，每一个都充满了力量，并且伴随着支配性和从属性的内部结构，遍布于整个星球的不同层面，从家庭到地方再到国际。

从这个角度出发，就有可能去正视另一种有关地方的解释。在这个解释中，赋予地方特殊性的并不是一些长期以来的内在化历史，而是取决于这样一个事实：地方是由一个特别的社会关系星群构建而成，并在一个特定轨迹上共同编织交汇而成。如果从那颗卫星上望向地球，可以从所观察的人物的头顶上方看到他们的社会关系网及其移动与交流情况，那么每一个“地方”就可以被看作人们的独特性、唯一性的一种交汇。事实上，它们就是一个个交会点，而不是那种有边界的状态，它们可以被看作社会关系和认知的网络中的一种联结态势，但是大部分的这些关系、经历和认识是建立在更大的尺度上的，超过了我们所定义的地方本身，不论这个地方是一个街道，或一个地区，
155 或者甚至是一个大陆。反过来，这就能容许这样一种地方感的存在，这种地方感是外向型的，包含着与更广大世界相互关联的意识，并且要以积极的方式将全球和地方整合起来。

这不是一个有关与“更广大的体系”建立仪式性的联系的问题——在当地的会谈中，每当有人提到国际资本主义，你就会试着去讨论垃圾收集的问题——重点在于在本地和更广大的世界之间有着经济、政治、文化的真实关联。在经济地理学中有这样一种观点一直以来都是被公认的，那就是如果只把眼光局

限于内城本身的话，是无法理解那里的失业问题和制造业就业人数下降的问题的。任何一种充分的解释都必须把内城置于更广阔的地理环境当中。或许是时候思考一下如何将这种理解方式应用到地方感的概念上来了。

这些论述强调了某些进步的地方概念得以发展的方式。第一，地方决不是静止的。如果地方可以从与之紧密相连的社会互动的角度来定义的话，那么有一个事实便是这些互动本身不是冻结在时间中的静止事物，它们是一个发展的过程。有一句著名的俏皮话在马克思主义者之间流传甚广："啊，但是资本不是物，而是'一个过程'。"或许这句话也可以用在地方上，地方也是一个过程。

第二，如果是从建立一个简单的围栏以便进行分类的角度来看，地方不一定非要有边界。为了某种特定的研究类型，"边界"的存在当然是必要的，但作为一个概念化的地方而言，"边界"并非是必不可少的。这个意义上的地方定义并不一定是与外界相对立的；它的部分特性也是来自于其所联系的"外界"，因此"外界"本身也是构成地方的一部分因素。这也有助于摆脱通常所说的渗透性和脆弱性的关联。因为这样的关联会使新加入者的到来带有威胁性的色彩。

第三，很明显，地方没有一个单一的、独一无二的"身份认同"，它们充满了内部冲突。只要想想伦敦的多克兰区(Docklands)就知道，这个地方此刻正确切地被冲突定义着：冲突就是它的过去(其"遗产"的本质)，冲突就是它的现在，冲突就是它的未来。

第四，这并不是要否认地方或地方独特性的重要意义。地

方的特异性是持续再生的，但此种特异性并非来源于长期的内在化的历史。这种地方的特异性和唯一性有许多来源。[4]那些承
156 载着更广泛的社会关系的地方，本身在地理上就是有差异的。全球化(在经济方面、文化方面，或其他任何方面)不意味着简单的同质化。正相反，社会关系的全球化是地理不平衡发展的另一种来源(以及再生)，因而也是地方独特性的来源和再生。地方的特异性来源于这样一个事实，那就是每一个地方都是广泛的和更加本地化的社会关系相互混合的产物。这种在同一个地方产生的混合效果在其他地方是不会有的。最后，所有这些关系进一步与某个地方的历史积累的特异性相互作用，这种地方历史本身就可以看作本地与外部世界之间不同关系层层叠加的产物。

桃乐茜·卡林顿在她的一本描绘科西嘉的书——《花岗岩岛》(*Granite Island*)中，提到她在岛上旅行时探寻着这个岛屿的独特性根源。[5]她探索了不同层面的人物和文化，例如，在13世纪、14世纪及15世纪，科西嘉与法国、热那亚(Genoa)和阿拉贡(Aragon)长期纷乱的关系。以前这里被并入到了拜占庭帝国(Byzantine Empire)；再往前追溯，这里是汪达尔人(Vandals)控制的地方；再早一些，这里是罗马帝国的一部分；在这之前，则是迦太基人(Carthaginians)和希腊人(Greeks)的殖民地和定居点……直到我们发现了这个岛屿……甚至连巨石阵(megalith)的建造者也曾经从其他地方来到科西嘉。

一种地方感及其地方“特性”只能建立在将这个地方同更远的地方联系起来的基础上。进步的地方感能够认识到这一点，且不会将这种与外界的联系视为一种威胁。在我看来，我们需

要的是全球本地感、全球地方感。

墨西哥城

发表于1991年

【注释】

［1］D. Birkett(1990)，*New Statesman & Society*，13 June，pp. 41—42.

［2］D. Birkett(1991)，*New Statesman & Society*，15 March，p. 38.

［3］P. Wright(1985)，*On Living in an Old Country*，London，Verso，p. 227，231.

［4］D. Massey(1984)，*Spatial Divisions of Labour: Social Structures and the Geography of Production*，Basingstoke，Macmillan.

［5］D. Carrington(1984)，*Granite Island: A Portrait of Corsica*，Harmondsworth，Penguin.

157

第三节 一个被称为家园的地方？

在有关家、地方、本地—本地性（location-locality）、身份认同和地方感等争论中，其中一个主要的贡献目前看来是地理学家做出的，尤其是经济地理学家，他们为当前许多人所表达出的混乱感、破碎感、迷失感提供了一种背景幕，更准确地说是一种经济学上的逻辑。

有一种观点认为我们正经历着一个空间巨变的时期（确切的时间通常是很模糊的），也就是说这是一个崭新的强劲的全球化的时代，这是一个全球即时通信的时代，这是一个打破曾经的地方一致性的时代，这是一个全新的激烈的“时空压缩”的时代。

这些事情的发生当然是一个事实。世界经济和本地的、区域的和国家的经济（如果有人仍然在真正讨论这些事情）都在促使这些事发生。它们看起来非常不同于曾经的样子，也就是说，不同于1945年战后出现的那个世界。

一、世界经济的变化

过去的变化，尤其是近二十年的变化是巨大的。这种变化以各种各样的方式表现出来：从有序到失序的资本主义，从现代到后现代，从工业时代到后工业时代，从制造业到服务业，从福特主义到后福特主义。对于“后”（post）这个词语前缀的频繁使用，表明人们普遍对新事物的积极形态（也表明对于争论的

开放态度)的认识还比较模糊，但是一般认为，其中一个关键进 158
程还是全球化。尽管所有的描述都集中于(某种程度上也是事实)小型企业和个人创业上，集中于灵活性、小众市场(niche-market)和分散化上，集中于地方经济和经济广度(而非规模)的重要性上，但事实上在这个经济体制中，权力大小是与规模大小呈正相关的。[1]世界经济的发起者们所经营的跨国公司现在正向全球扩张，他们的权力也在不断增长。[2]资本的国际化是一个离不开传统的过程，但是近十年来，它已经在强度和范围上有所增长，并改变了其本质。国际直接投资总流量(指的是从一国向另一国直接投资生产设备)在20世纪70年代以每年15%的速度增长着(按当前美元计算)，其总量在1970～1980年间增长了三倍，并且还在持续增长，尽管那个时候的世界经济已经出现了减速和危机的迹象。[3]这种投资所采取的形式已经有所转变。最早的资本输出的重要形式是致力于将原材料“带回家”加工和生产，后来对于加工和生产的投资在海外就完成了，此时则是致力于抢占国外市场，避开关税和贸易壁垒等。按量计算，这仍然是今天最显著的形式。近来，资本输出也深入到海外产品的运作当中，但并不是服务于产品市场本身，而是服务于本国或第三方市场的再出口(re-export)。推动资本跨国化的激励因素是对于特殊的生产条件的利用(不论这些特殊的条件是缺乏工会保护的廉价劳动力，还是那些可被利用的特殊技能和文化传统)。

认识到这些资本输出意味着什么是很重要的。它们不仅是某类特别的公司的空间范围的扩展，当然它们确实也是这样的。但它们——更有益处的看——也被理解为空间中的不同社会关系的延伸，并且这也意味着权力关系和充满了意义与符号的关系在空间中的延伸。这不只是一个我们刚才才讨论过的简单的经济学案例，而是说资本主义的生产关系已经出口了。它们已经具有了一种新的空间形态。通过榨取剩余价值而获得的资本积累采取了一种国际化的形态。并且在上述的几种情况下，它确实是以不同的方式来实现国际化的，不论是通过原材料供给的国际化，还是通过某个特定公司在各国的相似的分支工厂的
159 增加，以便在当地市场进行销售，抑或是通过在不同的国家的不同工厂各自进行生产，发挥它们的“比较优势”，最后将各自生产的部件组装成全球化的产品出口到其他地方。上述每一个案例都代表了一种不同的“空间生产结构”，[4]在这些不同的方式中，资本主义社会生产关系或许已经在空间中延伸了。最近新出现的空间结构形态是“全球公司”——一个大规模的跨国化实体，包括的不仅是上述国际空间结构形态，也包括了其他一些方面，这种新形态跨越了各式各样的生产部门(既有制造业又有服务业)，并且很少是在一个国家集中组织起来的，也很少来自于向外延伸的权力关系的触角，它的形成更多的是建立在真正的国际化的基础上，伴随着全球盈利策略，全世界为了这个目标被划分为各个区域，每一个地区都有自己的运作指挥部——到目前为止这仍然是一个趋势，而非一个发展完全的成果——并且没有哪个国家可以被称为(某种产品的)“家乡”。

然而，对大多数公司来说，仍然有一个可辨认的国家产地，从这个意义上看，这是对国外直接投资流的一个明显的地理学“指向”。但是，这些投资流的地理学已经发生了改变，且越发的复杂了。[5]虽然在 1970 年以前，美国的公司毫无疑问地处于

支配地位，不论是在规模上还是数量上，但是现在却不这么肯定了。1970 年以前，美国的跨国公司占据了三分之二还要多的国外直接投资比重，但今天美国所占的比重却不到一半。日本、西德和加拿大已经越来越成为重要的国外投资来源，并且基于“南方”(发展中国家。——译者注)的跨国公司的数量也在增加。大部分的投资都在第一世界的国家中，但伴随着这个巨大变化，目前已经有一些重大的国外投资进入了美国，并从第一世界的国家来到了少数“发展中”经济体。

最后一个重大变化是与日俱增的金融国际化，而且服务的国际化也更加的普遍了。欧洲美元市场的形成，银行和资本市场的国际化，24 小时贸易成为可能(当东京歇业时，伦敦开张，几个小时后纽约又捡起了指挥棒)，跨国公司的业务扩展到了各个方面，从会计公司到旅游业，再到物业公司，再到清洁服务——所有这些都反映出了近几年全球化的深化，并且越来越多地渗透到了国家和地区经济的各个部门。

这些事情的发生不太可能离得开新的通信技术、图像处理和传输技术以及信息系统的技术。[6]这些技术系统国际化的本身
就已经清楚说明了全球化已经注入到日常生活这一事实。一小 160
部分公司[派拉蒙(Paramount)、索尼(Sony)、迪士尼(Disney)]和个人“玩家”[默多克(Murdoch)、贝卢斯科尼(Berlusconi)、贝特尔斯曼(Bertelsman)]的通信帝国发展迅速，还有时常被引用到的 CNN 的例子在这当中是焦点。它们自身的国家身份已经变得模糊和无关紧要了(默多克的经营远离他家乡的海岸；索尼接管的公司有 CBS 和哥伦比亚电影公司，要知道长久以来这些公司都被视为美国认同的一部分，并且对其有着重要影响)。打

造所谓“家乡”感的强大力量往往是那些完全来自其他地方的资本。它们的信息流穿过了古老的陆地边界，这是国家政府无法轻易阻止的。有人认为，一个新的“电子信息流的全球空间”正在出现，[7]并且它是复杂的和相互交汇的，正如在制造业、服务业和金融业中一样，这其中也有清晰的广泛的权力地理学。美国的存在仍然是主导性的。20世纪80年代末，美国娱乐业的外贸交易额在其国民经济中仅次于航空航天业的外贸交易额。[8]更常见的，有一种观点认为，“全球性商品”的出现使得文化也被全球化了，例如世界流行音乐的出现以及没完没了的世界杯。[9]有人认为，文化和地方之间的联系已经破裂了。

在我们对所有的这一切以及从中提炼出来的有关家乡和当地的意义进行评价以前，有一些重要的观点应当被阐明。这就是，全球化决不能等同于同质化。全球经济关系的生成导致了新的不平等的形态和模式的出现，不只是增加了相似性而已。甚至于“全球性商品”(且不说那些常常被提到的可口可乐和麦当劳的例子)已经以不同的方式渗透进了各个国家的市场。它们的全球性，及其公司对这些商品大规模生产的能力，来自于它们在世界各个角落找到的大量的有差异的小众市场(niche-markets)，公司因此就可以将范围经济(多样的商品范围)和规模经济结合起来。此外，伴随着这种混乱和无序，这个新型关系也包含着全球层面的新秩序。一些支配着世界经济的全球城市，例如纽约、伦敦和东京，之所以有这样的地位是因为它们是焦点，是大量的“社会关系延展空间”的交会点，还因为它们处于这些关系的权力接收端。很明显，新出现的全球层面的社会和经济权力似乎势不可挡地在地理上集中了起来，而且这些

组织形式延伸到了国家层面以下，到达了区域和地方层面。区 161
域经济和地方经济越来越直接受制于世界经济，其程度远胜于受制于国家经济的程度。确实，人们更加质疑一致性国家经济的说法，但对国家层面以下的经济的一致性不存疑议。本地、区域和国家越来越多地卷入到了国际层面的逻辑当中，并且被这种逻辑所建构。因此就有一系列的张力显现：世界的特点一方面体现在复杂性和潜在的失序，但在另一个方面则非常清晰地体现在始终如一的权力地理学指向；而且，持续存在的地理多样性的形成，主要不是来自于本地土生土长的独特性，而是来自于全球化空间流动中的特异性定位。

在更广阔的全球化背景中，也存在一些相反的趋势。有人指出，后一大批量生产(post-mass-production)的弹性专业化(flexible specialization)的特征是其自身能够发展相对一致及内部相互连接的地方经济。最常引用的"工业区"的例子，正如人们通常所称呼的那样，有"第三意大利"(艾米利亚-罗马涅区Emilia-Romagn)，德国的巴登-符腾堡州(Baden-Württemberg)，丹麦的日德兰半岛(Jutland)。这种地方经济的可行性的观点是建立在最近一系列的地方产业战略上的——正如大伦敦议会在20世纪80年代提出的产业战略一样。[10]与之相反的是，很少有潜在的激进的地方议会和机构进一步造成了本地经济的碎片化，它们试图吸引外来投资，但是具有讽刺意味的是，它们却把自己设定为一种一致性的地方经济，并将之作为自身优势向流动资本营销。

但是不论这些新的地方主义的重要性是什么——并且这也是有争议的——它们都是产生于从地方到全球各个层面的社会

关系的空间组织进行重大改变的背景下的。世界上每一个地理学意义上的“地方”正在被重组，这是一种新的全球性的现实情况，在这个更广的整体中，它们的角色正被重新分配，它们的边界也在消失，因为这个边界正被各种事件与日俱增地穿越着，这些事件从投资流到文化影响，再到卫星电视网。即使是不同的地理尺度也变得不那么容易分开了——它们构成了彼此：全球的地方，反之亦然。而且，随着距离变得似乎没有了意义，时间中的关系也发生了改变。20 世纪 70 年代以前，公司每隔几年做出一次主要的投资决策并且一年评估一次价格；外汇汇率大概每四年变一次，利率也许是一年变两次。所有这些在现在看来似乎是难以置信的缓慢和沉闷——我们一天四次或更多次地获悉汇率变化的消息；价格是高度变动的；投资决策（这可能意味着整个工厂的开业和关张）至少一年制定一次。[11] 世界各地
162 的交流，以电子邮件、传真为媒介的世界各地的交流，几乎都是即时的。正是这种时空经历的变化的集合催生出一个强有力的见解，那就是我们生活在一个“时空压缩”大爆发的新时代。

二、假设的意义以及一些保留看法

此外，有人认为，新一轮的时空压缩导致了一种迷失感，一种地方文化的破裂感，从最深层的意义看，还导致了地方感的缺失。地方的街道被来自于全世界的文化和资本入侵了；几乎没有哪个地区的多数产业是纯粹归当地所有的；地方似乎变得更相似但又缺乏内在一致性；土生土长的特异性被入侵了——无论你身处何方都能感受到任何地方的共存。从社会关

系地理学的角度来确立概念的话，那么所发生的事情就是由社会关系构成的地方日益向外延伸，超越了其边界；这些关系越来越少地被包含于某个地方本身。

这确实让很多人感到焦躁。有很多讨论是关于后现代破裂的、无深度的、瞬时的地理学。安柏利描写了一个新世界，在那里，“将地方视为封闭空间，将时间视为区间性的观点是受到怀疑的，时间和空间应该被理解为一个场域，在这个场域中，时空不断进行着实验配置”；在那里，“规范性和排外性的地方旧秩序和被赋予的持久性意义都将灰飞烟灭”。[12] 鲍德里亚谈到在面对一个意象的和流动的世界时的狂乱和眩晕。哈维指出当前的迷失会引起——在他的观点中这些几乎都是必然反动的——一种新的诉求，即通过地方感寻求稳定性。[13] 罗宾斯写道，“势在必行的是要抢救集中的、有界的、一致的身份认同——将身份认同置于没有固定位置的时间当中”。[14] 詹姆逊呼唤认知图绘，表达了他渴望得到他的“定向轴心”，以便在这个迷失的时代为其自身找到方向，并且重申要获得一些已经丧失的控制感。事实上，今天有太多令人不安的强调地方忠诚度的形式出现。在东欧也浮现出了新的民族主义。排外的地方主义正迅速发展，并出现了有着严格界限的地方认同的建筑物。还有的话题谈论到了“新的围墙”，雅皮士(yuppies)在他们的内城飞地周围构建起了围墙，以期通过物质及简单的空间定义来保护他们免受这个地区的其他居民的侵害。对于这种未经质疑的地方感的呼吁，不只限于政治光谱中的右翼人士。在伦敦多克 163
兰区(Docklands)的长期战斗中，地方认同的观念是由那些抵抗新的“入侵者”的人们建立起来的，这样的观念同样是静态的、自我封闭的和防御性的。这篇文章的主要论点在于地方感的观念不一定要如此。

最普遍的观点是，大量流通的资本重组，新的全球空间的形成，尤其是通信新技术的应用，逐渐破坏了“被称为家乡的地方感”，让我们失去了地方，迷失了方向。

但是事实真的如此吗？很明显事物是继续发展着的，但在我们被这种愚蠢的论调弄得失去理智之前，我们应当果断止步，并把它的形式考虑得更清楚一点。第一，关于这个论调通常是如何提出问题，是有保留意见的。第二，无论如何，有关我们如何思考空间和地方这个问题，总是存在争议的。

这些保留意见从较为琐碎的到十分重要的都有，于是，在一开始就有语言上的问题。对这些事件的写作存在着一种特别的炒作和夸张的风格。同样的单词和短语重复出现；作者在那摇摇欲坠的多维空间愿景中得意忘形。有鉴于此，我才在本文的开篇部分有意保持悲观态度。因为在雷德利·斯科特的世界城市的景象中，在对摩天大楼堡垒的描写中；在鲍德里亚的多维空间愿景中……大多数人仍然生活在类似于哈勒斯登（Harlesden）或西布朗（West Brom）这样的地方。大部分人的生活，甚至是对于生活在第一世界的核心地带的人们来说，仍然包括购物时去公交车站等候那怎么也等不来的巴士。几乎没有一个有关时空压缩的图解说明，这一切到底有多么新颖同样要打个问号。那个被再三引用的萨奇（Saatchi）的评论指出，纽约的布朗克斯区（Bronx）和曼哈顿中城区（midtown Manhattan）之间的文化反差，比曼哈顿中城区和巴黎第七区（7th arrondissement）的文化反差还要大，这个评论是很有说服力的。直到有人想起

19 世纪就存在的伦敦东区和西区之间的社会地位的分化，例如，前者的居民如何将后者的居民视为外来人口，视为潜在的威胁，视为帝国最远的前哨站的土著居民。所以，很简单，要谨慎。我们不能在自己的兴奋中失去理智。

以上所述再次表明，这样的例外是长久以来便有的，而并非有一个法则规定了地方就等同于社会，并因此为身份认同提供了一个稳定的基础。在英国，除了一些小型矿业城镇和棉业城镇以及伦敦多克兰区的一部分外，“地方”在几个世纪里都是一个非常复杂的所在，这里充斥了许多的不同以及频繁的冲突， 164
还有相互交错的社区。[15]“社区”也不一定要在空间上集中。吉登斯和詹姆逊对在场与不在场的问题做出了明显的区分，并且伴随着时空延伸(time-space distanciation)的加剧，人们对在场与不在场的理解遇到了更大的困难，这些都使得人们更多地去质疑面对面直接交流的模式，而非去质疑有关距离远近所产生的影响。当然，地理因素也是有影响的——关于这一点，地理学家们讨论了十年[16]——但是“在场可得性”(presence-availability)并不能以某种方式废除“呈现与解释”的问题(issues of representation and interpretation)。对于那个被称为家园的地方的体验，绝不是没有载体的。

更进一步讲，在这些论述中存在着深层次的经济主义的潜在问题，也存在着阶级还原主义(class reductionism)的问题。变化的不仅仅是我们所理解的资本的模型和产品，还有进入空间和时间的方式。最近时空所发生的变化，明显是被资本主义的转变和技术的发展推动的。但这并不是全部(问题的所在)。把它们降格为晚期资本主义(詹姆逊)或者弹性积累(哈维)的文化逻辑，这在严格意义上是削弱了它们的意义和多样性。虽然这种在物质基础上的触底好像是经过数年分析后的一次解救，这样的分析似乎已经准备好消除修辞学的自我指涉所导致的昏乱，但是这些经济学的解读(或者更多的是非经济学的)非常倾向于剥夺任何自主性的文化。我们所经历和解读的所有这些变化不仅有赖于我们的地方之内或之外的因素，抑或是资产阶级的关系。种族划分和性别，这是两条最明显的轴线，它们在我们所栖居和经历的空间和地方中，在我们所处的时空压缩的新关系中，都有着很深的影响。

这开始使我们对于新的、令人不安的无地方性的一般构想持更严肃的保留意见。这个论证提到后现代性的条件，但事实上有许多这方面的条件。不同的人们属于若干不同的社会群体，而这些社会群体又以不同的方式被置于一个超越时空的新的关系组织当中。从搭喷气式飞机到处旅行的人，到蜗居于那心爱的卧室兼起居室中的领着退休金的人，到空运和海运被切断的太平洋岛居民，再到冒着生命危险追求更好生活的国际移民……所有的这些在某种方式上都有可能被时空关系的转变影响着，但是不同的事例被影响的效果是不同的；每一个事例都以不同的方式被置于转变的场景当中。[17]正如你在哈勒斯登(Harlesden)或西布朗(West Brom)的公交车站等待着怎么也等不来的巴士时，你的购物袋中至少有一些商品是来自于“全球突
165 击小队”的，他们致力于不断地满足这个世界上相对富裕的消费者的需求。然而，刚才曾论述到的这个看法的大部分情况已经可以在这个崭新的世界发现了，这属于一种(相对而言)精英的观点。这些精英们整天担忧着迷失感和失控感，他们曾经一定

觉得自己确切地知道自己身在何方，也确信自己拥有控制权。

在这样的情况下，谁感受到了错位/失位/被入侵？在多大程度上白人/第一世界要为此承担主要的责任？有许多的方式可以处理这个问题，但其中一种关系到了当前讨论的崭新的变化。这个假设贯穿了许多文献，认为这种开放性和对边界的渗透是最近才有的现象。已经有人指出，即使是在第一世界，这些新颖性也被夸大了。但是如果采取一个全球视角的话，这个要点甚至会更加清晰也更为适合。因此，甚至连罗宾斯，这个更有领悟力的作者，在写到这个话题时都发现自己被诱骗到了修辞学的陷阱。他写道，“全球化会像它消除距离的障碍那样，使殖民地中心和殖民地外围迅速而紧密地联系在一起”。[18] 虽然人们意识到了这个“外围”已经被殖民了，但却没有意识到，如果从被殖民的外围这个观点看的话，中心和外围之间的邂逅已经“迅速而紧密”了几个世纪了：

> 鉴于欧洲曾经穿越遥远的距离来处理非洲和亚洲的文明，现在那个“他者”已经在西方大都市的中心装备其自身。通过一种反向入侵，外围已经渗透进了殖民地的核心。时间和空间作为保护性的过滤器已经消失了，并且现在同“外国人”和“异国的”相遇也变得迅速而直接。西方城市在世界文化开始直接接触时成为首当其冲的目标……在与“其他”文明遭遇时，时间和距离不再能够居中调节了。[19]

在以上的陈述中再次出现了认知和滑移(slippage)。如果认识到过去的殖民主义，就不难理解现在的“入侵”只是对曾经的殖民主义的“回应”。然而……欧洲曾经建立其殖民地，正式的或非正式的，仅仅是穿越了遥远的距离这么简单吗？对于生活在那些殖民地中的人来说似乎并不是这样的。“在与‘其他’文明遭遇时，时间和距离不再能够居中调节了”这个观点表明其作者只看到了文明邂逅的当前形式，也隐约表明该作者所读的历史来自于第一世界/殖民国家的视角。对于那些生活着世界大多数人口的国家而言，它们被称为家乡的地方的边界安全早就荡然无存了，它们的地方文化的一致性也一定在很久以前就受到威
166 胁了。在这些国家，时间和距离为它们提供的隔绝于外界的保护作用也有好几个世纪了。

在看待这些变化时有这样一种角度：全球化的加速在最近几年确实是事实，社会关系在空间中也有了新的延伸，但存在争议的是这些关系的性质和方向的改变。时常有一种批评认为英国的经济太过开放，殊不知这样的情况已经持续了几个世纪。最近二十年真正变化了的其实是开放性的本质、社会关系的方向性及嵌入其中的权力关系。过去，开放性的代表者是作为“世界工厂”的英国（也就是一个主要的制成品出口商——时常削弱着其他的本地生产），英国还是一个主要的掠夺世界自然资源的参与者，同时是世界产品和交换的主要投资人和承保人。今天，伴随着尼桑、丰田、日立和其他的企业在这个被视为开放的国度投资，情况就变得很不一样了。正如本文开始部分指出的，近几年，对外直接投资流的一个主要变化使得美国不再是这种投资的唯一来源，它也成了一个接收者。

但是，问题在于，到底什么才能被称作是“本地”层面的问题。贝尔·胡克斯认为从地方感这个角度看，“家园”这个术语

的非常意义与那些被殖民化的地方所理解的是很不一样的，并且这个意义可以随着非殖民地化和激进化的经历而改变。[20] 在托尼·莫里森的作品中，尤其是《心爱的》(*Beloved*)这部著作，暗中削弱了这样一种观念，即认为每个人曾经都有一个被称作家园的地方，在那里人们可以回顾过去，这个地方不仅是他们的归属，他们也是地方的归属，并且在那里他们能够找到认同感。具有讽刺意味的是，到目前为止，对现阶段全球化影响的本质的分析，或许是来自非全球视野的人士。

另外，对于现在流行的无地方性和迷失感的体认，如果有人接受“对这种体认要有所限制”，并主要是在第一世界及不同的人口层级中加以限制的话，那么又会出现另一个值得研究的奇特问题。现在多数的迷失感，正如我们所看到的，都归因于某种形式或者“他者”的到来。然而那些在第一世界的社会中占有支配地位的定义者们所指称的部分“他者”，其实一直都存在，即女性。有意思的是，去留意那些对地方的特性描述，看它们多么频繁地把地方描述为那些游子们的家乡，并且它们将吸引你去探索这种地方特性会怎样把那些注定要留下来的人框定进去，会怎样使前者(游子的家乡)化身为男性，并出发去探索并改变世界，又会怎样使后者(定居者的乐园)化身为女性，尤其是化身为母亲，这是给固定不变的地方分配的一个人格化的角 167
色。而且这不是简单的空间临近性(spatial proximity)的问题，而是权力关系的问题，临近性就嵌入在这种关系中，这是至关重要的。因此，威尔逊指出，在小规模的定居点中，社会的控制力相对而言是紧一些的，女性对男性表现出了极少的威胁——尽管总会有些光荣的例外。然而，生活在大城市，其规模和复杂性使得规范与控制更加困难。“几乎是从一开始，当女性出现在城市中，特别是出现在城市街道上时，就会被质疑，而且城市生活方面的控制和监督总是用于管理女性的。城市生活潜在地挑战了父权体系。”[21]这个观点表明(这种城市生活)不仅临近于一种不安感，也临近于社会关系的本质，尤其是在权力关系方面更是如此，这其中的临近性就是地理学。只要说一说时间和距离的崩塌，或者只要看看它们的运动和流动，就知道这个论证是不充足的；有待解决的议题其实是变化中的社会关系地理学。要分析这些变化的影响，就有必要考虑这个构想的两个方面。地理(临近性、时空延伸，等等)和社会关系本身的内容(性别歧视的影响，或是当前或过去的殖民主义的权力关系，或是资本积累的关系)两个方面都必须被考虑到。此外，每个方面——空间形态和社会内容——将会互相影响。从这个角度看，那种关于同殖民地的历史相邂逅的“新颖性”必须得到解释。不仅仅是时间和距离(在注意到这种构想的民族优越感后)发生了改变，甚至连这种构想也发生了改变。

三、身份认同和地方

当我们谈到一个叫作“家园”的地方时，我们所指涉的是谁的认同感，以及支持这种地方认同就有可能带来稳定、统一和安全的问题。在谈到地方可以被用来构建个人的认同时，这其间有着迥然不同的方式，但是在地方和认同的关系问题上也有着另一面。因为个人认同的观念虽然在近十年来已经受到质疑并释放出越来越多的复杂性，但是地方的观念相对而言还没有经受过检验。

最常见的地理学上的地方概念的构想，在目前的讨论中通常与静态、乡愁、封闭的安全感联系在一起。例如，哈维把所有基于地方的政治(他意味深长地将这个问题与“受制于地方”的政治明显混为一谈)都视为充满了审美化(他几乎将其视为必然 168
“坏的”)和对于稳定性和一致性的渴望；把时间等同于生成，把空间等同于存在(以一种海德格尔从未用过的方式将它们区分和对立起来)，他拒绝后者，支持前者。[22] 在政治和社会生活中，人们试图建立地方和认同的关系，以及地方和归属感的关系，因此在最近几年也出现了许多有关的争论、政策和运动，而这些又是建立在这样一些观念上的——求助于过去，求助于特质上的紧密认同，求助于显然具有安慰性的有边界的封闭体。这样的地方观点在以下所有场景中都是明显存在的——例如，在某种类型的民族主义之中，在地方的营销中，无论是针对投资者还是游客。在新的城市封闭体中，甚至是在社会分化的另一个方面——有时是在那些对抗雅皮士以保障社区免受侵害的人们当中，他们求助于所谓的“真正的道格斯岛”(Isle of Dogs)这样的概念。所有的这些都试图修订地方的意义，试图去包围和守护地方：他们为地方建构了单一的、固定的、静态的认同，而且他们将地方解释为有边界的封闭空间，以对抗外向型的地方观念。

然而，地方观念的构想不仅只有这么一种方式。如果将空间概念建立在四维“时空”上，正如上面提示过的，所采取的形式并不是抽象维度，而是所有地理尺度上的社会相互关系的同时共存，这些关系从亲密的家庭到全球连接的广阔空间，这样地方就可以被重新定义。这个观点把重点放在了先前出现的一个现象上，即：全球化和时空压缩改变了社会关系的空间组织的形态。社会关系总是有一个空间形态和空间内容。它们必然存在于空间之中(也就是说存在于某个当地关系中，又与其他的社会现象有所关联)，同时又能穿越空间。这种大量而复杂的环环相扣和社会关系的关节网就是社会空间。考虑到空间的概念，一个“地方”则是由某个特定地区中一系列社会关系的相互作用建构出来的，并且任何一个地方的独特性的形成，部分是来自于那个地方中的关系互动的特异性(不论这种明确的互动发生在哪里)，部分则是来自于那个地方中的社会关系的相遇[在一定程度上是偶然事件并置(juxtaposition)]，这将产生出新的社会效应。

在这样的解读中，“地方认同”的概念要比已知的讨论中提到的更加具有开放性和暂时性。首先，地方及其认同的特殊性总是由一系列特别的社会相互关系的并置和共存构建而成的，
169 并且这种并置和构成又影响着这种特殊性。此外，重点在于社会相互关系的比重将会比地方的范围更广，甚至是超越这个范围。其次，地方认同必然具有不固定性。这种不固定性的部分原因在于社会关系本身的动态性和变化性。这种不固定性的原因还在于通过那些社会关系的并置而进一步产生的社会效应的后果。而且，固定性的缺乏一直就有，过去也没有比现在更加的静态化。地方真的不能以依赖于一些本质的、内在化的片刻为其特征。事实上，所有上述例子——从各种形式的民族主义，到遗产中心，再到“真正的道格斯岛”的归属问题——都在寻求地方认同，它们都声称自己在时空中中具有某些特殊的时刻/位

置。在这一时空中，区域和主导社会关系的定义都是有利于那些声称者的利益的。当黑袍族长(black-robed patriarchs)(这里比喻德高望重之人。——译者注)组织仪式来赞美一个真正的国家认同时，他们实际是在要求将这个认同以某种特殊形式冻结于某个片刻——在那里他们拥有权力，因而可以重新证明自己。当然，所有这些意味着，任何地方的认同，包括被称作家乡的地方，从某种意义上说永远都是向争论开放的。目前在伦敦“多克兰区”一定进行着一场身份认同的争论——这里到底是多克兰区还是道格斯岛。

但是，最后也是最重要的，在这种对空间和地方的解读中，地方认同部分是由此地与其他地方积极的相互关系建构而成的。这与那些把地方视为家乡的看法形成了鲜明的对比，后者总是想象着地方的安全性、稳定性，以及令人安心的边界性(正如我们所见，这是错误的)。这种对地方感的理解要求地方成为封闭体，拥有边界并且——最重要的是——通过一个消极的立场来建立认同，这种立场与超越边界的观点是背道而驰的。对于任何一个地方的社会经济地理学的理解(当然是在那些对这类话题有普遍争论的地区)也揭示出这种立场是站不住脚的。地方认同不是源自于一些内在化的历史，它主要还是源自于与“外界”相互作用所产生的特性。

现在的争论话题包括地方，尤其是关于地方和归属感、地方和家乡，这些争论又越发普遍地与认同问题的讨论结合在一起。虽然人们经常认为身份认同具有相互关系性，但这种相互关系存在的可能性，常常被这样一种设想所否定，即认为这种

170 关系必须是有边界的、消极对立的，且有内外分别的。然而，正如我们所看到的，地方概念的发展总是困难重重，几个世纪以来变得更加困难，人们总是要将地方进行内外区分；事实上恰恰是地方存在的所谓外界因素参与建构了当地的特异性。

有一个问题必须被提及，那就是有关性别关系的议题。常常有人认为，客体关系理论提到了，对子女幼年时期的抚养任务几乎完全是女性在承担，小男孩和小女孩的身份认同的建构完全是不同的。尤其是它与边界的问题是不一样的。因此，哈索克写道："女人和男人在成长过程中所形成的个性是受到不同范围的经历影响的，由内部和外部世界差异性地建构着，并有了不同的体认，关注着截然不同的关系问题。这种早期的经历是人们自我感知形成的重要基础，对于女性而言是一种与世界相连的体验，对于男性而言，则体验到了分隔，区别甚至是分离。"[23]这就是男孩所需要的，在其所成长的社会中，性别的构成是有着高度差异的，并且是不公平的，为辨别他和他母亲的不同，在认同感的建构上，他会强调自己的相反立场及其边界描绘。只有通过这样的方式，似乎才能安全地建立起他的身份认同。进入社会后则赋予其所支配的地方以男性主义的观点，这种——具有防御性和潜在脆弱性的——自我感知的建立方式在社会关系中开始泛化。

> 因此，男孩的自我建构是要抵制与母亲的一致性，这种区别于其他人的认同结构，借助于他们对生活的理解，具有敌意和好战的双重性，并体现在了他所建立的社区中，也体现在大男子主义的世界观中……这种对抗性的自我建构明显

反映在了阶级社会和大男子主义世界观的建构上……[24]

我要说的是，这也反映在了现在占支配地位的地方观和家园观上，尤其是反映在作为归属感、认同感、安全感来源的地方观上。在这其中存在着一种恐惧心态，这也是最重要的一点，许多作家也谈论过这个话题，当边界消失（或者只是感觉如此）时，当社会关系地理学迫使我们去承认我们的互联性时，会有一种恐惧感。一方面，这种边界性并非几个世纪以来地方的真正特征。在那个被称作家园的地方认同中，很大一部分来自于这样一个事实，那就是地方总是以这样或那样的方式开放着； 171
并且被那些在其间延伸的各种运动、通信、社会关系建构着。从某种意义上说，大部分的地方都已经“邂逅了地方”；甚至是它们的“原住民”通常都来自于其他地方。这并不是说过去与地方认同不相干，仅仅是想表明并没有什么内在生成的、本质的过往。正如霍尔（Hall）所谈到的文化认同那样，[25]地方认同总是处于不断建构中的。过往是必须被建构的，而不应当以一种乡愁的眼光去回望那假设存在的地方认同。贝尔·胡克斯在其《渴望》（*Yearning*）中一次又一次地重复这句话，“我们的奋斗也是一种记忆战胜遗忘的奋斗”，但是她也说“政治化的记忆可以辨别乡愁，是对事物的本来面目的渴望，是一种无用的东西，等等，这样的回忆可以帮助我们照亮眼前，改变当下”。[26]

然而，另一方面，在内在聚焦和外在关联的社会关系的平衡状态下建构出来的地方发生了戏剧性的转移，近几年来，在这个世界的部分地区，它转向了后者（外在关联的社会）。然而，有观点认为这必然会产生恐惧感和迷失感，这是基于一种很特别的观点，既包括个人认同又包括地方认同，而且这也是有争议的。威尔逊这样描写大城市的某个方面——一个“地方”通过它的开放和变动的本性——产生出了许多的恐惧感：恐惧失序，恐惧无法控制的复杂性，恐惧混乱。但不是所有人都感受到了这种恐惧。不同于威尔逊的论述，女性在城市生活中常常显示出比男性更少的畏缩。然而

> 20世纪早期大部分男性现代主义文学家描绘了……一幅现代大都市的凶险景象（詹姆斯·乔伊斯是个例外）……现代主义的女性作家，例如弗吉尼亚·伍尔芙和桃乐西·理查森快乐而坚定地回应着。在《达罗薇夫人》（*Mrs Dalloway*）中，弗吉尼亚·伍尔芙狂喜于伦敦夏日清晨的活力，在“大摇大摆的行进中；在吼叫声和喧闹声中……在凯旋的叮当声和某些头顶上的飞机的怪异高歌声中”。承认个人认同的不稳定性和不确定性，可她并没有发现这是令人担忧的，就像卡夫卡和穆西尔一样。[27]

贝尔·胡克斯论及偶尔的疏远和异化：

> 家园不再只是一个地方（place）。它是一种所在（locations）。家园是那样一种地方，它支持和促进多样化和持续变化的观点，在这个地方可以发现看待不同的现实、疆界
> 172 的新的方式。人们在面对分散化和碎片化时，将其视为建构新的世界秩序的一部分，这个新秩序将更加充分地揭示出我们在哪，我们可以成为什么人……[28]

换句话说，由于复杂的社会关系地理学导致了恐惧感和焦虑，所以不论是个人认同还是“称为家乡的地方”的概念都不得不建立在单一的和有边界的方式上。当然，地方可以成为家园，但这并不意味着只能以这样的方式来看待地方，也不是说它们必须是一种乡愁的地方。事实上你可以拥有许多种地方。米歇尔·乐·迪非写道：

> 我一生下来就无处不在，现在我打破了希腊的天空，穿着布列塔尼(Brittany)农夫的木底鞋，在伊丽莎白大剧院，在我奶奶饥饿而贫穷的光景中，在那个世俗的、义务的、免费的学校中(这个善良的国家为我提供的)，但也独自在我的反叛中，在那个要么我跟随要么我引领的节拍当中，在西蒙娜·德·波伏娃清醒的痛苦中，在笛卡尔的火炉边。并且还有更多的地方要去。[29]

而且更进一步说，每一处家乡——地方本身同样也是持续变动的社会关系地理学的产物，不论现在还是过去。

伦敦

发表于1992年

【注释】

[1]K. Robins(1991)，“Tradition and Translation：National Culture in Its Global Context”，in J. Corner and S. Honey (eds)，*Enterprise and Heritage*，

Routledge, London.

[2] N. Thrift (1988), "The Geography of International Economic Disorder", in D. Massey and J. Allen (eds), *Uneven Re-development: Cities and Regions in Transition*, Hodder & Stoughton in association with the Open University, London.

[3] N. Thrift (1988), "The Geography of International Economic Disorder", in D. Massey and J. Allen (eds), *Uneven Re-development: Cities and Regions in Transition*, Hodder & Stoughton in association with the Open University, London.

[4] D. Massey (1984), *Spatial Divisions of Labour: Social Structures and the Geography of Production*, Macmillan, Basingstoke.

[5] N. Thrift (1988), "The Geography of International Economic Disorder", in D. Massey and J. Allen (eds), *Uneven Re-development: Cities and Regions in Transition*, Hodder & Stoughton in association with the Open University, London.

[6] D. Morley and K. Robins (1989), "Spaces of Identity: Communications Technologies and the Reconfiguration of Europe", *Screen*, Vol. 30, No. 4, autumn, pp. 10—34.

[7] D. Morley and K. Robins (1989), "Spaces of Identity: Communications Technologies and the Reconfiguration of Europe", *Screen*, Vol. 30, No. 4, autumn, pp. 10—34.

[8] C. Hoskins and R. Mirus (1988), "Reasons for the US Dominance of the International Trade in Television Programmes", *Media, Culture and Society*, Vol. 10, No. 4, cited in Morley and Robins, op. cit.

173 [9] See, for instance, the Special Issue of *Theory, Culture & Society*, Vol. 7, 1990.

[10] See, for instance, *The London Industrial Strategy*, produced by the GLC in 1985.

[11]N. Thrift(1988), "The Geography of International Economic Disorder", in D. Massey and J. Allen (eds), *Uneven Re-development: Cities and Regions in Transition*, Hodder & Stoughton in association with the Open University, London.

[12]P. Emberley(1989), "Places and Stories: The Challenge of Technology", *Social Research*, Vol. 5, No. 3, pp. 741—785.

[13]D. Harvey(1989), *The Condition of Postmodernity*, Basil Blackwell, Oxford.

[14]K. Robins(1991), "Tradition and Translation: National Culture in Its Global Context", in J. Corner and S. Honey (eds), *Enterprise and Heritage*, Routledge, London, p. 41.

[15]D. Massey(1991), "A Global Sense of Place", *Marxism Today*, *June*, pp. 24—29.

[16]See, for instance, D. Massey(1984), *Spatial Divisions of Labour: Social Structures and the Geography of Production*, Macmillan, Basingstoke.

[17]D. Massey(1984), *Spatial Divisions of Labour: Social Structures and the Geography of Production*, Macmillan, Basingstoke.

[18]K. Robins(1991), "Tradition and Translation: National Culture in Its Global Context", in J. Corner and S. Honey (eds), *Enterprise and Heritage*, Routledge, London, p. 25.

[19]K. Robins(1991), "Tradition and Translation: National Culture in Its Global Context", in J. Corner and S. Honey (eds), *Enterprise and Heritage*, Routledge, London, pp. 32－33.

[20]Bell Hooks(1991), *Yearning: Race, Gender, and Cultural Politics*, Turnaround, London.

[21]E. Wilson(1991), *The Sphinx in the City: Urban Life, the Control of Disorder, and Women*, Virago, London.

[22]See Harvey(1989), *The Condition of Postmodernity*, Basil Black-

well, Oxford. And the critique in D. Massey(1991), "The Political Place of Locality Studies", *Environment and Planning A*, No. 23, pp. 267—281; Vol 2. Ch. 5.

[23]N. C. M. Hartsock(1983), "The Feminist Standpoint: Developing the Ground for a Specifically Feminist Historical Materialism", in S. Harding and M. B. Hintikka(eds), *Discovering Reality*, Reidel, Dordrecht and London, pp. 283—310. The quotation is from p. 295. Hartsock's is one of a number of articles in this collection which develop this theme, although not in relation to the specific issue of place. See also some of the contributions to L. Nicholson (ed.)(1990), *Feminism/Postmodernism*, Routledge, London.

[24]N. C. M. Hartsock(1983), "The Feminist Standpoint: Developing the Ground for a Specifically Feminist Historical Materialism", in S. Harding and M. B. Hintikka(eds), *Discovering Reality*, Reidel, Dordrecht and London, p. 296.

[25]S. Hall(1990), "Cultural Identity and Diaspora", in J. Rutherford (ed.), *Identity: Community, Culture, Difference*, Lawrence & Wishart, London.

[26]Bell Hooks(1991), *Yearning: Race, Gender, and Cultural Politics*, Turnaround, London, p. 147.

[27]E. Wilson(1991), *The Sphinx in the City: Urban Life, the Control of Disorder, and Women*, Virago, London, p. 157.

[28]In "Choosing the margin", p. 148; in Bell Hooks(1991), *Yearning: Race, Gender, and Cultural Politics*, Turnaround, London.

[29]M. le Dœuff(1991), *Hipparchia's Choice: An Essay Concerning Women, Philosophy, etc.*, Blackwell, Oxford, p. 172.

第三部分

空间、 地方与性别

概要

“地理”和“性别”两个概念相互交叉、相互影响，关系深刻而繁杂。它们交织在一起，地理以各种各样的面貌影响着特定的性别和性别关系的文化构成，性别则在地理生产中发挥着重要影响。女性地理学文献数量众多，研究范畴宽泛，从将这一话题提上研究日程的努力尝试，到试图改变地理探究（geographical inquiry）本质的极其深奥的理论和方法论观点（能否成功改变让我们拭目以待）。[1]本部分第一篇论文（《空间、地方与性别》）从女性主义视角（宽泛一点说是性别差异的视角）梳理了地理学的一些早年发展，这一视角在地理学中所占比重很小，其研究范围仅局限于区域就业变化和区域经济政策。这一领域现在日益复杂，但本部分所有的论文仅仅探讨了其中一两个问题，目的是为了找出地理和性别的关系中与空间和地方联系紧密的部分。这些术语之间的概念联系在总论部分已经谈及。

地理对性别很重要，这一观点可以看作地理很重要这一观点（参见《政治与空间/时间》）的延伸，从很多方面来说都是如此。

178 地理学的女性主义者所强调的早期论点之一是性别关系随着空间变化而变化（长期以来，人们都认为性别关系随时间变化）。所以《女性所属的地方?》（和琳达·麦克道尔合著）运用第一部分和第二部分中的空间和地方观点探讨了英国四个地区的性别关系建构的各种形式，以及随着时间变化而产生的重构。很多证据都证明了各种性别关系形式的存在（这还只是在英国这个小国家内）。虽然形式一直在不断变化，但现在依然存在。此外，除了四个英国地区，该文还探讨了目前剑桥地区高科技领域内的父权性别关系，因为这一地区是象征"未来"的领域和地方之一（见《空间、地方与性别》以及《不平衡发展：社会变迁与劳动的空间分工》）。换言之，各种性别关系之间存在相当巨大的差异，过去如此，现在亦如此；不同文化之间如此，联系相当紧密的各种"本土文化"之间亦如此。

具有不同本地文化性的空间/地方的性别关系建构也不同。对这些不同的性别关系的建构进行记录和分析非常重要，我们在记录和分析时不仅着眼于地理差异，而且必须进行一次彻底的理论上的反本质主义（在芬斯地区被认为是男性主义的情况在兰开夏就并非如此）。同时，我们的分析也推翻了另外一些论点（无论是工业区位理论，抑或是更广范围的性别政治），那些论点认为各种特征"天生"就可以分为男性和女性。此外，各种建构形式的差异也进一步说明这些现象实际上都是社会建构。

还要补充一点，虽然和其他差异比较起来影响相对较小，性别关系建构的地理差异同时也表明，女性（还有男性）之间也存在差异，不仅她们的女性身份建构之间存在差异，女性和与性别有关的斗争等特定政治斗争之间的关系也存在差异。在《女性所属的地方?》一文中，我们以 19 世纪和 20 世纪初期的兰开夏为例进行了探讨。在兰开夏，空间/地方组织非常重要。一方面，当地经济的特殊性，以及妇女在部分棉纺生产环节的聚积和主导是妇女投票选举权运动发展和团结的一个条件。但另一方面，当她们所投身的这场运动扩展到全国范围时(出于议会行动的必要性)，却无人附和了。被兰开夏的女性视作非常重要的 179
诉求既没有引起全国其他地区的共鸣，也没有在全国其他地区开展起来。

这一点和我们总论中提及的关于身份的讨论联系了起来。尚塔尔·墨菲和特蕾莎·德·罗丽蒂斯等学者都提出，要从个人/群体所处的社会关系的相互联系角度来考虑身份问题(此处我们还把身份概念延伸到了地方概念)。如果从这个视角考虑的话，那么(政治)联盟就必须在这种种不同的关系之间被积极建构。但是这也表明，任何社会关系当和不同的关系结合起来时都可能具有独特的含义和诠释。所以在这种情况下，性别关系和其他社会关系在不同的地区以不同的方式结合起来，使得“性别”问题的表现形式也发生了变化，所以，任何想当然地认为这个国家不同地区的女性可以轻松达成同盟的想法都是站不住脚的。[2]

但也有其他情况，即空间和地方在性别关系建构中非常重要，在各种改变性别关系的斗争中也非常重要。从空间/地方的象征意义和它们所传达的显著性别信息，到通过暴力达成的赤裸裸的排斥，空间和地方不仅本身被赋予了性别(空间和地方不是中性的，而是有性别的)，而且通过这种方式，它们都反映和影响了性别被建构和理解的方式。从身份和空间来说，对女性空间流动性的限制在某些文化语境下是一种表示服从的重要方式。此外，对空间流动性的限制，即将女性局限在某地，与限制女性的身份紧密相关(见总论)。

在西方，空间和身份联合起来对女性实行控制的典型表现之一是公共空间和私人空间二者之间的文化差异。将女性约束在家庭范围内既是一种特定的空间控制，同时通过这一点，也是一种对身份的社会控制。《女性所属的地方?》阐释了这一点，并指出，女性的家庭和工作场所的空间分离的特定性(虽然不是独特性)令某些人产生了一种忧虑，忧虑于女性“经济上的活跃”。这当然不是他们忧虑的唯一原因，因为女性具有一份独立收入本身就是他们焦虑的来源。比较一下兰开夏和哈克尼(Hackney)两地，可以清晰地发现，从家庭的空间限制中逃离
180 也是一种威胁[某些人对“密集型工种”的危险性和对芬兰地区(Fenlands)结伴流动的女性劳动力的担心都表明了这一现象]。这种威胁(至少)体现在两个方面：首先，这可能会降低女性承担家务的意愿；其次，这使得她们能够进入另外一个公共的世界，“一种没有家庭和丈夫约束的生活”。

将“家庭”看成女性所属的地方，地方成为稳定性、可靠性和真实性的来源。这些观点认为地方的性别是女性，它们总是对一去不返的过去非常怀念。[3]家庭是心灵的归属(如果你正好也在漂泊)，也是女性(母亲以及你终将回到她怀抱的爱人)的归属。20世纪中叶那些南下的工人小伙子(愤青们)，当他们偶尔回头北望，带着满腔的浪漫情怀将家理想化之时，他们所想念的经常是“妈妈”这一概念，而不是把妈妈看成是辛勤劳作、忙

于生活悲喜的一个鲜活个人，一个为自己或他人的生活操心的生动个人，他们想念的只是一个固定的象征意义，即妈妈是港湾。雷蒙·威廉斯的小说《边境之乡》(*Border Country*)有很多这种描写。按照这种看待世界的方式，“女性”的身份和“家—地方”的身份就彼此紧密地结合在了一起。如此，伊丽莎白·威尔逊的观点就不奇怪了，她分析总结说，随着时间的流逝，大城市的女性越来越难被局限在异性恋和家庭的范围之内(当然，此处资本主义和父权主义的关系很不融洽)，大都市生活本身似乎对父权控制产生了一种威胁(见《政治与空间/时间》)。总的来说有一点很清楚，无论是通过传统或象征主义的力量/权力或者通过暴力的威胁手段，空间控制是各种(极多)形式的性别构成的一个基本因素。

此外，影响也是反方向的。性别一直以来都深深地隐含在地理建构中，此处的地理表示不平衡发展或者区域差异和本地特异性(性别存在于它们的建构中，而不仅仅是它们之中)，表示一套学术/知识话语和一套社会制度，[4]还表示从其基本概念和知识系统角度出发的地理。尤其有一点，即性别对于空间和地方的地理建构非常重要，这也是我们此处的关注点。

本部分所有文章都表明性别和性别关系的空间差异非常重要，可以帮助我们理解整个国民经济空间的组织和再组织。相比较之前论文注重经济和阶级的分析视角，《女性所属的地方?》关注了父权关系。“资本主义”和“父权”被看成是自主的，具有相同权重。文章讨论的重点是二者的互相兼容和二者合二为一的结合体。《女性所属的地方?》的最后一段阐述道，20 世纪 80 年代，哈克尼把本地和全球的交叉以及空间和地方的交叉同资 181

本主义工业主义的各种迥异的形式和力量结合起来，和族裔结合起来，和性别关系某些方面的地理变体差异结合起来。《女性所属的地方?》和《空间、地方与性别》两篇文章指出，英国工业积极利用性别关系的地理差异来保持自己的竞争力。所以，重要的不是空间差异，以及利用空间差异达到更好的工业选址，从而在国家空间内保持英国福特主义的某些因素(最终都失败了)(见第一部分"概要")，而是一种被高度性别化了的空间差异。换言之，并不是地理重要，而是具有性别的地理很重要。这反过来也说明，认真剖析性别问题会产生一种完全不同的分析。《空间、地方与性别》以及《女性所属的地方?》就区域政策的分析和评估发表了同样的观点。有些政策的制定面向特定地区(以及大量的非特定地区)，手段包括空间工业变化，吸引或减少对特定地区的工业投资。各地对于源源不断的投资做出不同的社会和政治反应，政客和学者们对政策的态度也在不断变化之中，所有这些以及还有很多其他事实都表明，20世纪60年代中期那十年的区域政策是彻头彻尾的性别化政策。认识到这一点改变了我们对这一现象的分析和认识。此外，这一分析不仅适用于资本行为和活动；同样也适用于劳工运动。《女性所属的地方?》列举了很多例子，证明劳工运动在性别关系的本地建构中发挥了重要作用。《空间、地方与性别》和《即将面临的格局》(第一部分)提出，和性别关系有关的地理学及其在不同区域所采取的特定形式又开始在劳工运动中不断出现："我们来考虑一下，过去的这种高度父权恰恰是其本身目前所面临威胁的重要形成条件之一，这很有趣……在这些(矿业)地区存在着严格的劳动性别分工，很多社会活动都把女性排除在外，父权是一个

重要帮凶，所以(男性)劳工运动那守旧传统的头脑本身就在很大程度上协助形成了极度廉价的新劳动力大军，而六七十年代 182
的工业极力寻找的正是极度廉价的新劳动力。”此外，这种性别关系地理反过来也是那场争论的一个重要的因素，学者们争论“工人阶级是否衰落了”，如果衰落了，形式是什么(《本地研究的政治地位》)。“传统的父权”、声势浩大的劳工运动、经济的衰败，这些因素集中出现在英国的某些地区就变成了一种显著的弱点(《空间、地方和性别》)。

所以我们强调必须理解阶级关系，同时还有(比如)性别关系，因为它们在某个空间和地方以及各种空间和地方的建构中都是极其重要的。我们认为，性别并不是一个“本地化”问题(所以并不会引起太多重视，而造成这一现象的很多原因本身也和性别有关)，而是和我们当下社会中已经建构的各种范围一样，和阶级等其他各种范围并列在一起，其实际的相对重要性需要在每个具体语境中进行评估(见《无处不在的性别歧视》)。

但是这一观点也有很多含义。比如，这表示时空压缩以及人们所体验的空间、地方和空间性的方式都不能被简单地理解为资本积累过程转向的产物(见《全球地方感》和《无处不在的性别歧视》)。这表示对空间性的分析不能通过男性身体的媒介和异性恋男性经验的角度，不能把男性身体和异性恋看成是重要的高度特定特征，进而将之普遍化到所有人群(见《无处不在的性别歧视》)。这表示近年来的争辩所关注的核心概念需要我们从性别特定性、压抑的性别结构和性别关系的角度来进行重新思考。典型问题就是“现代性”和“现代主义”，我们需要对它们的定义进行重新思考(见《女权艺术新闻》中的论点)，既从它们的空间性被赋予何种性别的视角，又从它们所源自的性别空间的视角。

所以，当列斐伏尔提到现代性空间的时候，他非常关注其特定的性别和性别化问题：

> 毕加索的空间预示了空间的现代性……我们在毕加索的作品中可以发现一种赤裸裸的视觉化空间，一种对视觉和阳物的专制独裁；还可以发现咄咄逼人的男性生殖力、公牛、地中海的男性、阳刚气概（在性能力方面的绝对天才）等的专制独裁，甚至到了一种自我嘲弄的地步，有时甚至是自我批判。毕加索对人类身体，尤其是对女性身体，
> 183 极尽折磨嘲弄，毫不留情。他的这种粗鲁残酷通过空间的主导形式、视觉、阳物来实现——简言之，通过暴力实现。[5]

这种现代性空间基于一个更宽泛的“抽象空间”的概念，其中“关键分析……可以区分三个方面”：几何学、光学（或者视觉）和阳物崇拜学。[6]列斐伏尔在空间转向的视角下对他称之为男性和女性原则的历史进行了梳理。这不是本质主义，因为他将这些原则的内容看成是“在不同的社会中是不同的”。[7]他所回溯的空间历史的方面之一就是身体的衰败，他将其归因于女性原则，但是关于这一点，他不赞同将之放在一个简单的二元结构中，将其和“心智”对立起来。他写道：“统治抽象空间的是阳物的寂落和欲望的自我毁灭。”[8]我们今天所面临的主导空间和地方不仅是各种经济组织的产物，而且也反射在我们身上，在

这一过程中加强了社会关系的其他特征，包括性别特征。

【注释】

[1]如需详细了解英国、北美、新西兰和澳大利亚的女性主义地理学方面的文献、争论和发展，请参阅琳达·麦克道尔的两篇文章，刊登于《人文地理学研究进展》，第 17 期，2(1993)，第 157—159 页，以及第 17 期，3 (1993)。这些地区的地理探寻的主流是男性，如需了解这一挑战性观点，可参见吉莉恩·罗丝(Gillian Rose)的《女性主义与地理：地理知识的局限性》(剑桥，政体出版社，1993)。

[2]此处争论的问题是普遍性和某些特定场景下关系的终结二者之间的张力。苏珊·博尔多 (Susan Bordo)写道："性别从来不会表现为一种单一形式，而是在生活的场景下，在多种影响的作用下表现出来，而这多种影响很难清晰地进行分类。但是这并不是说，性别的抽象化或者普遍化从方法论上来说是不合法的，或者造成了差异均质化。"(《女性主义，后现代主义以及性别怀疑主义》，琳达·J. 尼古拉斯主编《女性主义/后现代主义》(伦敦，劳特利奇出版社，1990)，第 133—156 页；此处为第 50 页)。

[3]吉莉恩·罗丝在《女性主义与地理：地理知识的局限性》一书的第四部分讨论了这一点。

[4]如要了解"地理"是一种制度以及学术地理的某些看法，请参见琳达·麦克道尔和琳达·皮克(Linda Peake)所作：《对英国地理学女性的再思考》，刊于《高等教育地理学期刊》，14(1990)，第 19—30 页；以及琳达·麦克道尔的《学界中的性和权力》，刊于《地区》(*Area*)，22(1990)，第 323—332 页。

[5]亨利·列斐伏尔：《空间的生产》(牛津，布莱克威尔出版社，1991 年；首次出版于 1974 年，法文版)。此引言选自第 302 页。必须指出一点，184
列斐伏尔的作品在翻译成英文的时候几乎都忽视了这一问题，而这一点对于他在空间性别化上的思想观和政治观是非常重要的，虽然他表述得比较隐晦，但却带有强烈的性别特征。

[6]亨利・列斐伏尔：《空间的生产》，牛津，布莱克威尔出版社，1991年，第285页。

[7]同上，第248页。

[8]同上，第309页。

第一节　空间、地方与性别 185

有一幕场景令我至今记忆犹新。大约九岁或十岁的时候，我住在曼彻斯特郊区，“进城”在当时是件大事。我们总是坐在双层汽车的上层，路上要花上半个多小时。途中汽车会穿越宽阔平缓的默西河谷。在我的记忆中，河谷冷湿泥泞，一直延伸至远方，目光尽头，只有寒冷的雾霭。整个河谷(曼彻斯特所有类似区域也一样)被分割成了大大小小的足球场和英式橄榄球场。每逢周六我们进城，目光触及之处，足有好几百人散布在这片广阔的区域上，远处的人都变小了，跟着球来回追逐着。[从汽车上层看去，这个场景就像是一幅巨大的、具有动画效果的洛利(Lowry)绘画作品，唯一不同的是所有的人物都身着鲜艳服装和深红色的袜子。]

时至今日，这一场景在我脑海中仍印象深刻。当时我还只是一个小姑娘，爱问为什么，爱思考。有一天我突然意识到，这洪水冲积后的巨大的默西河谷完全是男孩的天下。

我从来没有亲临那个地方。那个地方似乎是另一个世界，拒我千里之外(虽然现在我会站在足球看台上，欣赏足球比赛，心中却总觉忐忑，感觉自己是一个闯入者)。还有我曾经去过其他一些地方，我总感觉自己不应该身处其中，或者那些地方我根本就不该去，或者那些地方会让我深刻意识到自己身为女性所具有的根深蒂固的从属性。我记得我十几岁的时候，有一次在英吉利海峡对面的一个城市艺术博物馆里参观，同行的是两

位年轻男士，当时我们靠搭便车周游欧洲大陆。这所高雅的艺
186 术殿堂是游历必选之地。博物馆里各种绘画作品琳琅满目，很多作品描绘的主题都是裸体女子。这些画作的画者都是男性，所以作品中的女子都是从男性视角看待的女子形象。两位年轻男性朋友欣赏着这些绘画中的女子形象，我看着这两位朋友，观察他们的反应。我感觉自己被赤裸裸地物化了。就是在这个“空间”里，我清楚地意识到了一些东西，一些让人心生羞耻的东西，意识到了高雅艺术是如何界定我在社会中的地方(place)的。我身处那个地方的感受与两位朋友的感受大相径庭。(我记得我们三人之后到咖啡馆喝咖啡，就各人的感受争论了起来。争论的结果是我输了，主要原因是我对待这件事情“太傻了”。当时我还未曾有幸拜读过格丽塞尔达·波洛克、珍妮特·沃尔夫和惠特尼·查德威克等人的作品……抑或那个时候这么想的真的只有我一个人……)

此类例子不胜枚举。时至今日，无论男女，都可以举出很多这样的例子。我在此处想要说明的唯一一点就是，某个空间和地方，各种空间和地方，以及我们对它们的认识(以及我们的流动性等其他相关事物)都绝对具有性别特征。而且它们以各种方式被赋予了性别特征，根据文化、时间的不同而各有不同。这种空间和地方的被性别化，反映同时也影响了性别在社会中的构成方式和被人们认识的方式。

我刚开始进行地理研究的时候，以上问题根本无人提及。我以下阐述的目的只是为了举出一个例证，说明性别问题如何逐渐成为这一领域的研究热点。这一例证也许不足为奇，但是它属于区域发展的经验性话题，这些话题都是目前学界辩论的

热点。虽然这一例证存在各种不足，但我们仍然可以总结出一些有益的结论。

这一例证来自于英国区域发展研究。它关注的是发生在20世纪60年代中期和70年代早期的区域就业的分流情况。先介绍一些背景情况。当时是工党主政时期，首相是哈罗德·威尔逊。在英格兰东北部、威尔士南部和苏格兰中部的煤矿业都出现了严重的失业情况。当时是区域政策的黄金时期，出台了各种刺激和鼓励措施，吸引企业到这些失业地区投资。在这一时期，大量的就业机会从高就业率的东南部和中西部向这些高失
业率的北部流动。我们很多人都想问一个问题：我们应该怎样 187
理解这些情况？或者，具体来说，我们应该如何解释就业机会向北部和西部的流动？

关于这一问题的讨论经历了几个阶段。或者至少，我会以几个阶段的形式来展示这一讨论。被我列为早期阶段的很多学者会坚决反对我的观点，但我清楚，知识分子的改变并不总是线性的。

第一阶段的研究，主要领导者是掌握了电脑和数据的学者，他们把就业分流的时间和规模与区域政策的时间和分布进行关联，发现两者之间存在显著的相关性，由此推断两者存在因果关系，即区域政策是就业分流的诱因(不是由数据本身直接显示出来)。所以按照这种解读，区域政策是非常成功的。

第二阶段研究的开展是由于当时出现了各种政治摩擦和不满，主要来自于男性主导的各种工会和地方议会，以及来自于某个议会下属委员会所收集的证据。就业机会并不简单意味着就业机会，它们具有性别之分(如纺织、文秘被认为是“女性”工

作，失业男性不屑于从事此类工作）。虽然失去就业机会的是男性，但是伴随着就业流失浪潮而来的新就业机会却主要被女性抓住了。在学界，有学者开始质疑为什么这些工作机会面向女性。答案现在大家都清楚了。女工便宜，愿意接受低工资，这是多年针对“家庭工资”讨价还价的结果。相比男性来说，女性也更容易接受兼职，这是长期以来的家庭分工的一个结果。这些原因是男女关系的典型表现，无论是在家里还是在就业市场，全国范围都是如此。但是还有另外一些更加具体、更加重要的原因，即这些地区的女性加入工会的比率很低，这是由于她们之前从事有酬工作的比例很低。那里的女性经济活动率在全国范围内来说都处于最低水平之一。换言之，她们是绝对的“绿色劳动力”。

随着研究的发展，有人提出了一个略显复杂的解释版本，指出劳动力市场内部存在某些差异，指出女性作为潜在劳动力存在某些限制和特殊性，指出女性和女性工作并不一样。这种解读引发了对区域政策有效性的不同评价。学者们也意识到需要保持沉默，而不要再鼓吹其政策有多么成功。这种不同评价
188 有两个版本。一个版本很明显是性别歧视，指责说这些区域创造的新就业机会不是“真正的工作机会”，或者它们“仅为女性创造”。但是，还有另外一个版本，从学术意义来说，虽然其影响还有些令人担心，但很值得尊重，那就是新就业机会更适合女性。这是个不幸的事实，因为女性和男性相比工作报酬更低，总体收入仍然很低。

这一研究接下来进入了第三阶段。学者们对这一问题思考越多，发现问题就越复杂。比如，为什么这些地区的女性经济

活动率会处于历史的最低点？这就引出了当地的性别文化问题。地理学和社会学方面的很多研究都讨论了矿工妻子或母亲所承担的家务之重。同时指出，矿工们三班倒的不规律作息让他们的另一半不可能找到有酬工作。大量研究曾对矿区的特定男性主义结构进行了探讨。所有的这些研究都指向一个更深层的解释，和英国其他地区相比，男人挣钱女人管家这样的文化在这些地区表现得尤为明显。

换言之，我们的研究方法历经了一连串的变化：从对性别不屑一顾，到我们开始关注女性，并由此开始关注性别角色、男性以及当地特有的性别关系。这让我们对当时发生的一切、对区域政策有了一个全新的更加复杂、更加微妙的认识。1964年，哈罗德·威尔逊开始主政，开始实行社会民主现代化，关注煤矿等老旧工业的合理化。但是，与他期望的相反，合理化所导致的失业现象就恰恰在其主要的权力大本营发生了，如英格兰的东北部、威尔士南部以及苏格兰的中部。所以，为了继续进行这些地区的老旧基础领域的重建，有必要执行强有力的区域政策。考虑到这一点，工会和工会成员们只能唯唯诺诺。但是，恰恰由于这一区域的男性过剩才使得女性成为劳动力。几十年以来，女性现在才得以进入劳动力市场。她们需要工作获取报酬，尤其是现在男性难以找到工作，并且家务负担也相对变轻了，不再成为她们找工作的阻碍。而且，多年来，当地 *189*
性别文化的特殊性将这些女性塑造成了分流企业所期望寻找的那种劳动力。

此外，对区域政策也有了不同的认识。区域政策不再被认为是解释就业分流的唯一主要因素，因为吸引企业前来的这些劳动力不是由区域政策创造，而是由男性就业率的下降以及之前的性别文化创造的。虽然区域政策带来的只有低酬工作，但另一方面，低酬工作也带来了一些正面影响，这是人们之前没有认识到的。其中最重要的是，女性人生几十年来首次工作为她们带来了真正的独立收入。正如有人怨言的那样，这些工作机会的到来扰乱了旧的性别关系。换言之，就这一点来说(虽然和其他点无关)，可以认为区域政策有一些积极效果，虽然这一点和第一阶段的研究结果差异很大。

回溯研究历史，我们可以得到诸多启示。第一点，也是最明显的一点，就是认真剖析性别问题让人们对区域政策有了一个更加微妙的认识，对我们国家经济空间的组织和再组织有了一个更好的认识；另外，这些分流企业面对日益严峻的国际竞争时向北迁移以降低成本，它显示了英国工业是如何在早期积极利用性别关系的区域差异摆脱了英国后来的经济危机。第二点，这种认识虽然是从研究女性开始，却并不仅仅是通过研究女性而得到的，而是通过研究男性特质和女性特质的地理差异以及两者的关系得到的。男性和女性都是(或者应该是)女性地理学的研究对象。第三点，关注地理差异意味着我们不讨论男性和女性的本质主义，而要讨论它们是如何被建构的。第四个启示则很不同。身处现在，回顾过去，对矿区这种老套的父权主义提出批评很容易。确实，这已经变成了一根棍棒，抨击“旧的劳工运动”，但这不应该让我们陷入一种主观武断，认为老旧的不好，所以新的就是完美的。所以，部分是为了回应以上三
190 个启示(关注男性和男性主义的必要性，认识地理差异和建构非基本主义分析的重要性，以及同时关注新旧工种的重要性)，我

目前正在从事一项研究，关注的是一个“新的”经济增长地区——剑桥。在剑桥，产生了被称之为高新技术增长、科学革新和白领工作的“剑桥现象”。这个地方无论从地理上、技术上，还是正如你所想，从社会上，都和矿区的情况相差甚远。而实际上，情况并非如此。

我的新研究所关注的正是高科技领域的这些高素质就业者。百分之九十多的科学家和技术工人都是男性。他们一般都很热爱自己的工作，这不是件坏事，但有人提出“工作和娱乐之间的界限消失了”，听到这种说法让人不由得一愣。有酬工作之外就只有“娱乐”了吗？谁来做家务？这些就业者花费大量时间来解决棘手问题，将自己塑造成从事有酬工作的形象。但是，他们在工作上花费大量时间，这恰恰造成了对另外一些人的束缚。谁来洗衣服？谁去学校接孩子？在这项研究之前，我们从事了一项前续研究，得到了一些结果。研究结果显示，只有一名从业者和一名女性被试提到自己会忙里偷闲做家务，她说有时候自己会六点钟下班匆匆赶回家去喂猫！[1]此处要表达的观点是，这些工作都要求从业者不能养育小孩，不能照料他人，最好这些从业者都由他人来照顾。所以，并不是仅仅在以前旧的劳工运动中，在这些“新男性”所处的地区也存在性别关系结构的问题。这一新经济增长区域建构的是一种全新的男性主义，一种全新的性别角色和性别关系，这让人感觉问题重重。[2]

伦敦

发表于1992年

【注释】

［1］见多琳·马西、保罗·昆塔斯(Paul Quintas)和大卫·维尔德(David Wield)著，*High-Tech Fantasies*：*Science Parks in Society*，*Science and Space*，London，Routledge，1992.

［2］这项研究在英国开放大学开展，合作者为尼克·亨利(Nick Henry)，得到经济和社会研究协会资助(资助号：R000233004，项目名称：高地位增长？高科技领域的家庭及工作诸多方面)。

第二节　女性所属的地方? 191

19 世纪，资本主义生产关系在英国迅猛发展。从地理上说，这是一个不平衡的发展，差异很大，所导致的地区差异业已众所周知：煤区和纺织行业的兴起，农业生产的巨大社会经济变化等。这些都是 19 世纪国际劳动分工下英国经济的基础，同时也体现了英国经济的霸权地位。在更大空间范围的国际劳动分工中，英国的不同地区扮演了不同角色，相应地，其经济和就业结构也沿着不同的道路发展。

资本主义生产关系的发展同时伴随着其他一些变化，尤其是它打破了女性和男性之间的既定关系。旧的家庭生产的父权模式被撕裂了，性别之间的既定关系模式受到质疑。这一过程的程度和本质在全国各地存在着差异，影响差异的重要因素之一是正在产生的经济结构。在所有地区，“资本主义”和“父权主义”的存在都很明显，且以不同的方式彼此支撑。

我们要讨论的就是这一过程。我们观点简言之就是，尽管全国各地的经济发展模式存在差异，却都出现了一些明显的做法来保存男性主义。更简言之，在全国不同地区，资本主义向父权主义提出了不同的挑战。问题是男性主义是如何适应变化 192
了的条件重新形成的。进一步说，资本主义和父权主义之间的融合过程在不同地区产生了不同的结合体。这个结合体从性别关系特征的角度来看清晰可见，在妇女的生活中也清晰可见。

不同地方的社会结合体是我们在本部分要讨论的问题，我们感兴趣的是构成了地方独特性的各种因素。

我们选取了四个地区来讨论，这四个地区不仅存在不同的"产业"，还存在不同的社会生产方式：英格兰东北部的煤矿，棉织城镇的工厂生产，伦敦市区的血汗工厂以及芬斯地区(Fens)的农业集体劳作。一篇文章难以详尽描述这些地区的复杂性，我们的目的是希望通过指出它们之间的最大差异来阐述我们的观点。

自从19世纪的各种差异产生以来，所有这些地区又都经历了更多的变化。在本文第二部分，我们直接跳到了20世纪的最后几十年，提出这样一个问题——它们现在情况怎么样？有一点很清楚，虽然很多全国性变化可能已经缩小了各种差异，但从性别关系和女性生活角度来说，这些地区仍然具有自己的独特特征。虽然它们都发生了变化，但每一个地区的特征都很不同。在本文后面的部分，我们集中关注了其独特性的再生产和转型中的两条线索。首先，这些地区的经济结构都发生了不同的变化，它们都以不同的方式融入了全新的、更广泛的空间劳动分工，即全新的国际劳动分工。换言之，英国全国性的经济变化在任何一个地区都是不同的。经济活动或经济停滞的全新状况和旧状况重叠在一起，和旧层次一样，在不同地区也是不同的。其次，最近的一些变化造成的冲击本身就是由不同现存条件以及对过去的旧认识的继承造成的，最终产生了不同的结果。"本地"对"全国"已经造成了影响。

一、19 世纪 193

(一)煤炭是我们的生活：谁的生活?

危险、辛苦，男性团结对外，女性受到压迫，这是 19 世纪很多矿区生活的经典写照。男性生活和女性生活被完全割裂开来：男人挣钱养家，女人做家务，女人远远谈不上什么“家庭的天使”，那只是维多利亚时代被夸大的中产阶级理想女性的形象。在维多利亚时期，英格兰的经济组织变化和女性地方的特定观点相互作用，产生出了严苛僵化的等级和父权社会。德拉姆(Durham)矿区就是一个很好的例子，这些村庄到处都是矿井和矿主。几乎所有的男性都在矿井里讨生活，矿井就是一个纯粹的男性世界，女性劳动力从 19 世纪中期就被禁止进入矿井。男性是工业无产者，向寡头老板出卖自己的劳动力。挖矿是一项精疲力竭又危险频发的工作。每天，男人们冒着生命危险在恶劣环境中工作。风险共担让男人形成了一种特殊的团结精神，男人们力气大，能干活，这都赋予了他们男性的阳刚气概。工作场所内共同面对危险也让男人们在工作之外形成了共同的利益关系：他们说着矿工特有的语言，去相同的俱乐部和酒吧，对运动有共同爱好等。女人则被男人的职业场所驱离，更糟糕的是，她们也被当地主要的政治和社会生活排斥在外。

在这些地区，适合妇女的有酬工作机会少得可怜。年轻女性从事家政服务，已婚女性则干一些零工，如洗涮、装饰或照顾孩童，报酬微薄。但是，很多家庭都有这样的情况：男性工资是家庭的唯一收入，根本没有闲钱来支付这些服务。对于所有的矿工妻子和矿工的女儿来说，操持家务，花费大量时间却又没有收入是她们的唯一选择。煤矿地区的社会结构造成了男性和女性之间不平等的经济社会关系，进一步加重了妇女的从属地位。矿工的工作给妻子和家庭带来极其繁重的家务负担。当时的井下作业肮脏不堪，在矿井口安装淋浴和配备工作保护服在很多年以后才实现。妇女们要在火上架上铜锅，把水烧开，然后把工作服放在热水里煮，此外，洗衣服、洗澡、擦地板都
194 要用热水，都要用火加热。男人们工作三班倒，女人们在家里一刻也不得歇息：要洗衣服，要给男人擦背，要把热菜热饭时刻都预备好。

> “只有周六晚上我才能在床上睡觉”，一位矿工的妻子说，“男人和三个儿子都是三班倒，一天二十四小时，每三个小时就有一个人要出门去上班去或者下班推门进来，嚷着要吃饭。”（韦布，1921，pp. 71—72）

这个例子可能有些极端，但这样的例子还有很多。

矿工自身在工作上受到别人的压迫，导致他们在家里经常都是专横霸道，对妻子呼来喝去，虐待辱骂。面对自己受到的剥削，好像他们并没有作为一个阶级联合起来反抗资本主义，相反，他们作为一个性别群体压迫女性群体，或者在一种性别团结的框架下，集体压迫一个特定的女性群体。她们被男人关在家里，就是为了成为他人的出气筒（弗兰肯伯瑞，1976，p. 40）。男人在家里就是大老爷，一位德拉姆的男性 20 世纪 20

年代就在矿井工作，他这样描述自己的父亲：

> 他很自私。哪怕只有三块甜饼，他肯定会要最大的那块。饭还没做好，他就已经拿着刀叉坐到饭桌旁……报纸只有他看完了别人才能看。(《共同的强硬话语》，1977，pp. 11—12)

所以在这些矿区，性别关系呈现出一种特定模式。全社会的思想意识和本地情况共同作用，造成了一种特有的父权关系——基于男性女性生活的极度隔绝的父权关系。男性高高在上，男性主义在很多地区的经济和社会生活中成为一种既定的、几乎是毋庸置疑的事实。父权在这些地方一直延续着，直到下个世纪的中叶。

(二)棉纺织业城镇：情况恰恰相反?

男主外女主内的情况在整个资本主义英国都是如此，并非只有煤区才是这种情况。只是这些地区的情况更极端，表现形式也很特殊，但其实煤区和其他地区还是存在差异的。

如果把整体情况比喻成一个光谱，那么在这个光谱的另一端，最广为人知的例子就是英国西北部的棉纺织业城镇了。这个地区的特殊之处在于，在这一地区，长期以来，女性们都在外工作挣钱。很多人都忘记，对于基于工厂的工业资本主义来 195
说，早期劳动力主要是女性。“从这个意义上说，工业是对传统的社会生产性别分工的直接挑战”(亚历山大，1982，p. 41)。在曼彻斯特周边的棉纺织业中，这一挑战首先出现了。

和德拉姆比起来，在这种情况下维持父权关系要困难得多，但是还是有人开始行动起来。纺织业的家庭纺纱一直都是女工来做，这时也开始由男人接手。在人们看来，靠驴骡进行的工作又累又难，所以要由男人来做(霍尔，1982)。女人工作对男性特权形成了挑战，于是男人组织起来，维持自己的特权。

> 赶着骡子的纺纱工并没有轻易放弃自己的支配地位……在1829年召开的马恩岛会议上，他们做出了如下规定："除了纺纱工的儿子、兄弟，或成为孤儿的外甥、侄子，任何人不得学习或从事纺纱工作。"对于那些女性纺纱工，他们提出她们要成立自己的工会，开始严格控制行业准入。从那时起，女性纱工的数量日益减少。(霍尔，1982，p. 22)

但是，如果男人在纺纱方面赢了，织造这一块他们就输了。机器织机的出现非常关键。有了机器织机，工厂代替了织工，而工厂雇佣的主要是妇女和儿童，这造成了一个真正的挑战：

> 一贯占据家庭主要收入来源的男人们失业了，或者收入一下子少得可怜，而妻子们和孩子们却到工厂去工作了。(同上，p. 24)

"这个问题"并不局限于织工这一群体。事实上在一些城市里，大量的已婚女性走出家门工作，从事纺织职业，这意味着更多的工作机会被创造出来提供给了其他女性。女性织工如果在家从事家务劳动不会得到任何报酬，但现在其他女性通过替她们操持家务得到报酬（如洗涮缝补等）。更进一步来说，男性工作岗位的减少也成为女性工作挣钱的另一个动机（安德森，1971）。

这种情况对男性工人阶级造成了严重的竞争，令维多利亚时期的中产阶级产生了道德上的愤慨。

> 当时存在着慈善家、国家（代表资本集体利益）以及由工会运动和宪章运动为代表的男性工人阶级之间的“利益巧合”，工会运动和宪章运动共同发挥作用，减少了女工和童 196
> 工的数量，减少了工作时间的长度。（霍尔，1982，p. 25）

同样，在全国范围内也展开了关于“家庭薪水”的讨论，进一步将女性的有酬劳动（挣零用钱）附属于男性的有酬劳动（挣钱养家）。从家务劳动到工厂生产的转变首先发生在棉纺织业城镇。

> 人们可以看到，这种转变引发了性别劳动分工的一段过渡和重新调整时期。男性已经面临着很多自己职业上的问题，现在家庭经济的崩塌进一步挑战了男性的家庭领导地位，现在，他们需要重塑男性权威。（霍尔，1982，p. 27）

虽然重塑了家庭地位，这一状况在棉纺织业城镇还在继续。和其他地区相比，有酬工作的女性从业者数量很多，尤其是在相对需要技术的工种中，在纺织行业中。

> 在很多情况下，家庭并没有因为妻子工作就完全解体，而是变得上下颠倒了。妻子挣钱养家，丈夫待在家里，照顾子女，打扫做饭。这种情况经常发生：仅在曼彻斯特，大约有好几百名男性就从事这样的生活。不难想象职业男性的愤怒之情，他们被颠倒的家庭关系惹恼了，而其他的社会关系却一切如旧。(恩格斯，1969，p. 173)

兰开夏女性从事有酬工作的传统和英国其他地区比较起来更为深厚久远。在 20 世纪初期，利丁顿(Liddington)写道："为什么那么多的兰开夏女性会走出家门工作？世纪之交，女性具备经济能力这一社会传统经过三代人的传承，已经变得根深蒂固。女性不工作甚至是难以想象的。"(1979，pp. 98—99)

这一传统还产生了更广泛的影响。兰开夏的女性加入工会的规模之大远超英国其他地区："在棉纺织业城镇，具有工会会员资格在女性当中是一件很平常的事情。"(利丁顿，1979，p. 99)19 世纪，独立自主的纺织女工以胆大无畏为众人所熟知，利丁顿做过这样的描述："兰开夏的女性，具有工会会员资格的
197 人数远超其他地区，她们有自己的组织，很独立，很自信。"(1979，p. 99)于是，这些有组织的女性工人阶级于 20 世纪初在当地发起了争取参政权的运动："兰开夏在女性主义历史学家心目中一定占据着特殊的地位。当地特有的工业文化孕育了这批激进的妇女参政论者，使得她们得以发动一场声势浩大的政治运动，为包括她们自己在内的女工发声。"(同上，p. 98)

激进的妇女参政论者具有工人阶级和女权政治双重特性，她们向中产阶级妇女参政论者和男性工人阶级发起了挑战。但是最终，恰恰是她们与众不同的独特性使得她们受到了孤立，她们的与众不同体现在她们是激进的工会会员，并且还是女性，除此之外，具有讽刺意味的，还有她们高度本地化的特点：

> 激进的妇女参政论者最终没有获得她们所希望的政治影响。她们发起的改革——其中最重要的就是议会投票权——需要位于威斯敏斯特的国家立法机构的支持。在兰开夏，有几千名女工支持她们的主张，所有的女性工会成员中，六分之五是纺织工人。没有其他女工群体能比得上她们的组织规模、她们的（相对的）高工资，以及她们身为熟练技术工人所具有的自信。但是，她们的力量只是地区性的，而非全国性的。当她们想把自己的策略运用到其他地区的女工或者全国的政坛上时，成效甚微。最终，激进的妇女参政论者在当地所具有的优势长期来看反而成了一种弱势。（利丁顿，1979，p. 110）

（三）哈克尼（Hackney）的成衣业：适合女性的工作？

但是，在英国的其他地区还有一些行业，女性也同样从事有酬工作，条件和棉纺厂的条件一样糟糕，但是这一时期，没有人对女性工作提出一点抗议和不满，其中一个地区就是哈克尼。在这一地区，充斥着血汗工厂，这是当地劳工组织的主要形式。

从男性的角度看，这种形式的女性工资关系有何不同？女性工作为什么令人感到威胁？霍尔(1982)列举了一系列原因解释这种威胁。首先，女性劳动力成为有酬劳动力，女性自己挣钱从某种程度上来说就具有了经济独立的不稳定因素，这是兰开夏的纺织工业和伦敦的血汗工厂的共同点。但是，它们的差异在于家庭和工作场所的空间区分，伦敦血汗工厂的劳动过程
198 的主要地点是家庭作坊，有酬工作都是在家庭中进行。而兰开夏是工厂的诞生地，有酬工作意味着离开住所，到工厂上班。所以这并不会像“走出家门”工作那样对父权秩序造成威胁，“走出家门”工作对父权秩序造成的威胁表现在两点：它威胁到了女性充分扮演家庭角色，即照顾男性和子女的能力，同时，它为女性提供了一个入口，让她们得以进入公共生活，进入男女共同工作的公司，进入一种除了家庭和丈夫还有其他内容的生活。

这是工作的社会和空间组织的一种关键变化。这一变化对男性和女性一样重要。兰开夏的女性真正走出了家门，而在家工作的影响则不同：工人仍然局限在家庭的私人空间里，个体化，与其他工人隔绝开来。而当时棉纺织业女性的工会化比例比在家庭工作的伦敦女性高得多。

还有，从工作的性质对性别关系的潜在影响来看，工作性质也很重要：

> 只有那些与女性的自然场所(natural sphere，即家庭。——译者注)重合的工种才会得到鼓励。这种倾向和歧视与工作所具有的危险性和不适性没有什么关系，因为当时也没有什么太多选择，比如说，是在矿井工作，还是在

> 伦敦的成衣业工作。但关键是没有人提出，血汗工厂的针线活不应该由女性来干。（亚历山大，1982，p.33）

再想一想矿区和棉纺织业城镇的区别，两者的经济结构和性别关系及角色的区别。很明显，两个地区之间的区别并不简单源于有酬劳动的存在或缺失，我们已经提到了其他因素，比如矿区存在的男性主义，但是，这也和兰开夏女性从事的工作性质有关：她们的工作是工厂工作，操作机器，在家庭之外工作。所以在19世纪伦敦的血汗工厂，资本主义和父权主义一起发挥作用，对男性支配地位造成的威胁较小。

此外，资本主义和父权主义在当时的伦敦内城联合起来，产生了一种很独特的结果。女性工作的血汗工厂，尤其是成衣业，位于伦敦这座大都市的中心区域，这是有很多原因的，其中最重要的原因是工厂可以很快接触到服装业的快速变化。但是它们也需要廉价的劳动力。

在家工作对父权关系的冲击不大，同时还是控制成本的一 199
种方式。但是成本(工资)的控制还得益于劳动力的极易获取。这部分是因为移民的存在，以及移民在劳动力市场的弱势地位，但是这也和男性一直以来的低收入和工作不稳定有关(哈里森，1983，p.42)。哈克尼的女性需要工作以得到报酬。这种特定的哈克尼的父权影响和其他的一些“地方化因素”一起发挥作用，影响了服装行业。

虽然哈克尼的社会组织和女性的工作性质对男性构成的危险要小于产棉区，但是，在哈克尼，男性仍然有一些防守战要打。新移民大军里也有男性。很显然，两性从事同样的工作，具有同样的地位、同样的收入，这对男性主义也是一种干扰。服装行业内部出现男女分工很大程度上和男性在移民社区的主导地位有关。他们并没有使用在兰开夏非常成功的“技术”和“繁重劳动”这一含糊不清自相矛盾的标准，因为在服装行业，任何劳动都符合这一标准。菲利普斯和泰勒(1980)曾经描述过这种情况，他们在生产中所建立的性别分工，是基于工作的极细微差异，这些差异随着时间流逝而发生变化，以及想方设法将男性的工作设定为技术性的熟练工作，而女性的工作则没有如此。

(四)农村生活和劳动

最后的一个例子来自英格兰东部的芬兰地区(Fenlands)，劳动力分工和性别关系又一次呈现出不同的形态。在19世纪东英格兰的乡村以及兰开夏的棉纺织业城镇，有很多女性“走出家门工作”。但是在东英格兰的乡村，没有煤炭行业，没有纺织业的大工厂生产，也没有成衣业的血汗工厂，经济生活完全被农业主导。在这里，农场面积巨大，绝大多数人口是无地农民，构成农业的无产阶级。黑色的土地需要大量的人力来筑堤、挖渠、捡石头、除草。这些劳动增加了19世纪的可耕种土地的面积(塞缪尔，1975，p.12，18)。女人是农业劳动力的重要组成部分，在田间从事各种繁重劳动，同兰开夏的女性工作一样，
200 她们的劳作也同样激起了道义上的愤慨：

> 很多劳动力所挣的薪水微薄，这迫使妻子们也不得不出卖自己的劳动力，参与田间劳作。在维多利亚时期的人们看来，这是一种非常可憎的行为，因为这赋予了妇女以

> 独立和自由，与她们的性别不相吻合。“她们通过双手劳动获得报酬从而获得社会独立感，无论她们是在田间劳动，还是在家里从事堆草劳动”，亨利·亨特博士在1864年写给枢密院的报告中写道：“都令农村女性的道德和体面尽失。所有的社会就业都为这些女性的外貌和习惯提供了一种本地化的特征，而依靠男人过活才是她们谦逊和可爱举止的根源。”1867年颁布的第一份《童工、年轻人和女性在农业领域的就业报告》的表述则更为强硬，田间劳作不仅让女性“丧失性别”，而且还“产生了一种更为深远的社会意义上的害处，那就是使她们不再适合担当其应当承担的家庭角色”。（张伯伦，1975，p.17）

这一地区的农业社会和空间结构也同时影响了就业的容易与否，以及就业的性质。除了在田间劳作，妇女几乎没有什么机会可以挣钱。即使她们没有远离家乡，她们也经常需要成群结伴，长途跋涉。在维多利时期的社会习俗看来，这造成了严重的影响。

> 从资产阶级体面性的角度考虑，年轻女性劳动力的最糟糕形式，就是“群体”结伴而行，19世纪60年代，一个专门委员会对此进行了调查，同时还引发了大量义愤填膺的评论。在东英格兰和英国中东部的芬斯地区（Fens），这种情况尤为明显。这些地区的农场都很大，但劳动力人口却很分散……田间劳动力不得不从很远的地方借来，经常是长途跋涉，成群结队而来，这些人从一个农场到另一个农

> 场，从事某些特定的工作。（基特林汉姆，1975，p. 98）

在兰开夏也有相似的情况。但是在芬斯情况又有所不同。尽管对道德、家庭、女性的温柔气质和从属地位也造成了潜在的威胁，但是在芬斯地区，在田间劳作，哪怕成群结队远离家乡工作，也没有像在兰开夏那样，导致各种社会变化，以及对既定社会规范的破坏。在这一地区，女性的有酬工作好像并没有对男性在家庭中的至高地位造成威胁。部分原因是因为女性工作的性质不同。这种田间劳作经常是季节性的。田间劳作的
201 社会和空间组织与工厂劳作非常不同，经常没有保障。每一个劳动群体都要独自和大土地拥有者就工资进行谈判，女性们没有工会化，她们不是在工厂工作，不像棉纺织业城镇的女性工人一样是工业无产阶级。同时还有一个和矿区一样的原因，即男性也是劳动力，男性作为主要劳动力常年受雇而非季节性受雇。就像矿区作业一样，农业劳动又脏又累，令农村妇女背上了同样繁重的家庭劳务负担。

一个深远的影响体现在农村生活方面。农村生活相当保守，从社会意义、两性意义和政治意义上来说都是如此。这片土地上的女性没有变得像棉纺织业城镇的女性一样激进。两性关系维持不变。女性伺候着男性，男性女性一起伺候大土地拥有者。没有人想要搞什么政治上的兴风作浪。

> 科茨沃斯家族（Coatesworths）统治着乡村，人们投票给保守党，希望长期持有一份工作，而自由党是失业者和穷困者的党派。不仅男人对政治感兴趣，女人也感兴趣，

她们必须要感兴趣，因为男人的政治选择对于男性的就业和生活至关重要。（张伯伦，1975，p. 130）

二、她们现在情况怎么样？

现在这些地区的情况如何呢？重工业区对女性家庭角色的传统态度经过二战巨变还有没有保存下来？兰开夏的女性是否还保存着自己的独立性？这独立性一度让维多利亚时期的中产阶级焦虑不已。20 世纪，很多领域的经济和社会生活都发生了天翻地覆的巨变。交通革命将全国各地联系在一起。电视、收音机、录像机和国家媒体减少了地区隔离，加快了新观点和新看法传播的速度。社会习俗、家庭角色以及家务劳动的变化都令离婚率增加，同时，从二战结束一直到 20 世纪 70 年代末，女性参与到有酬工作的人数迅速增加，这都产生了一定的影响。但是，我们要说，区域差异仍然存在。

我们在概要中提到，我们会循着两条线索探寻本地独特性产生的过程。第一条是在全国范围内，从地理角度探讨差异。现在英国超过百分之四十的有酬劳动力是女性，绝大多数是已 *202*
婚女性。这种女性工作增加的后果之一造成了一个悖论，即区域差异既增加又减少了。劳动的性别分工在不同地区的变化方式不同，这部分是由于它们之间的模式不同。工作女性比例的地区差异在减少，但是其必然结果自然是：新工种和新就业机会增加最大的地区就是那些之前女性从事有酬劳动的人数极少的地区。以上讨论的四个地区都以不同的方式进入到一个全国性的就业失业结构之中。此处，我们无法解释这种全新的空间模式。但是，我们希望阐述的是性别关系本身的形式，以及女性在这些地区之前的经济和社会历史，希望可以成为解释的一条线索，虽然只是一条线索而已。

这些地区的经济结构都经历了不同类型的变化。在很多方面，和棉纺织业城镇及哈克尼比较起来，东北部和东英格兰地区的女性就业机会的增长意义更大。同时更重要的是，这些变化本身和当地情况结合起来，影响了变化的过程和效果。将芬斯地区和东北部煤区比较起来，就业机会的增加对女性的影响肯定不一样。这就是我们在讨论不同地方的再生产时的第二条线索。

本文余下部分将阐述过去和现在模式的联系，即在全国不同地区，人们对女性和男性在职场和家庭中的角色的态度变化(其本身和之前的经济角色相联系)如何随着时间流逝影响着全国范围的有酬工作性质和组织的变化并且被其影响。目前某些特定地方的劳动性别分工是多阶段连续作用的结果。空间和地点仍然很重要，男女性别结构在地区之间以及地区之内都存在差异。伦敦内城的生活和芬兰区，东北部煤区以及曼彻斯特纺织业的生活仍然不同。现在的男女劳动分工仍然不同，有酬工作的结构和组织仍然不同，甚至各地区之间的空间形式也存在差异。

(一)煤炭就是我们的生活？

煤矿工作机会的减少是英国二战后众所周知的一个事实。
203 生活在传统方式中的东北部男性女性是如何对这种减少做出反

应的？这些变化挑战还是加强了东北部的传统男性主义？今天的东北部所发生的一切，很大程度上令人想起了一百年前棉纺织业城镇所具有的一些意象以及社会反应。而现在东北部，家庭正在上下颠倒过来，父权主义遭受到走出家门工作的女性的威胁。在20世纪60年代初期的旧矿区，所有成年女性在外工作挣钱的比例不到四分之一。截至目前，这一数字已经涨了两倍。部分原因是由于19世纪的地方独特性，这一地区的女性缺乏从事有酬劳动的传统，也没有成立过工会。当然，正是这些特点对雇佣女性的工业产生了吸引力，在六七十年代，这些工业在德拉姆成立的分厂数量不断上升。

东北部的新就业机会主要针对的是女性，主要集中在房地产交易以及两个新城区里，这两个新城区的建设主要是为了吸引工业投资，改善住房条件。移居到彼得利(Peterlee)和华盛顿(Washington)新城区的女性为纷至沓来的公司提供了廉价、灵活、无经验的、固定的劳动力资源。除此之外，男性失业加上搬进新居导致的租金上涨也进一步推动女性进入劳动力市场。

男性对新劳动力分工的敌意几乎无时无处不在，他们对女性抢了男性的饭碗深感愤怒，恳求得到“体面的工作”。在当地的经济结构下，他们认为包装、处理和流水线工作是对男性自尊的一种冒犯：“我认为很多男性感觉无法接受流水线工作；他们自尊心很强，无法接受从事这种工作。很多看法都根深蒂固地存在于东北部当地男人心中。”(刘易斯，1983，p. 19)似乎新雇主们也持有类似的想法：“我们主要招收女性劳动力……我们的工作更适合女性，很枯燥，我感觉我们很老派，仍然把这种工作看成是女人的工作……男人不会感兴趣的。”

缺乏兴趣正中雇主们的下怀：一旦工作被界定为“女性工作”，这些工作就被划归到无须或只需少量技术的范畴，也就是低报酬的工作。工厂老板解释道，还有一个好处可以利用：

> 我们将全职女工换成兼职女工(!)……尤其是在包装线上……因为两个兼职女工比一位全职女工还要便宜……如果她们每周工资低于 27 镑，我们就无须支付国民保险，女
> 204 工们也无须支付印花税票……我们提供的工作时间和她们的社会生活很相符。(刘易斯，1984)

所以，如果男性不在外工作，那他们做什么呢？此处的男性是不是也像他们兰开夏的同性一样，“被迫从事家务劳动”？他们才不会。一位前矿工妻子在 1983 年《女性时间》上发言时回忆说，她的丈夫只有在夜晚黑暗的掩盖下才会极不情愿地将洗好的衣服晾出去！

但是情况正在改变。在彼得利，男性推着婴儿车走在路上。在泰恩河畔的纽卡斯尔，议会有一个附属女性委员会。电视从业者会询问东北部失业男性从事家务劳动的情况，关注相应的社会和心理问题。虽然工酬阶层的主导文化仍然是俱乐部和酒吧文化，但是男性主义现在受到了威胁。1984 年的煤矿工人大罢工好像决意要将性别关系更向前推动一步。两性之间的新界限被划定了。旧的传统性别关系模式是新性别分工的重要条件，而现在旧模式在劳动力市场上受到了攻击。

(二)农村的工业?

芬斯地区的生活改变了吗?在某种程度上，是延续性而非变化性将过去和现在联系起来。对于很多女性，尤其是年长女性来说，在田间劳作仍然是她们受雇的主要形式:

> 穿着厚重破烂的工作服，在严酷的天气下从事繁重的劳动，工作服里还塞着报纸以抵挡寒风……为了方便而结婚，或为了结婚而结婚……要在田间劳作，又要在家里操持。贫穷，无论男女都遭受地主的剥削，女人还要遭受男人的剥削。(张伯伦，1975，p.11)

生活和祖母、太祖母的生活没有什么不同。仍然成群结队去工作，田间劳动的性质也几乎没有什么变化。给鲜花除草、采花都要靠手工。芹菜和红菜头的播种收获都要手工操作。这些工作都被认为是“女人的工作”。报酬极低，只在某些季节才有，但又极其辛苦，背都要累断了。但是，男人的田间劳作就不同，他们被看作“劳动力”，工作相对固定，也享受全职收入，还有机械可以辅助劳动。

但是生活还是已经发生了变化。小城镇和芬斯这样的农村地区受到青睐，在六七十年代被选为新分厂和工业分流的地址。205
这里的劳动力很便宜，尤其在当地人没有什么选择的情况下;也相对无组织，尤其对于年轻女性来说。新就业机会的流入也带来了更多的就业机会，同时提供了一种方式，使得她们可以作为男性低工资的补充，同时也使得她们可以和他人交往，走出乡村那个小小的世界。

但是，这些工作，甚至从事这些工作的可能性对女性生活的影响也受制于当地条件，包括性别关系。此地仍然是一个高度农业化的地区，新工作机会都来自附近城镇。所以，除非工厂提供交通工具(有一些工厂是这样)，出行是一个主要问题。公共交通相当有限，而且现在越来越有限了。有公共汽车，但对很多地方来说，一周只有一次。也不是所有的家庭都有汽车，极少有妇女有辆车可以每天使用，更谈不上有什么自己专用的车了。对很多女性来说，自行车是出行的唯一选择。

这也产生了其他影响。对于那些花很多时间去工厂上班的女性来说，工作时间(包括花在路上的时间)非常之长。从事家务劳动的时间就被压缩了，劳动强度也相应加大。留在村子里的女性的生活越来越封闭。许多工人，无论他(她)们是这些人的丈夫还是女性朋友，许久都难见一面，各种服务设施，商店、医院、图书馆等，都逐渐地从乡村迁移出去。

面向女性的工业就业机会的增加似乎对芬斯的社会关系造成了相对较小的影响。这部分是当地状况造成的。今天芬兰区的乡村依然很保守，政治上和社会上都是如此。离婚、“左翼”政治、妇女独立都是非常罕见的事情。

旧的文化形式仍然在很大程度上没有什么变化：

> 虽然爱情药水和稻草做成的爱人结已经消失了，但在大斋节和五月结婚仍然被看作不吉利的行为。安产感谢礼这种古老的分娩之后的清洁仪式，仍然实行着。由于社会的宽容，婚前性行为和未婚先孕作为对待婚姻的功利性行

为被保存了下来。在一个农业社会里，儿子更加重要，不会有人去娶一个不能生育的女人。（张伯伦，1975，p. 71）

在谁做家务事的态度上也很传统：

没有女性在孩子小的时候出去工作，反正“也没有什么工作可做，也没有什么儿童托管机构。很少有妇女会让孩 206
子们在大街上玩，一定要让孩子打扮得干干净净的才出来见人。很多男人回家吃午饭，总能吃上热饭”。（同上，p. 71）

虽然有几样工作可以做做，但远远不能完全改变这一地区女性的生活方式：

虽然就业不再取决于正确的政治路线，乡村仍然等级森严，遵循着选区的模式（一定是投给保守党）。在一个等级森严的社会里，如果主人都是男性，很多女性对政治就提不起兴趣，或者不会投票反对家庭或社区的既定秩序……很多女性不得不沿袭自己熟悉的生活。丈夫们仍然是家庭的物质供应者，是她们生活的主人。（同上，pp. 130—131）

东英格兰的性别关系很明显几乎没有受到新就业机会的影响，更谈不上什么“上下颠倒”。

(三)一个区域性的女性问题?

兰开夏棉纺织业城镇的变化非常之大。重要工业提供给该地区女性的就业机会几十年以来一直在衰退。这一地区女性是劳动力的主要来源，这些女性已经和其他地区的工人一样非常熟练，已经适应了工厂劳作。但是，六七十年代寻求女性劳动力的新工业没有来到这一地区，或者没有像在其他地区一样扩展。

原因虽然很复杂，但是也和资本家与父权结构错综复杂的关系有关。首先，在这一地区，没有区域政策的支持。20世纪的大部分时间里，兰开夏的棉纺工业的就业人数一直在大幅减少，减少幅度和煤矿区等其他地区相当。但是棉纺织业城镇从来没有享受到开发区这一地位。原因是受援助地区是基于失业率选择出来的，而将女性定义为依附者可以获取不同的税率水平和补贴，签约受雇往往意义不大。所以，失业增加不一定会使得区域失业率显现出相应的增加。但是，开发区并非仅仅是基于失业率选定的。它们涵盖的区域更广，基于更加宽泛的经济下滑和复苏需要。棉纺织业城镇没有被选定的原因，部分是由于对女性就业问题的无视。

207 所以缺少区域性的政策刺激很有可能是一个相对重要的因素，它阻滞了这些企业在全国范围内寻找新的厂址。但这并不是全部的原因。新工业也搬迁到其他一些没有政策支持的地区，比如东英格兰。所以有很多其他因素在其中发挥作用，但是其中之一肯定是，棉纺织业城镇的女性一直以来无论从个体上还是整体来说，都不属于“绿色劳动力”。女性长期在工厂工作的传统，她们相对独立的经济能力，这些都一直延续了下来。尽管棉纺织业衰落了，但是女性仍然相当活跃。随着时间的延续还产生了一些新的特征。凯特·珀塞尔对20世纪70年代斯托克波特(Stockport)的情况进行了研究，结果发现：

> 很明显，女性就业的传统和她们当前的经济活跃程度不仅影响了女性的活动本身，也影响了她们的就业态度和就业经历。我在斯托克波特采访的已婚女性，认为女性工作很正常，女性必须工作。在斯托克波特，女性经济活动率一直很高，高达45%，而在赫尔(Hull)，对相同背景的女性采访时，她们很多人都把工作看成是偶尔为之，在赫尔，已婚女性工作是近年来才出现的现象，而且男性失业率也很高。(珀塞尔，1979，p. 119)

就像男性工人经常出现的情况那样，自信和独立这两个特点并不能吸引新投资。

但是不管具体原因如何，棉纺织业城镇的女性现在面临的变化和煤矿区的妇女面临的变化非常不同。她们并没有脱离男性获得一种全新的独立；在某些地方，在某种程度上，这种独立性还降低了。人们认为女性的失业并不会对家庭生活造成影响，或者会导致电视播出挑战性别关系的节目，因为无论如何都是女性做家务。丢了工作，她们还继续做自己的(没有报酬的)家务工作。

(四)哈克尼：仍然心烦意乱

哈克尼发生的一切加重了剥削和从属这一旧模式，而非建立新的模式。制造业的就业机会已经减少了，但是成衣业仍然
208 是就业机会的主要提供者。和煤矿区以及芬斯地区的妇女一样，哈克尼的妇女们也明显拥有一些受资本青睐的优势：女性劳动力很便宜，而且无组织，有工会会员资格的人还不到10%（哈里森，1983，pp.69—70）。此外在伦敦内城，劳动力的空间组织、家庭和工作地点的重合提高了这一优势：杂项开支(照明、供暖、机器维护)都由工人自己承担；工人也没有社会保险；她们在空间上的彼此隔离也使得她们不可能联合起来要求提高薪资水平等待遇。

所以考虑到这样一群弱势的劳动力对于资本显而易见的好处，为什么没有跨国公司分厂的大量涌入呢，为什么没有电子产品流水线之类的公司呢？最近几十年以来，针对女性的新就业机会大大增加，尤其是在服务行业，如果说在哈克尼内部不是这样，至少在哈克尼周边一些地区，在伦敦中心是这样。但是，在当时，由于六七十年代的大生产资本和大规模生产主要在发达地区和更加偏远的农村地区，所以这一弱势劳动力群体几乎没有什么优势。即使是较大的服装公司(它们具有更长的生产流程、工厂劳动过程，以及本地化的灵活性和资本来建立新工厂)也在其他地方建立了自己的分厂，或者在英国周边地区，或者在第三世界。那么，为什么没有选择哈克尼呢？部分是由于哈克尼的女性落后了，在第一世界的那些有卫星城市的大都市的制造业进行大范围的分流之后，她们落后了。还有部分原

因在于她们是服装行业本身不断变化的劳动国际分工的牺牲品。在家工作对于资本来说确实是优势，但是这种使得女性劳动更为便宜的做法对于电子产品流水线或者其他非个体化的生产来说是毫无用处的。这种利用劳动力弱势特点的做法只适用于某些类型的生产过程。

涌入伦敦中心的服务类工作比制造业工作对女性更有吸引力，无论是薪资还是工作条件都是如此(见马西，1984，第四章)。但是在服务行业就职并非是每个人都能得到的工作。对于女性来说，她们或多或少都受制于家务琐事，对于一些本地化程度很高的地区来说，在服装业等行业就业并且在家里工作越来越成为一种唯一的选择。考虑到家庭中的劳动分工，在家工作让一些女性受益匪浅：

> 如果收入合适，在家办公适合很多女性来做：比如有的女性希望留在家里照顾小孩，有的不喜欢工厂的纪律和时间约束，希望可以自己安排时间，又如身处深闺的穆斯林女性。(哈里森，1983，p. 64)

但是在家工作的收入很少“合适”。哈里森描述了1982年哈 209
克尼的工作类型和收入情况：

> 在哈克尼有很多可以在家从事的工作：做手袋、在卡片上钉扣子、包装贺卡、给圣诞节鞭炮装炸药、组装插座和圆珠笔、给鞋子定鞋垫、串项链。根据工种和工人劳动效率的不同，薪资差异很大，但是很难高于1981年服装行

> 业女性每小时薪资的平均水平，即一个小时很难高于1.75镑，而这一薪资水平已经是所有行业中的最低水平。其实，很多都要低于薪资协会规定的服装行业最低的每小时1.42英镑(1982年)。考虑到这些薪资水平，有时整个家庭，包括孩子及所有人都不得不参与到工作中……有一位母亲让自己的三个子女帮忙给玩具熊缝上眼睛和尾巴。(同上，pp. 67—68)

全家人都参与到在家工作中或者在小型家庭工厂中一起工作并不少见，尤其在某些少数族裔中。因为小工厂对于大家庭的存活是很重要的：

> 由于以家庭为单位工作，工资都不固定。境况好的时候，收入就多些；境况不好的时候，收入就少些。但收入不会因工作时间长短而变化。

女性在大家庭的背景下受到雇佣，这一点很重要，不仅对于行业组织来说是这样，对于女性生活来说亦是如此。她们可能有收入，但是并不享受一个正常工作机会所带来的其他形式的独立。她们没有走出家庭范围，没有形成自己独立的朋友圈子，也没有形成自己独立的空间范围。在家庭里，女性的双重从属是固定不变的，她们要从属于家里的某个人，这个人是丈夫，是父亲，又是工头，也是雇主。

但是这并不是说最近几十年以来哈克尼地区在家工作的工人没有任何变化，她们也受到了劳动国际分工最近变化的影响。

伦敦服装行业在20世纪后半期受到了廉价进口商品和具有更好工作条件的服务行业争夺劳动力的双重夹击。有些公司很早就被淘汰，对于那些留下了的公司来说，降低劳动力成本是首要选择，在家工作也是一种选择。所以这一行业在伦敦地区的工作越来越多地在这种情况下进行，而同时，工作总量以及实际的薪资急剧下降。对于从事这一行业的女性来说，工作竞争就随之加剧了，从而对雇主造成了更大的利好，加剧了劳动过程的强度。这种就业状况的变化对这一地区的家庭生活带来了更 210
大的压力，这种压力不同于英国东北部以及芬斯地区的生活压力，因为对于哈克尼的女性来说，她们的工作地点就是在家里。

玛丽是一位四十五岁的英国妇女，有一个十几岁的小孩，她这样表述自己的压力：

> 从十五岁起我就开始操作机器，现在我有三十年的经验，效率非常快……但是我现在必须工作努力两倍以上才能挣到这个钱。过去如果老板要赶工期，他们会跪下来求你工作。而现在，他们不会再来求我们了，爱干不干。如果我们和他们讨价还价，他们就说反正能找到人来顶替我们，好像敲诈一样。三年前，一件女士上衣能挣35～40个便士，但现在(1982年)，只能挣15～20个便士……
>
> 以前我五个小时就可以把活干完，现在我们每天要工作十到十二个小时……孩子们都说，妈妈，为什么你要整天坐在那儿呢？我跟他们说，我这么做不是因为我喜欢，而是我要挣钱给他们买吃的、买衣服。但是周日我不工作，因为噪音会影响别人……我整天把自己关在一个存储柜里，

> 把机器放在里面，存储柜大约有三平方英尺，没有窗户。我肩膀一直紧绷着，所以痛得厉害。我现在有大量的衬衫要缝制，必须一个小时要做十六件才能挣到1.75镑，这就意味着每件衬衫之间我连半秒钟都不能停下。连冲杯咖啡的时间都没有。按照这种工作强度，一天下来，我忍不住要尖叫了。要不是吃了镇定剂，我根本没办法应付。我现在很难和别人待在一起，因为我很容易发火。我应该对孩子在青春期出现的问题保持宽容，但是压力这么大，我没办法做到，没办法帮助孩子，一天工作下来，需要帮助的是我。（哈里森，1983，pp. 65—67）

这位妇女的个人经历反映了她所从事的血汗活儿和来自家庭的压力，这是一种在全世界范围内出现的全新的空间劳动分工。哈克尼地区那些低工资、没有加入工会的工人们，直接和第三世界同类型的低科技、劳动力密集型的行业展开竞争。正是由于哈克尼的成衣业的历史以及之前的经济社会生活等级，将这种竞争强加在了她们身上。全国趋势、国际趋势、家庭和经济关系、父权主义、资本主义，所有这些叠加起来在伦敦内城的这一地区形成了特定的一组关系。

米尔顿凯恩斯

发表于1984年

211 **【参考文献】**

Alexander, S.(1982), "Women's Work in Nineteenth-Century London:

A Study of the Years 1820—1850", pp. 30—40, in E. Whitelegg et al. (eds.), *The Changing Experience of Women*, Martin Robertson, Oxford.

Anderson, M. (1971), *Family and Structure in Nineteenth-Century Lancashire*, Cambridge University Press, Cambridge.

Chamberlain, M. (1975), *Fenwomen*, Virago, London.

Engels, F. (1969), *The Condition of the Working Class in England*, Panther, St Albans.

Frankenberg, R. (1976), "In the Production of Their Lives, Man (?) ... Sex and Gender in British Community Studies", pp. 25—51, in D. L. Barker and A. Allen (eds.), *Sexual Divisions and Society: Process and Change*, Tavistock, London.

Hall, C. (1982), "The Home Turned Upside Down? The Working Class Family in Cotton Textiles 1780—1850", in E. Whitelegg et al. (eds.), *The Changing Experience of Women*, Martin Robertson, Oxford.

Harrison, P. (1983), *Inside the Inner City*, Penguin, Harmondsworth.

Kitteringham, J. (1975), "Country Work Girls in Nineteenth-Century England", pp. 73—138, in R. Samuel (ed.), *Village Life and Labour*, Routledge & Kegan Paul, London.

Lewis, J. (1983), "Women, Work and Regional Development", *Northern Economic Review*, No. 7. Summer, pp. 10—24.

Lewis, J. (1984), "Post-war Regional Development in Britain: The Role of Women in the Labour Market", Queen Mary College, University of London, Ph. D. thesis.

Liddington, J. (1979), "Women Cotton Workers and the Suffrage Campaign: The Radical Suffragists in Lancashire, 1893—1914", pp. 64—97, in S. Burman (ed.), *Fit Work for Women*, Groom Helm, London.

Massey, D. (1984), *Spatial Divisions of Labour: Social Structures and the Geography of Production*, Macmillan, London.

Phillips，A. and Taylor，B.（1980），“Notes Towards a Feminist Economics”，*Feminist Review*，Vol. 6，pp. 79—88.

Purcell，K.（1979），“Militancy and Acquiescence Amongst Women Workers”，pp. 98—111，in S. Burman（ed.），*Fit Work for Women*，Croom Helm，London.

Samuel，R.（1975），*Village Life and Labour*，Routledge & Kegan Paul，London.

Strong Words Collective（1977），*Hello，Are You Working*? Erdesdun Publications，Whitley Bay.

Strong Words Collective（1979），*But the World Goes on the Same*，Erdesdun Publications，Whitley Bay.

Webb，S.（1921），*The Story of the Durham Miners*，Fabian Society，London.

第三节　无处不在的性别歧视 212

一、引言

当前关于现代主义和后现代主义的争论也体现在我们的研究领域，双方都宣称自己是女性主义。对于女性主义来说，两者都提供了研究视角。后现代主义提出多样化的声音和观点才更具民主性，还提出要终结亘古以来(以区分于“出于必要性”)由男性主导的学界和社会，终结父权至上的层级制度，但是现代主义确实带来了进步和变化的可能性。虽然现在很多情况都是父权至上(干脆我们承认了吧，包括现代主义本身)，但是情况会发生变化，而且我们可以对多种观点进行评判，历史最终是站在我们这一边的。

现代主义和后现代主义似乎都非常吸引人，我们很难在两者之间做出选择，但是，后现代主义和现代主义都是绝对的父权至上，这一点我们之前已经有所提及(参见弗雷泽和尼科尔森，1988)。如果说一个时代的某一方面最能表现父权至上的无处不在，最能匹配父权至上这一称号，那就是对女性的性别歧视。

在我们的研究领域中，部分关于现代主义和后现代主义之争也表现出了性别歧视，真是令人失望。本文的目的就是要探寻其产生方式及影响。出于这一目的，我集中讨论最近出版的

213 两本新书，苏贾的《后现代地理学》(1989)和哈维的《后现代的状况》(1989)。选这两本书不是因为它们是现代主义和后现代主义之争的代表之作(确实大家还在讨论究竟该把这两本著作划归至哪个范畴)，而是因为它们是，或者有可能成为，我们在地理学领域内的讨论重点。本文不会对两本书进行详尽评论，而只是阐述我在阅读它们时所进行的一些女性主义思考。在我看来，两本书都没有提及或者实际上否定了女性主义以及女性主义的贡献。这说明了一些问题，对我们大家都很重要的问题，问题范围从我们这些学者的写作风格一直到现代主义和后现代主义之争的一些重要概念。实际上，最终的影响还要更大。这两本书都非常关注一对二元的关系：空间和社会，这是一对根本不存在的二元对立。由于关于两者关系的争辩在整个现代主义/后现代主义的转向过程中非常重要，所以指出这一观点的缺点非常重要。我们接下来会看到，引入女性主义观点会给人们关于社会的观点造成挑战，同时也对这两本书所阐述的空间观点造成挑战。

我还要说明一点，写这篇论文时我心存犹豫。我不喜欢那种在公共场合你扔我我扔你的泥巴游戏，也根本不想玩，但是这篇论文有些观点确实非常尖锐。我也不喜欢角斗场上你死我活的搏杀，我只希望这篇论文的论点能在学界引发(或继续)一场更大范围的辩论，因为我并非仅仅对这两位作者有不同意见，而且目前的相关研究尚有许多可商榷之处，包括我自己的一些研究和其他一些女性主义者的研究。选择他们的两本书是因为它们的广度和宽度是其他书不具备的，由于这个原因，对它们进行思考尤其重要。同时，这些问题是我们所有人都要面临解决的问题。此外，另一个我很确信的重要原因是两本书的作者都不想被误认为是反女性主义者。但是我想说，从根本上来说，这两本书其实确实如此。如果它们果真如此的话，不管作者们的本意如何，我们来思考到底为什么会如此就更加重要了。强调一下，我们在此处想要表达的意思，并不是说女性或者性别早就应该更经常地被人提起；而是长期以来对女性主义和女性主义观点的极度忽视最终使得这两本书的作者决意要完成的更宏大任务的努力毁于一旦。

二、女性主义者所面临的后现代问题 214

(一)民主和学术风格

乍一看，后现代视角似乎提供了一个更好的民主愿景，因为它承认存在观点和文化的多样性，这是一个重要的吸引人之处。但这也存在负面影响，比如，这可能会与那些从现代主义视角我们习惯认为具有进步性的，同时后现代主义又禁止我们评价的观点和文化产生冲突。此外，正如哈维所阐述的那样，仅仅认识到某项事物的存在并不意味着可以赋权。

但是，后现代主义给人们的希望之一是，它使得那些长期以来被排挤到边缘的群体受到了重视，无论他们是来自非西方社会、女性主义者，还是较低社会阶层。

在这一个语境下，学者和知识分子所承担的解放性角色之一，就是要为那些之前被忽视的人发声。到底能否做到这点，许多学科都展开了讨论，尤其是在人类学学科内(此方面的概述和讨论可以参见克利福德和马库斯，1986；马西亚·利斯等，1989）。这种讨论在地理学内还有极大的发展空间。但是，在某种程度上，我们可以认为后现代主义已经提出了一些类似的进步观点。这些观点也已经部分为人们所接受。

但是，后现代时期的知识分子还有一个角色（尤其是学界那些有固定薪酬的知识分子），也是我此处想要讨论的问题，即作为“学术界人士”，我们的职责是什么，该如何履行职责。所以，鲍曼（1988）曾经把后现代主义这一概念解释为知识分子的一种反应，面对自己所遭受的挫败，自己之前的权威性风光不再的一种反应。鲍曼的观点是，后现代性的价值就在于它很好地反映和描述了当代知识分子的不断变化的体验。知识分子已经越来越清楚，“在‘后现代性’的话语中……所有参与者……都以‘有机知识分子’的面貌出现”（p. 218），所以鲍曼阐述道，对葛兰西（Gramsci）最初定义的大反转是对不断增加的失败感、无用感和孤立感的一种反应。他后来又分析了知识分子的“地位危机”，总结出了三条主要原因：西方社会对世界其他地方的优越
215 感的终结[“说得好听点，（这种优越感）会被嘲笑为幼稚，说得难听点则会被苛责为种族主义”（p. 220）]；国家对政权合法化需求的下降[这“已经为两种互为补充的武器所替代：引诱武器和镇压武器”（p. 221）]；以及知识分子在不断扩张的文化，尤其是流行文化中的话语霸权已经风光不再[“令人难受的……不是没有人再来听他们讲话，而是没有人再邀请知识分子掌控这一精彩纷呈的扩张”（p. 224）]。

其他作者也对这一观点进行了扩充。欧文斯（1985）不仅强调了人们经常提及的西方文化主导地位的丧失，还提到了来自

西方文化的各个地理位置对现代性的挑战:“令现代性丧失的内部原因和外部原因同样重要。”一直以来,挑战现代性的各种内部原因都来自女性主义。邦迪认为,后现代主义“可以被看成是一种危机,即西方的白人男性所体验的现代性危机,同时也可以看成是他们对这一体验做出的反应”(p. 5)。他们对这一危机做出的反应是要找出一种方式,紧紧抓牢自己的知识霸权,或者至少不让其他人把这一霸权夺走。所以哈索克(1987, p. 196)说道:

> 不知怎么回事,有一点让人感觉很奇怪。民族主义研究需要对被边缘化的“其他人”进行定义,很多的团体都在忙于这样的民族主义,然而,就在这个历史时刻,学界产生了怀疑,怀疑“主体”的本质,怀疑是否有一种通用理论可以描述整个世界,怀疑历史的“进步”。为什么,恰恰在这个历史当口,当我们很多被迫沉默的人开始要求为自己命名的权利的时候,开始以历史的主体而非客体做出行动的时候,就在这个时候,主体性的概念变得“有问题”了?正当我们形成我们自己的关于世界的理论的时候,不确定性开始产生了,怀疑世界是否可以被充分的理论表达?正当我们在讨论我们想要的变化的时候,进步的观点和“有意义地”组织人类社会的可能性却成为被大家怀疑的对象?

同样,马西亚·利斯等人引用伦诺克斯(1987)的话评述道:“一直以来西方的白人男性控制着知识的生产,当他们无权定义什么是真理的时候……他们的反应就是下结论说根本没有什么

真理等待我们去发现。”(1989，p. 15)

此处有很多可讨论。第一，虽然这些观点有些可取之处(我认为是有的，虽然这些观点肯定都不完整)，但将后现代性的状
216 况和关于再现的争辩仅仅解释为“时空压缩”的结果，就像哈维所阐述的那样，是远远不够的。以上提及的观点和哈维的观点比较起来，不仅对文化和学术争辩给予了更多的自主性，更重要的是，从我们这场讨论的角度出发，对政治行为也给予了更多的自主性。此外，就像哈索克阐述的，相比较于更加主流的白人男性现代主义(包括很多的马克思主义)来说，政治行为和学术活动的关系在某些领域要紧密得多，如女性研究、种族研究和第三世界研究，虽然主流的白人男性现代主义也一直宣称自己具有政治相关性。[1]

第二，如果这场危机也存在于学界，学者们会更多地关注学界内的权力和影响，而非通过对他人的充分认可以解放他人的行为。桑格伦说得非常直接，在关于人种论的论述中，他说道：

> 无论一个文本建立了何种“权威”，其最直接的社会影响不是通过殖民和新殖民权力来掌控第三世界的政治经济，而是影响文本作者所在的学术机构。(1988，p. 411)

马西亚·利斯等也说道：

> 克利福德、马库斯和费希尔等后现代人类学家可能会认为，自己正在转变全球权力关系以及人类学学科，但同

> 时，他们也开启了这个全新的学术领域，十年来学者们就在这个领域内争夺学术至高权和学术职位。(1989, p.16)

第三，很有必要认清学界内部和学术争论内部的权力关系。罗蒂(Rorty)(1979)认为，哲学和学术活动应该始终是对抗的，文化交流——一般意义上的文化，应该被看成一种对话，邀请那些被边缘化的群体来参加这一对话。但是哈索克尖刻地指出：

> 我们一直以来都被视为是空洞而虚无的存在，禁止参与讨论，现在有人却期待我们加入和某些人的平等对话中，而这些人刚刚意识到，哲学一直以来都过于自信了。(1987, p.200)

于是，这向所有的知识分子/学者提出了一些严肃的问题，质疑他们在自己的学术群体内的行为，质疑他们的学术论著，质疑学界的权力结构等。这些问题尤其出现在那些已经有所成 217
就的学者身上，在这个群体里，又尤其出现在占社会主导地位的白人男性身上。对于他们来说，如果提出后现代主义并不表示他们希望重现自己作为真理的传播者那岌岌可危的权威性(即使后现代主义比原先设想的要复杂得多)，如果这不是学界内部那些已经占据权力位置的人争取地位的一场游戏，那么我们就要问一下，他们搞的那一套思想到底是什么?

其中表现明显的一个方面和"风格"有关，尤其是写作风格。后现代主义的很多作品都比较虚张声势，矫揉做作，对不属于这个(相当小的)群体里的读者来说，非常晦涩难懂。连"左翼"

也受到了一定影响(并不只有后现代主义者受到影响)，多年来出现了一些非常武断的著作。我希望大家都来讨论一下这一点，所以在此处提出来。

在我阅读苏贾的著作的时候，又一次想到这个问题。《后现代地理学》提出了一个重要的核心观点，我们很有必要就这个观点进行一些交流。该书洞察深刻，发人深省，我从该书中获益良多，但是该书的论述却令人困惑。

首先，是结构的问题。该书开篇名为“序言和后记”，首句为：

> 前言与后记一起写，这对介绍(和结束)一本关于后现代地理学的论文集，似乎是一种非常适宜的办法。这说明从一开始就有这样一种意图：随意摆弄人们熟知的各种时间特征、打破线性文本的正常流动，使其他诸种更为“侧面”的联系成为可能。

接下来是一段非常传统的论述(我们也许应该对此心怀感激)，唯一的“新颖之处”在于一些章节之间存在重复之处，原因可能在于该书收录的论文均已发表过，并对这些论文进行了重新整理。更为传统的一点是，该书在呈现大量历史(比如，关于地理学者的社会/空间观点的发展)时采取了极为线性的方式。
218 与开篇表明的“随意摆弄人们熟知的各种时间特征”或者“打破线性文本的正常流动”不同，作者的观点反而表明了一种线性秩序，一种具有特殊线性的秩序，其目的是让现在具有合法性。这并不罕见。最近就有学者撰写了几部这样的“历史”，作品中透露着强烈的权威感，而在他们的著作中，我们当中很多人既没有认识到我们的独立角色是什么，也不知道他们所描述的历史的整体情况是什么。对于这一点，苏贾的《后现代地理学》表现得尤为明显，该书完全违背了其开篇宗旨及其观点多样性的承诺。后果之一，就是它导致了苏贾在论述结构上出现了一些问题。对一个特性(历史主义)坚持不懈的关注，同时仅仅搜罗所有可以佐证自己观点的例子，使得他忽略了其他特性和其他例子，以及那些反例。仅以地理学为例，20 世纪早期和中期，确实有很长一段时间，地理学作为一门学科缺乏活力，因为它只关注“空间”，坚持认为世界具有绝对的空间规律、空间原因和空间关系。[2]好像就在不久前，我们很多人还把学术精力花在抨击这一认识上(马西，1984)！当时，这门学科真是太不属于“历史主义”了。[3]

这种线性叙事的另一个后果就是它不仅忽略了其他话题，也忽略了其他观点。它具有一种自成一体的内在连贯性，把一切不同观点都排除在外，比如，非马克思主义的地理学家很少被提及。与该书第一段的阐述恰恰相反，同时代的其他学者几乎没有提及，只有一连串被大家认为具有掌控力和重要性的人物。这很令人失望，因为这与其大力提倡的民主意图是相违背的。从后现代的最基本意义来说，这其实非常的不后现代。

而且从该书整体结构来说，作者的语言措辞极其晦涩难懂。作者自如地运用各种形式呈现自己的观点，在自己的艺术性中自得其乐，这当然是值得肯定的，但是掩卷沉思，我所感受到的只有高傲自大、自命不凡，而非交流的意愿。最近有很多讨论关注的是文本结构，以及不同结构模式的效果和意义，线性历史也在讨论范围之内。此处我们发现了一种语言学上的相同效果。《后现代地理学》让我作为一名读者感到疑惑(我知道自己不是唯一有此感受的人；这已经成为一些讨论的主题)，不知这位作者到底要表达什么观点。很多人都认为，这种作品与其说
219 是交流，不如说是个人的自我展现。我知道自己的反应比较主观，同时我对苏贾还有些心存同情，因为他一直想要把地理话题引入学术"左翼"的视野范围。如何和读者对话是一项重要的技能，我很能理解他的想法，他可能觉得，要想闯入一个令人敬畏的场所，唯一的办法就是采取和场所中很多人一样的想法。而我的观点是，我们要努力阻止这种想法。因为，如果我们当中某些人打着后现代主义的旗号，以避免滥用民主的指控，仅仅是为了向彼此炫耀，那么我们必须非常谨慎。我们该怎么写，为谁而写，所有人都要谨慎，而非仅仅那些后现代主义者。后现代主义者对权威的不从，对文本性质的公开关注，使得他们的著作显得尤其具有讽刺性。我也并不是说，我们写的所有的东西都要"面向无产阶级"，在英国，无产阶级被称为老百姓。文体会而且应该随着观众的变化而变化(并不意味着要沾染观众的坏习惯)。这算不上什么反知识分子的话题，但这确实部分地说明了知识分子和学者这两种称谓是有差别的。

这个问题在苏贾的书中表现得很明显，因为我们可以隐约感觉到他希望将自己塑造成什么形象。比如，我们从书中读到，他曾经和詹姆逊与列斐伏尔在洛杉矶旅行。我们该如何理解这条信息？可能作者要传达的讯息是一种小团体感，而作者正是其中一员。苏贾提到詹姆逊时这样说："詹姆逊，可以称得上是一位卓越的美国马克思主义文艺批评家。"(p. 62) 面对如此溢美

之词，詹姆逊投桃报李地说道，“后现代包含着新空间性(spatiality)(苏贾的《后现代地理学》一书及时将这句话置于重要位置，充分阐述了一番)”(1989，p. 45)。苏贾提到哈维时说：“晚期现代马克思主义地理学过渡阶段的一个很好的例子是哈维最近的论文”(p. 73)，而哈维在该书封底的话是这样的：“关于这一棘手话题的最具挑战性和启发性的著作之一……。”而在哈维著作的封底，苏贾说道：“很少有人会像哈维一样对当代文化理论和批评研究得如此透彻。”

现在，我们来明确一下此处我们到底想说明什么。首先，关于封底上的引述，以上所言绝对不是“酸葡萄”！因为我们很多人都曾受邀为他人的著作书写书评，而很多人最终都拒绝了。我认为，压力应该来自出版商，这些书评就是广告，大家都觉得，增加“我认为这个绝对精彩——某位大人物的名字”或者“有史以来最好的——某位著名的学者”这些内容，就可以增加书的 220
知名度。我也听说这种竞争压力在美国远比在英国要大得多。但是，就因为这样，我们就要这样做吗？就我本人来说，我一度拒绝写这些恭维之词，因为自己根本不喜欢大人物综合征和其中所隐含的个人主义(和竞争)。至少，我们这些被认为是“左翼”的人可以拒绝参加，一方面是出于反精英主义的考虑；另一方面，我们认为，学术研究和成熟观点的形成实际上是一个集体努力的过程。这些都应该成为我们公开讨论的话题。

其次，对于这些学者来说，这不是一个新现象，也不仅针对他们才发生这样的事情。我确信，相关的地理学家也会赞同这一点。最后，也很肯定的一点是，作为学者，我们不应该彼此恭维，对彼此的成就连声道贺。(苏贾对没那么有名的人物就相当苛刻，在第73页他甚至使用了“唯利是图”这个形容词。）

该书的文体和观点阐述都是排外的，它似乎就是要区分一种中心感和边缘感。如果我们之前提到的观点是正确的，即使今天的学者们(尤其是白人男性学者)确实感觉到了一种地位丧失感，感觉我们(实际上是他们自己如此感觉)不再像以前一样受人敬畏(至少之前那些对学者们一直很尊重的人群对他们不再心存敬畏，而那些目前成为热点的“边缘地带”的人反正从来没怎么在乎过我们这些学者)，但是，这种做法并不能让学者们重获尊重。这种对危机的反应恰恰说明了后现代主义的负面性，只能进一步强化这些互相排斥的小圈子之间的彼此误解，并对这种误解表现出一种无所谓的冷漠态度。但另外一方面，后现代主义又具有解放性的一面，它对等级的破坏，之前被边缘化的那些人成为辩论舞台的主角等，而这种文体与后现代性的这一面是完全冲突的，苏贾写道：

> 这种重构的批判性人文地理学必须调整，以适应一场解放斗争，解放那些被特定资本主义地理(和现存的社会主义)边缘化以及压迫着的人们，如被剥削的工人、被暴政压制的人民、被支配的妇女。(p. 74)

我对这句话的批注不宜刊印。(此句的潜台词为马西对上段苏贾的表述极度反对，其批注言辞激烈，不宜刊印。——译者注)

(二)差异和差距 221

但是苏贾说的这段话也透露出其他一些东西，因为不仅从文体和篇章策略来说，《后现代地理学》是否属于后现代主义仍然模糊不清，从其理论立场和论点来说，也是如此。

这段话一方面表明，资本和劳动的简单二元结构不够充分，被边缘化的人们、暴政下的人民、被支配的妇女都要被提及才行。但是，另外一方面，他们被边缘化、被暴政和被支配都是由于生产模式的地理(资本主义或“现在的社会主义”)。这段话承认生活中的很多方面都无法从经典理论视角进行描述，但并没有把这诸多方面都拿出来讨论。

该书中模糊不清的并非只有这段引言，整本书都存在这种现象。书中提到了种族主义和性别歧视，但是全书或隐晦或公开地指出，对于种族主义和性别歧视来说，权力很重要，而权力直接来自生产关系。除此之外，其他的权力关系和支配关系都没有被认真地讨论过。比如，讨论生产模式时，父权主义不可缺少，而这一点在该书就没有受到关注。再深入一点来说，现代性的定义本身就和资本主义密切相关，有时二者几乎相等。于是，在现代性的解构和重构的关键部分，一个本来丰富宽泛的定义逐步变得越来越狭窄。我们认识到“现代性表现了一个宽泛的理性网络结构”(p. 25)，认识到(这一认识所涵盖的潜在范围仍然非常宽泛)“空间性、时间性和社会人都可以被看成抽象的维度，共同构成了人类存在的各个方面”(p. 25)。这一论述的广度通过社会人的定义得到了进一步的确认，社会人“与社会构成关系紧密，与社会关系、社会制度和社会行为的生产和再生产关系紧密”(p. 25)。但是，仅仅讨论了几页纸，这个关注点就被简单化成了资本主义，同时，现代化各个快速发展时期产生了多种形式的现代主义，并且和现代性结合在一起，而现代化也被简单化成了资本主义：“现代化可以直接和结构变化的很多不同客观过程联系起来，这些变化和资本主义的发展和生存密切相关……这种现代化和资本主义生存之间的显著联系很重
222 要……现代化……是不断社会重组的过程……最初产生于生产模式的历史和地理动态发展中”(pp. 26—27)。

关于最后两句的阐述，我心存一丝疑惑，感觉问题绝非如此简单。“现代化”，它承认说，“并不完全是资本主义一些决定性内部逻辑的产物，也非对历史的毫无根据的理想化”(p. 27)。当然，这部分取决于你如何定义现代化，但是很明显这是对之前将现代化简单等同于资本主义的一种让步。但是，这种修正后的论点仍然不能令人满意。实际上，这种修正后的观点并不局限于一个单一的决定性内在逻辑以及无根据性。一方面，除了更大范围的辩论结果之外，其他的一些社会权力关系轴线特性也是我们当前社会的特征，同时还存在阶级和资本主义。在苏贾的表述中，父权主义等结构的衰落解释了为什么资本主义和现代化二者之间没有简单的决定性关系。但是为什么不认真考虑其他的权力和社会结构的轴线呢?[4]父权主义没有出现在该书索引中。女性主义在最后一部分那段引言之后的文章中被提及了一次。该文讨论了目前的政治难题，很多内容都具有洞察力和启发性，当然其中一些观点也很悲观。但是接下来：“反对重构出现了，以极端主义的形式出现(我同意)，抵抗的希望变得很荒唐(很不幸这是真的)。马克思主义被等同为极权主义(是

的，我们痛苦地承认这一点）；激进女性主义造成家庭的毁灭。”(p. 74)什么？这些都是对等的观点？即使家庭的毁灭是美国激进女性主义的误导结果，它就应该等同于极权主义？或者甚至等同于极端主义？其实很多女性主义者，包括我本人，都会乐于见到目前“家庭”形式的终结(虽然并不赞成其“毁灭”)。

另一个与生产模式相关的现代主义特征类似的问题还有对后现代主义的一个罕见定义。苏贾此处小心翼翼地提出了一个观点，我们接下来看到，他也谨慎地阐述自己和更加宽泛的后现代主义目标的关系，但是最后，他的定义的关键部分好像是基于空间的重要性。在我看来，这导致了一些意料之外的结果，比如，哈维和曼德尔最终都成为后现代主义者。虽然书中关于洛杉矶那一章节并没有说明空间如何或者为什么更加重要，但是关于空间本体重要性的论点(这些论点非常有趣)都是泛泛而 223
谈，并非特别针对最近这段时期。但是除了这些明显的混淆之外，还有一个更深刻的问题，因为后现代对现代主义的质疑所涵盖的远非这些，它挑战了因果结构的单一连贯叙事，所有的一切都可以看作和这单一叙事有关，它还挑战了单一作者或观者的权威性，[5]此外它还挑战了单一的普遍性主题，即西方异性恋白人男性，人们经常很自然地就选择这一主题却浑然不觉。这一主题经常成为女性主义对现代主义的批判对象(此类著述很多，如尼科尔森，1990)。所有这些在该书中都没有受到任何提及。

很多人已经指出，《后现代地理学》仍然是一部纯粹的现代著作(迪尔，1990；格雷戈里，1990)。从对苏贾公平的角度来说，我们要指出，他本人明确否认了任何希望成为纯粹后现代的意图(p. 5)。但是，他也说道，他现在已经接受了一点，即后现代主义“刻意宣称，无论从**批判思想**还是物质生活上来看，一个可能划时代的过渡时期已经来临”(p. 5，黑体字是我的强调)。此外，从我的角度看，他对后现代主义的沉默更有可能来自于他经常放弃进步性的目标而非多样性。但是，考虑到这一点，可以利用批判思想上的一些变化(包括后现代主义提出的那些让人不舒服的犀利问题)来解决现代主义存在的明显缺陷，同时也可以用来保持政治承诺。但是该书却没有认识到，现代主义过去或者现在都是高度父权主义，也没有认识到有什么可能的替代方法既可以用来解决现代主义的困境，同时又不会令我们漂浮在一种非政治的虚无中。而最典型的替代方法也许就是女性主义(马西亚・利斯等，1989)。

苏贾没有接受这种论点，从他对空间和地方的重要概念的态度就可以看出来。关于洛杉矶的那几章非常关键，那几章很有趣，富有创新性，表现出了一些很有价值的洞察力(虽然好像它们的最终价值也不过就是从社会经济方面转移到空间方面。现在还不清楚它们在社会和空间二者关系上，是如何和之前很多文献有所不同，或者是如何成为该书的前半部分的理论观点的例证之一的)。这几章的设计很独特，都是长距离的视野和鸟瞰视角(从字面意义理解，从高处看，无论从高空还是从市政大厅上看)。

此处提出了两个问题。首先，这是一个非常视觉化的方法，
224 在现代主义中，视觉和其他感官比起来具有优先性。这个感官是最重要的，捕捉大部分外界信息，部分是由于视觉所允许和需要的独立性。其次，这种视觉独立性，以及在其基础上建立

的观者权威性被《后现代地理学》重点强调，通过苏贾所选择的有利视角表现出来。一个人如何表示空间、地方和本地文化的问题是一个相当复杂的、尚无结论的问题，当然，如何以民主的方式来处理这个问题同样相当复杂。苏贾所采取的角度和他描写自己历史的角度非常相似。但是，这种角度忽略了这种方式的困难之处。我们曾提及克利福德等人的研究，克利福德和马库斯的合集(1986)所关注的恰恰就是人们应该如何充分讨论被克利福德称为"视觉主义(visualism)"的问题，以及发现那些没有为"作者"所吸纳和再现的不同观点和解读。但是，这些学者都受到了女性主义者的批评，原因如下：[6]他们的阐述非常复杂、模糊晦涩，很少有人能够理解；他们还没有意识到，他们自己就是大家口中的"那些作者"；某些后现代策略在人类学家自己身上激发了自省性的自尊；可能最重要的，也可能和责任感有关的一点，是由于缺乏对于他们为谁代言这一问题的尊重。所以这些问题很复杂，当然也就悬而未决。但是无论如何，我们还是要面对这些问题。在《拆分洛杉矶》("Taking Los Angeles Apart")一章的结尾后记中，苏贾说道，"一直以来我都从不同的角度观察洛杉矶"(p. 247)。但是他实际上并没有这样做，至少没有从很多女性主义者或者后现代主义者的角度来观察，所有的观点明显都只是他的个人观点。他说，"将所有的观点整合起来，虽然好像很吸引人，实际上永远也不可能充分描述城市的含义……有太多的导演(auteurs)需要我们去发现"(p. 247)。但是，无论他的美好意愿如何，他所产生的最终的影响和结果就是这样——导演太少！傲慢无知太多！(Too few auteurs, too much hauteur!)

三、男权专属的现代主义

(一)《蓝丝绒》和《银翼杀手》

和《后现代地理学》一书一样，考虑到其观点阐述的内在复杂性，哈维的《后现代的状况》也是一部重要著作。

225 但是从女性主义者的角度看，我再次困惑了。在某种程度上，很难把握应该从何处理解他的观点，该书天衣无缝，浑然一体，而且该书主要问题恰恰是不在场的问题。

不在场还是其他很多观点的问题所在。苏贾涉及后现代主义话题时，至少认识到观点的多样性，而哈维的现代主义建构(或者我应该说没有建构)只围绕着一个假定的普遍观点，而这一观点的特征甚至还没有得到承认。比如说，女性并没被考虑进现代主义的发展进程中，女性主义者对于这个话题的解读也没有被考虑在内。同样的情况也发生在当前社会里的其他各种弱势声音和重要的学术讨论上。其实问题不仅仅局限于女性主义。这并不是说作者应该安排几个段落专门讨论“女性，少数族裔等”，而是说该书的主要观点被假定为具有普遍性，面向的是白人、男性、异性恋、西方。

对电影的分析就很明显表现出这一点。关于大卫·林奇的电影《蓝丝绒》，哈维写道：

> 我们发现，在《蓝丝绒》这部更具有后现代风格的当代戏剧作品中，主角置身于两个完全不同的世界：20 世纪 50

> 年代美国的一个传统小镇和一个肮脏黑暗的社会。前者有中学、药店，后者则充斥着怪异、暴力、毒品、痴呆和性变态。好像这两个世界不可能在同一个空间共存，但主角在它们之间切换，搞不清哪个才是真实的世界，直到两个世界最终产生了冲撞，造成了可怕的结局。(p. 48)

从很多方面来说，这一阐述都不合理。首先，从什么意义上来说，这是一种两个不同世界的排斥性的共存？实际上，看上去“两个世界不可能在同一个空间共存”，实际上它们彼此互补；它们是彼此的一部分，互相支撑，比如，男性暴力就是维持现代社会婚姻及各种婚姻形式的主要组成部分(见瓦伦丁，1989)，“一夫一妻制”得以维持经常是由于其负面、其外部利益，不管这些负面和外部利益表现为19世纪的失足妇女，还是更加“平等的”一些私下交易，这尤其体现在今天的职业中产阶级身上。淫欲是色情业存在的必要条件之一。电影以一种戏谑的方式清晰展现了二者的相互依存关系。在电影的结尾，画面又回归了本来的色彩，在这所美国小镇上，白色的栅栏，摇曳的花朵，根本无火可灭的消防员笑容满面，向人挥手致意(这真 226
的不像另一个世界那么“怪异”吗?)，窗台上的知更鸟(总是在窗台上鸣叫着)衔着一只虫子，虫子不断地扭来扭去，它在这美好的田园生活中受尽折磨，却不得不忍受着，只为了让知更鸟能够生存。问题不是另一个世界是否存在，而是我们是否看见了那个世界。

但是，一部作品的含义几乎总是会成为争论的话题，或者至少会产生一些隐而不发的反对意见(登齐，1988；格罗斯伯格，1986)，《蓝丝绒》也不例外。人们对这部电影公开争论，话题广泛。林奇本人拒绝被划归到任何一个电影类型，这一点很令人钦佩(拉布金，1986)。所以很奇怪，哈维竟然没有提到这一点。与哈维的解读相反，林奇自己说道，“《蓝丝绒》是在一个美国小镇的地表之下开展的一场旅程”。(邱特，1986，p. 32)

他还说道：

> 这就好像说，一旦你发现世界上有吸毒者杀人抢劫，你还会开心吗？这是一个有陷阱的问题，能够做到对某些事情视而不见是一件幸福的事。这正是《蓝丝绒》想要表达的。(拉布金，1986，p. 55)

女性主义者也对电影做出了解读。该电影不仅探讨了美国(等国)文化的两面性，像林奇所说的那样，还包括：

> 它还深入探究了潜意识，探讨了人们在日常生活中通常不会遇到的一个场景。(邱特，1986，p. 32)

平心而论，哈维对“主角”的概括没有抓住一个关键事实。那就是，主角是一个有性别的主角，他是男性。电影中的两个世界实际上只是一个，它们是男性身份的两个方面。《蓝丝绒》

> 表现了一系列的简单对立——美丽怡人的郊区相对于城市中心的堕落，夜晚相对于白昼，纯洁无暇的浪漫爱情相对于残酷的性虐待，纯洁相对于恐怖等。在这部心理分

析剧里，当杰夫带着恋母情结步入肮脏黑暗的另一个世界的时候，很快就清楚了，黑暗和光亮是性别歧视的两个版本，它们实际上都只是同一枚硬币的两面而已。（穆尔，1988，p. 187）。

实际上，这部电影所描述的是“必须直面其黑暗面的性别歧视”（同上，p. 187）。

主角是男性（异性恋）这一点并不偶然。这两个世界，或者男性主义的两面，在电影中的呈现都是通过女性实现了再现。 227
桑迪带着郊区人的那种健康整洁的外貌（林奇又一次真实地表现了自己的主题，桑迪甚至化了妆来遮盖自己的雀斑），而桃乐西的世界则充斥着性和暴力等郊区人所厌恶的东西。女性被当作男性的选择品，是“他者”（the Other），她们的功能是帮助男性找到男性自己的身份。就像穆尔（1988）在其著作《性伴侣——后现代主义的皮条客》中指出，这个现象贯穿了后现代主义的大部分时期，从其最初的理论家（拉康等）到鲍德里亚［他发表在《美国》（*America*）杂志上的一些文章（1988）很可笑］，再到电影：“女性变成了男性用来探索、拒绝或者重组自己男子气概的一种方式，一种以女性为代价的‘满足情欲’的方式”（pp. 187—188）。

进一步来说，这种情况的必然结果就是女性本身隶属于各种各样的范围内；她们自己毫无选择（登齐，1988；格莱德希尔，1978）。《蓝丝绒》展示了一个玷污女性的世界［麦圭根（McGuigan）和赫克（Huck），1986］。我认为，这不是电影的问题（这一点在电影中没有明确表现），而是电影所刻画的世界的问题，但是更重要的是这部电影所传达的后现代信息，即哈维所阐述的信息，是仅仅面向男性的。

最后，甚至后现代主义者也无法直面这个问题。“虽然这些电影表现出来的身份危机感很令人愉悦，它同时也很令人不安，不过还好在电影末尾身份安全感又回归了。”（穆尔，p. 188）杰夫和桑迪在一起了。他在某种程度上也发挥了重要作用，他（虽然桑迪不一定如此认为）认为自己“挽救了”桃乐西（那种老套的男人和风尘女子之间的特殊关系）。《蓝丝绒》也有好的一面，它没有让我们/你/他感觉乏味，窗台上的知更鸟仍在折磨着虫子。登齐（1988）指出，所有的这一切都反映了当时后现代时期的各种冲突，他还敏锐地论述道：

> 后现代个体喜欢《蓝丝绒》这类电影，好像他们可以在这类电影中同时找到他们的性、不切实际的幻想、暴力和政治。（p. 472）

保险起见，有人可能会再加上一句，这些只在电影中存在。但是即使这样，“他者”也不能太具有挑战性，至少不能对假定的普遍性即白人异性恋的男性造成挑战。虽然，有人曾论述道：

228 这种“情欲”好像……要依靠女性将之作为通往另一个世界的入口……

以及同样正确的还有：

> 越来越多的黑人和黑人文化（原文如此）被用来表示一

些极度不同的东西……

但是，另一方面：

> 有些“他者”仍然非常具有威胁性，无法按照这种方式被殖民化。比如同性恋被认为太让人无法接受，无法提供这种空想。（穆尔，1988，p. 186）

但是哈维都没有提及以上方面。如果他提及了，那么这就会成为一个绝好的机会，说明现在的后现代女性主义所面临的真实问题。但是，如果后现代主义者的问题是欢呼女性的真实存在，把我们大多数人当作工具，来构建白人异性恋男性的身份，那么现代主义者的问题则是他们眼中根本就没有看见女性，或者说，即使他们看见了，看见的也是偏离正常习俗的女性，脱离（他们的）规则之外的让人头痛的个例。

哈维亦是如此。登齐（1988）指出，对《蓝丝绒》的权威解读（《纽约时报》《纽约客》《基督世纪报》《国民评论》《花花公子》等）都没有分析这些性别问题。出于经典现代主义的原因，哈维也没有进行分析。在这些对电影的解读中，男权主义没有受到质疑，甚至没有人提出男性是一种性别，因为他们认为男性是唯一性别。

但是，把注意力都集中在对一部电影的分析上可能不太公正。哈维对这部电影的阐述很简短，而且是在一个很宽泛的讨论语境下。那么，让我们看一下一个更宽泛语境下的分析，该分析出现在该书结尾处，作者花费了一整章来进行这一分析。

以《银翼杀手》为例，该片情节主线之一是女性复制人蕾切尔力图证明自己不是一个复制人。但是，为了达到这一目的进而生存下去，复制人必须证明自己的历史，以及自己和这段历史的关系；最关键的是，她们必须要进入这个具有象征意义的秩序中并建立自己的地方。《银翼杀手》中那个具有象征意义的秩序就是弗洛伊德所说的秩序。所以哈维利用了电影的这段分析，如他所说，这也是茱丽安娜·布鲁诺(1987)的分析。他描述道，蕾切尔通过建立一个(人类的)身份而努力(最终成功了)活下去。他写道：

229 但是她再次进入一个真实人类社会的象征世界，只能通过服从于那个具有恋母情结的人物，即父亲的无上权力……在向德卡德屈从的过程中(信任他，服从他，最终以身相许)，她学会了人类之爱的真谛及日常的社会交往。当复制人雷奥马上要杀死德卡德的时候，她杀死了雷奥，从而最大限度地证明了自己是德卡德的女人。(1989，p. 312)

此处有好几点要说明。首先，一个复制人找到自己的女性身份的过程的特殊性是什么，哈维没有做出评价。她屈从于一名男性，从而学会了爱的真谛(哈维语)；她建立了一个身份，成为“德卡德的女人”。这听上去不怎么样，人们会想，如果她不靠这一点活下来，她可能也不会有好的下场。这一点很重要，因为哈维忽略的一点是，蕾切尔并不是仅仅建立了一个身份，她建立的是一个性别身份，一个女性性别身份。按照布鲁诺的话来说，“为了苟活一时，这个机器人必须接受性别差异，性别

身份是必须的”。(1987, p. 71)

此外，很有趣也很重要的是，恰恰只有在这一点上，哈维不同意布鲁诺的意见(可能还有一点比较重要，他称呼布鲁诺为“他”，把她误叫作朱利亚诺)。布鲁诺写道：

> 在所有的复制人当中，只有一个蕾切尔成功地完成了旅程。她获得一个性别身份，变成了一个女性，爱上了一个男人……蕾切尔接受了父亲的形象，变成了一个“正常的”性取向的成年女性：她建立自己的性别，前提是承认了异性——父亲、男性的权力。但是，复制人的领袖罗伊·巴蒂则拒绝这种具有象征意义的阉割，而这种阉割是进入那个象征意义的秩序所必须的。(1987, p. 71)

而这种反差正是哈维竭力反对的。他将罗伊的拒绝归因于罗伊反正也不可能活下去。我不知道哪种解读更加有说服力，但是很有趣的是这种反差恰恰强化了哈维对触及性别身份话题的抵触。因为这样可能会进一步损害某种假定的普遍性，即男性异性恋。

此外，哈维和布鲁诺的意见相左还体现在他对蕾切尔获取身份的方式没有做出评价。布鲁诺清楚地表明，屈从很重要，
有人会坦然接受，有人则会拒绝。虽然哈维承认了屈从，但他 230
并没有将之视为一个有任何问题的过程。他后来也承认，蕾切尔真的爱上了德卡德。那么在哈维看来，就不存在她为了存活下去而不得不伪装自己这种可能性。但是，女性经常不得不做出各种伪装，伪装的代价要远远小于存活下去的困难(就像最近一部电影《当亨利遇上莎莉》所表现的那样)。此外，哈维不仅是

相信蕾切尔爱上了德卡德，他甚至有些失望，因为：

> 有一条强劲的社会纽带将德卡德和那些叛变的复制人连接在一起，即他们都受控于他人，都是被一个统治性的团体权力所控制，但从来没有产生哪怕一丝想法，认为他们作为被压迫者可以团结起来形成联盟。(1989, p. 313)

这让我不由得吃了一惊。在第 312 页，我们看到所有关于蕾切尔的一切都是屈从于德卡德，而在第 313 页，我们不由得疑惑，为什么她不和他结成联盟呢？这种基于男性视角的分析具有一种广泛的政治含义，最近哈特(Hart)(1989)对此进行了分析，我之后会讨论。但是希望被压迫者达成联盟，却不首先分析这些联盟内的各种冲突和权力关系，这样做的后果肯定会导致政治上的失败。

(二)插图说明了什么问题

在《后现代的状况》一书第一部分关于后现代主义那一章，有五幅插图，每一幅都和一名裸体女性有关。对此，哈维没有任何评价。

该章探讨了从本体论上来说不同世界的重叠，或者马奈和劳森伯格之间的差异，但是却完全忽略了这些插图所再现的内容，从何种角度再现，以及这种再现的政治效果如何。最典型的例子是大卫·萨利(David Salle)的《密闭的房间》，哈维没有理解题目的双关意思，以及其明显的性别歧视内涵。这幅绘画作品是从什么人的视角画出来的？是给谁看的？谁会理解这个双关“笑话”？哈维对这幅画给予了非常高的重视，他引用泰勒(1987)的话说，这就是一幅拼贴画，将“各种不相符的元素放在一起，而不是仅从中选择几个”(哈维，p. 49)。我既将自己看成画中的某个人，同时又从完全不同的视角看待这幅画，我的反应是这样的：“又来了，又是一位装腔作势的男性艺术家，认为裸体女人顽皮可爱。”从我的解读视角来看，插图中所表现出来 231 的性别歧视将作品所有深层意义(虽然谈不上什么学术上的惊人之处)都完全抹杀了。[7]这幅绘画表现的是一种男性视角，而对于女性来说感受则是完全不同的：“观赏父权文化的具体表现时，我们女性必须假装成异装癖。我们必须采用一种男性的立场，或者从受虐狂的立场来欣赏对女性的羞辱。”(波洛克，1988，p. 85)

关于立场这个问题，我们可以参照一下对插图人物的相关解读。以哈维的1.7和1.8的两幅插图为例(在哈维看来，提香的《乌尔比诺的维纳斯》和马奈的《奥林匹亚》这两幅画作“意义深远”)，我们来阅读一下以下诗句：

我将被条分缕析①地表现出来，
挂在著名的博物馆里。
有产阶级啧啧称羡的，
竟是江边野鸡②的这种形象。
他们称之为“艺术”。

或许是吧。他关心的是体积、空间。
而我只关心下一顿饭在哪儿……

……这让我发笑。
他的名字叫乔治[3]。
人们都说他是天才。
有时候，他画画不太专心，
我的温柔使他的身体变得僵直。

（达菲，《站立的裸女》，1985）

①条分缕析：立体派绘画有一个阶段，称为“分析的立体派”。

②江边野鸡：指在港口为临时停靠的海员服务的低级妓女。

③乔治：指乔治·布拉克，20世纪初法国立体派画家。

但是这只是我首次读到这一章的时候的第一反应。我们现在深入地看这个问题。除了插图表现出来非常明显的对女性的性别歧视，还有一个更深刻的问题，由于忽视了女性主义分析和现代主义批判，哈维也就完全没有理解对这幅画作的批判的意义所在。而这种女性主义分析与现代主义、后现代主义、空间和政治等哈维所关注的主要话题息息相关。

我们可以从马奈开始讨论，因为马奈被公认为现代主义绘画的奠基人之一。在他对马奈的各种分析中，哈维赞成克伦普(1985)的观点，尤其是将提香和劳森伯格进行比较时，更是如此。可能是因为哈维借用了克伦普的分析，所以他才选择了那个特定的劳森伯格（又是另一个偷窥女性的观点——《柿子》），而不是任何其他具有相同表述的观点（和拼贴画、繁育、并存和

不平衡有关的观点），请参见休伊森(1990)。但是哈维对马奈的 232
《奥林匹亚》的分析很有限，这很让人好奇。不仅如此，《时空压缩和现代主义的崛起成为一股文化力量》(第16部分)也指出这幅绘画作品本身的空间组织及其所代表的现代艺术的社会政治含义是什么。这非常奇怪，因为在福斯特合集中克伦普后面的文章就正好是关于这个话题的，题目叫作《其他人的话语：女性主义者和后现代主义》(欧文斯，1985)，而哈维没有提到这一点。

现在有一种来自女性主义但不局限于女性主义的观点，即现代主义将视觉居于感官之首，同时建立了一种从权威性、特权和男性的立场看待一切的既定视角(伊利格瑞，1978；欧文斯，1985；波洛克，1988)。[8]视觉领先其他感官令我们变得苍白。“在我们的文化中，视觉优先于嗅觉、味觉，触觉和听觉已经造成了身体各感官关系的退化……一旦视觉占据支配地位，身体就失去了其物质性(materiality)。”(伊利格瑞，1978，p.50)但是还有更重要的一面，视觉领先的原因恰恰就是其假定的独立性。当然，这种独立性具有其优点，但是从某种特定的视角来看，其必然是一种“独立”的观点。此处的“独立”并不表示公正。有些后现代艺术家的目的之一就是要研究现代主义独立性到底服务于何种利益。伊利格瑞有一篇论文被广为引用，她指出，“相比较女人，男人更舍得在视觉上花力气。和其他感官相比，眼睛更加客观准确，更具说服力”(1978，p.50)。在哈维选择的插图中，父权非常明显，不仅因为这些插图具有经典的现代主义男性的权威视角，还由于它们注重的是女性的典型再现。

正如波洛克(1988)所指出的，“有一个事实很明显，很多现代艺术的奠基之作在性这一领域的态度完全就是商业交换”；

“有一点很常见，很多男性艺术家将女性身体宣称为自己的现代性领地”。[9]她继续说道，“我们必须要质问，问一下为什么现代主义如此经常地关注男性性欲及其表现和女性身体？为什么都是裸体、妓院和酒吧？在性欲、现代性和现代主义之间到底是什么关系?”(参见邓肯，1990，p. 54)[10]查德威克(1990)和其他学者也曾做出相同表述，查德威克谈道，“知名的现代艺术绘画作品的形式和风格创新总是从一种基于色情的视角对女性发起攻击”。(p. 266)

233 关于这一点有很多分析和争辩。如这种女性再现对于女性意味着什么，它如何形成了人们的女性概念和男性概念，它如何影响了性别关系的形式，从而影响了女性的物质和社会生活的局限性(考伊，1978；波洛克，1988)。尽管哈维不承认存在偶尔的对经济主义的抵抗，但再现不只是一种反映，它是一股积极的力量，可以塑造社会关系和社会认知。

此外，对这些关于现代主义及其认知方式的争论视而不见，到底意味着什么，这也是需要关注的话题。因为视而不见所导致的结果并不“局限于”女性主义的“特定”和“本地”话题。对这种权威性的视角及其所宣称的观点提出反对，是一些后现代主义者对现代性进行批判的重要部分。这一点很关键，它是理论化和“权威叙事”有效性(validity of master narratives)等话题和空间组织话题二者联系最紧密的一个点。在这一领域，文化地理学者已经取得了很多成就。科斯格罗夫(1984)关于定义风景时的视角使用和含义的著作就是一个很好的例子。所以，不考虑女性文学作品，所有关于现代性、空间和社会关系之间的关系的重要论述都是不全面的。

(三)现代主义的“他者”空间

现代主义的空间中最经常被讨论的就是城市公共空间。现代主义诞生于快速发展的西方城市，尤其是巴黎。从波德莱尔(1821—1867，法国作家、翻译家和评论家。——译者注)开始的标准文学的描写中就充斥着林荫大道和咖啡馆，稍纵即逝的眉来眼去，以及广大无名大众。空间和社会重组以及城市生活的繁荣是新时代诞生的重要条件。但是城市也是具有性别的，而且其被赋予的性别和空间组织直接相关。

城市被赋予性别时遵循了公共和私人的区分(沃尔夫，1985)。19 世纪中期是一个关键时期，在这一时期，“范围隔离”(separation of sphere)观点开始形成。虽然从意识形态上来说，并不是对所有的女性都是如此，但此时开始将女性限制在郊区和家庭的“私人”空间之内(达维多夫和霍尔，1983；霍尔，1981)。现代主义初期对公共城市的狂热描述中，城市是男人的城市。林荫大道、咖啡馆，还有酒吧和妓院，这些都为男人而开，去那里的女人也是供男人消费的。19 世纪的巴黎在男性和 234
女性看来具有极其不同的印象和可能性。[11] 所以，波洛克(1988)在思考艺术历史的“空间和社会进程”的关系(她的表述如此)时说道，一种可能的方法是“不仅考虑被呈现的空间，或者呈现的空间，而且考虑呈现产生的社会空间及其相应的视角”(p. 66)。

但是，重要的现代主义文化产品中的社会空间是城市的公共空间，即男性的空间。这句话有很多含义。第一，很多的绘画作品(甚至，或者尤其是女性作品)所描绘的场所，都是和绘画者同属一个阶级的女性不会涉足的地方。所以，我们再来讨论一下《奥林匹亚》的主题，波洛克在讨论《奥林匹亚》时还讨论了马奈的画作《福利·贝热尔的吧台》中的酒吧女招待，波洛克问道：

> 一名女性如何与这两幅画作的视角联系起来呢？会有人把某个女性看成是《奥林匹亚》或者酒吧女招待吗？一名来自马奈的社会阶级的女性是否熟悉这两种空间，以及它们所引发的反应，这样这幅绘画就有效地实现其否定和破坏的现代主义任务？……当她经历这一切的时候，这幅画作是不是作为现代性的一个表现进入她的头脑中？（1988，pp. 54—55；又见摩根，1990）

一名女性可以体验到以这种方式定义的现代性吗？

第二，表现这种现代性体验的重要人物之一是人群中的那个闲逛的人，他在观察别人，却没人在观察他，而且此人绝对是一名男性。沃尔夫(1985)说过，此人不可能是女性，部分是由于“正经”女人绝对不会单身一人在街上和公园里闲逛(这是社会既定的“得体性”，但是那些“不正经”的女人在公共空间里漫步仍然受到来自男性暴力威胁的限制)，还有部分是由于画作目光注视的单向性和方向性。闲逛者们观察其他人，却没人观察他们。为什么会存在关于绘画的视角和空间组织的争论，为什么大部分女性都从公共空间被排除出去了，因为现代视线注视曾经是(现在仍然是)属于男性的。[12]

第三，也是支持以上两点的一点，男性闲逛者的注视经常都带有色欲，女性是他们的注视对象，并且是唯一注视对象。波德莱尔在这一点上的观点非常糟糕，已经广为人知，我无须赘述。[13]但是整场表演的主角，即作者，一定是男性。 235

所有的这些表明，人们记录下来的现代主义/现代性的体验，现代主义的重要文化产品，甚至其广为接受的定义，都是建构在性别关系的特定形式之上，建立在对男权主义和女性的定义之上。这不是(仅仅)表明，现代主义曾经或者现在都是父权主义(这谈不上新闻，现代主义和历史上的其他很多时期没什么两样)，而是说，不考虑这一点就不可能充分理解现代主义。我们再回到哈维的观点，现代主义远远不是时间、空间和金钱之间的权力关系的一种特定表述方式。哈维进行了一场精彩的探索(也许有人认为属于经济主义)，讨论了空间的定义、空间的生产和空间的体验三者之间的关系，同时还讨论了生产方式和阶级的形成。但是，还有其他一些方面和其他权力关系都被哈维忽略了，而在这些关系中，空间也被建构着、体验着。这部分的观点哈维都没有提到。他在多处提及了郊区化问题，但是没有提及范围的隔离问题(separation of sphere)。他讨论了福楼拜的小说《情感教育》的主人公弗雷德里克・莫罗，如何“在城市的不同空间进进出出，带着金钱和商品易手的那种轻松。该书的整个叙事结构混乱，决定迟迟无法做出，恰恰是因为弗雷德里克继承了足够的遗产，奢侈度日，无须做出任何决定”。哈维评论说：“正是由于拥有了金钱，使得当下从弗雷德里克的指缝中溜走，同时使得他可以随意进入任何社会空间。很明显，根据时间、空间和金钱三者之间达成的平衡，它们可以被赋予不同的重要性。”(pp. 263—264)是这样，但是并非完全如此。当弗雷德里克随意地进入这些社会空间时也同时具有了另一种微弱优势。

正如波洛克(1988，p.5)提出的一段相当具有说服力的陈述：

> 女性主义的历史唯物主义并不是要用性别来替代阶级，而是要对阶级和性别之间，还有历史上各种形式的种族之间的错综复杂的相互依存关系进行解码。但是，认识到性别权力和性别歧视是重要的历史力量，认识到它们和马克思主义的其他重要理论或者社会历史或文化分析的其他形式一样重要，就掌握了一种策略优势。女性主义视角对现
> 236 代主义在现代城市的性别化和从情欲化的范畴内的诞生条件进行分析，直接挑战了权威的社会历史叙事，这些叙事从范畴上拒绝将女性主义视为一种必然结果。

忽略女性主义分析所造成的后果超出了性别关系的“本地”话题。

此外，还可以了解一下在这一时期进行绘画创作或以这一时期为主体进行绘画创作的女性。此处重点不是提醒大家有些女性画家很少被男性艺术历史学家和其他评论家纳入视野，虽然这是事实(查德威克，1990)，重点也不是说画家中还有女性，而是她们画了什么，绘画的方式有何不同。差异很多，每种差异都和空间和社会组织二者的关系有关。首先，我们从之前的讨论也可以看出来，这些绘画作品所表现的地方/空间有别于男性的地方/空间。它们反映的不是妓院，不是穿着甚少的舞女所

展现出来的无穷无尽的精彩，不是剧院的后台；它们更多地反映了家庭内部的情况，阳台和花园等。当这些地方/空间移到户外的时候，所反映的公共场所(剧院包厢、公园)也不同于男性画家的主要关注点。其次，这些绘画作品本身的空间组织有时也很独特。比如，波洛克(1998)指出，空间这样组织，欣赏者就可以更好地欣赏画作，拉近了距离，从而减少了视角的权威性。此外，这种重新聚焦手法的使用有时也是对典型的启蒙时期透视方法的明显背叛；这是一种不同的代表空间的方式。最后一点值得商榷，就是这反过来会将视觉之外的其他感官“引入画中”，从而降低视觉对其他感官的优先性，挑战了人们通常所认为的现代主义的重要信条之一。

“人们通常所认为的现代主义”就是症结所在。很多女性已经提出，人们惯常所理解的现代主义，尤其是在现代艺术上的观点，经常只是一个偏颇的现代性概念(见沃尔夫，1985)。很多男性“权威”就持有这种观点。哈维更是如此，他在自己所有的论述中(这是关于这场讨论的一个更加普遍的关注点)仅仅关注了主流(或后来成为主流)文化，不管是画廊艺术，著名的建筑家，还是大制作的电影。这导致了现代主义时期的一种僵化
观点，它忽略了处于边缘的声音，忽略了包括女性主义在内的 237
这些声音对现代主义所进行的有力批判。[14]

哈维对辛蒂·雪曼作品的述评明显体现了以上问题。辛蒂·雪曼是一位后现代主义女性。很明显哈维不喜欢她，对她的作品也没什么好感。他这样描述自己观看其作品展的经历：

> 这些照片所描述的女性好像来自不同的社会阶层。我

> 们稍作思考就可以惊讶地发现，这些女性实际上是同一个女人，只不过穿着不同的衣服罢了。目录告诉我们说，这个女人就是艺术家本人。这一点和拉班(Raban)的观点类似，拉班认为通过外貌的改变达到人性的可塑性，这着实让人惊讶，作者们总是将作品角色自我指代为其本人。辛蒂·雪曼被认为是后现代运动的主要人物。(p. 7)

此处问题很多。后来，哈维在谈及当前的再现危机时提到了雪曼和许多其他的后现代主义者。危机确实存在。但是哈维在此处(p. 322)和全书都将危机归结为"在更加灵活的积累模式转向的压力下近年来发生的时空压缩体验"(p. 322)。[15] 以上我们已经讨论了女性主义关于再现的争论，以及关于现代主义再现的直接政治批判，而哈维将整个危机都归结于时空压缩和灵活积累(flexible accumulation)，这一看法肯定是有待商榷的。在危机产生之前，从政治和特定女性主义视角对这种再现模式进行批判就已经为广为接受。所以很多这种后现代观点并不仅仅是危机的一部分，它同时也是一种社会反应和评价。哈维写道："对辛蒂·雪曼作品的兴趣(或任何后现代小说等)在于，它们关注面具，而没有直接评论社会意义，更没有评价带上面具这一举动本身。"(p. 101)他的这一评价有很多偏颇之处。[16] 多伊奇(1990)在她对哈维和苏贾的评论中清晰地指出，很多后现代艺术关注意象恰恰表现了意象的社会重要性，因为意义和主题都从意象中产生。所以，"由于这是其重要目的，所以后现代主义对意象的关注并不是对社会性(the social)的偏离，而是对社会性的靠近"(p. 23)。同时她还特别提到了雪曼的作品。克伦普

(1982)同样提到，雪曼的目的就是要攻击“导演主创说”(auteurism)，哈维在其他地方也对克伦普有所提及。

此外，从雪曼的作品中归纳出来的并不是一个普遍政治观点，而是一种典型的女性主义的观点。哈维说，他吃惊地发现所有这些不同的意象都是“同一个女人”。哈维的这一说法变相地承认了自己的真实立场，因为这恰恰就是雪曼的作品在秉承父权至上的欣赏者身上引发的反应。所以欧文斯评价说，这些作品： 238

> 反映了观众自己的欲望(作品的期望观众无一例外都是男性)，具体来说，就是男性希望将女性固定在某种特定身份上。但是这恰恰是雪曼的作品所拒绝的：虽然她的作品都是自画像，但作品主题却一直在变化……雪曼可能以海报女郎的形象出现，但很难对她进行一个总结性的固定描述。(1985，p. 75)

恰恰是这种方式，打断了父权主义视觉领域那种惯常的主导型的欢愉。

但也可能所有的作品就是她自己，这些作品只是面具而已。雪曼的作品反映了“性别”如何完成社会建构，是多么的不稳固；以及在过去的几个世纪中，西方文化如何产生了一种和自我再现关系密切的女性主义，一种带着面具的女性主义(查德威克，1990，pp. 358—359；欧文斯，1985，p. 75)。

最后，哈维似乎尤其反对一点，即雪曼拍了很多自拍照(作者自我指代成主角)。如果一个男性拍了一张关于雪曼的权威照片，情况会不会让人舒服一点？就像马奈的《奥林匹亚》一样？[17]

性别是文化生产中的一个决定因素，对文化产品的诠释也是如此，同时我们通过这部分讨论已经看到，对现代主义来说亦是如此。在《后现代的状况》的末尾，哈维阐述了一种现代主义形式的复活——马克思主义。他也认识到，需要换种方式看待差异和女性，以达到更加满意的结果。而仅仅增加范畴是不够的：它们应该从一开始就出现在人们的分析视野中。但是，在他自己对现代主义和后现代主义的分析中，这些最显著的“差异”之一，即和性别有关的差异，却被忽视了。

四、政治和学界

我对这两本书的整体写作意图都表示理解。苏贾竭尽全力成为一名后现代主义者，但他在很多方面实际上是一名现代主义者；
239 哈维非常赞同现代主义，但是他自己也说道，他希望改变现代主义，改善其某些不足。我本人也希望保留现代主义的优点，尤其是其注重改变、进步性改变的优点；我也很赞同哈维对现代主义的捍卫，但同时我们也要认识到现代主义的重要不足。两本书的一个共同问题是它们既没有充分认识到这些问题，也没有对其进行充分的思考。迄今为止，后现代主义提供的很多答案极有可能是错误的，同时后现代主义提出的挑战还必须得到解决。

还有一种思潮也一直在不断引发很多相同的问题，这一思潮就很多话题进行争辩，并且这些话题没有落入后现代主义的陷阱；它没有分化为本地主义(按照利奥塔的说法，它和特定的地理性没有任何关系。见马西，1991)，仍然坚守某些可以解决性别和阶级等话题的理论，对差异非常敏感，采用历史的视角……这种思潮就是女性主义。女性主义的这些特点来自弗雷泽和尼科尔森(1988)的观点，同时很多人也提出其他的特点，如弗拉克斯(1986)、哈丁(1986，1987)、哈拉维(1983)、贾丁(1985)，以及莫赖斯(1988)等。

这部分文献没有被苏贾或哈维提及。以上学者也没有哪位被苏贾和哈维提及。[18]我在本篇论文多处提到，女性主义的潜在贡献被完全忽略了。这让人难以置信，因为有大量女性主义者曾经撰写过空间和社会方面的著作。那么，为什么她们没有被考虑在内？是不是很多男性感觉自己无须阅读女性主义者的作品？是不是它被看作一种"特殊学科"？哈维说过(1985)，他希望把自己看成一位"不断进取的分析者"。这个说法很吸引人。但是他可能还不够进取，因为他的一个做法不可接受，《后现代的状况》一书的概述部分旨在进行一次全面细致的文献综述，而女性主义方面的重要文献竟然没有收录在内，一块重要的研究成果被完全忽略。

弗雷泽和尼科尔森提到了很多其他特点，可以构成一个新理论模式，这个模式不属于旧观念中的现代模式，也不是通常意义上的后现代模式。对文化特异性的关注，对社会内部的差异和不同时期的差异的关注，正在逐渐演变成一种认识，即这种理论属于"非普遍主义"。当其关注方式成为跨文化或者跨时代的，它的关注模式就成为比较主义而不是力图普遍化，它会适应改变和差异，而不是强调"无所不能的定律"(1988，

240 pp. 390—391)。我必须说我对此心存质疑(在困惑的时候，我们要敞开胸襟，对某些问题不必马上确定答案)。这种理论模式和哈维的观点形成了强烈对比。哈维经常将普遍主义和国际主义放在一起，但是二者很多时候完全不是一回事。在某种程度上，它们实际上是彼此对抗的。如果不考虑多样性的话，真正的国际主义肯定成功无望。很多分析都建立在"普遍性"的基础之上，但实际上普遍性经常是特殊性；普遍性根本不存在，只有白人、男性、西方人、异性恋这几个字眼。长期以来强迫人们接受这种普遍性的努力现在显露出败象，部分原因恰恰是这一做法激发了文化特殊性的最反动的形式。"终于"，弗雷泽和尼科尔森写道：

> 后现代女性主义理论终结了历史主体的观点。它将取消"妇女"和"女性性别认同"的一元观点，而代之以复数形式的社会身份认同的复杂概念，将性别看作相关线索之一，同时又考虑阶级、种族、族裔、年龄和性别取向。(1988, p. 391)

说起来容易做起来难。我们所讨论的这两本书，其论述是多么的苍白肤浅，其对进步政治批判的接受是多么的失败，哪怕批判目的是为了解决这些问题，或探讨解决这些问题的可能性。"作者"(authorship)是个重要问题。西方白人男性撰写学术论文，解释这个世界，目标读者都是他们彼此；历史上的作者在西方视野中被普遍认为是男性、异性恋、现代的。所以哈维没有理解雪曼的观点，恰恰是因为雪曼关注的是作者(权威)和女性主义。虽然他讨论了视角主义及其与个人主义的关系(如p. 245)，以及身为制作者的艺术家的现代感(p. 55 和 p. 245)，但其充分内涵并没被充分探讨和挖掘出来。而从现代主义这个词的最宽泛的意义出发，这些内涵具有政治性。多伊奇总结说：

> 辛蒂·雪曼、芭芭拉·克鲁格、西尔维娅·科尔博斯基、玛丽·凯莉、康妮·哈奇等后现代主义者发现了意象的问题，抛弃了领导者的权威角色。多年以来她们一直认为，由于再现产生于人们选择的特定主题/角色，而非普遍性的角色，这个世界不再那么容易被人们所绘制。(1990，p. 23)

波洛克指出，女性主义者"对自己天赋的亵渎使得她们丧失了一切。艺术家是个人主义的最主要象征，而个人主义只属于某一性别"。(1988，p. 11)

所以，这些对于我们这些身为学者的人来说也有启示。在地 241
理学和人类学等领域就有人就女性担当世界的诠释者这一角色提出了诸多疑问。但是这两本书都没有讨论这些问题。同时还有学术界的层级问题，以及女性学者是否真的需要把自己那么当作一回事的问题。V-女郎演艺团(V-Girls)曾经取笑过我们失控时的场景。她们上演过一幕相关的幽默短剧，其主题是……

马奈的《奥林匹亚》：正襟危坐，穿戴整齐

> 桌子上铺着桌布，摆着水罐，塑料杯，小组成员先集中，然后在桌子旁坐下来。五位黑头发的妇女，大概二十

多岁的样子，分别是玛莎·布尔(Martha Boer)、杰西卡·查默斯(Jessica Chalmers)、伊林·克雷默(Erin Cramer)、安德里亚·弗雷泽(Andrea Fraser)和玛丽安娜·威姆斯(Marianne Weems)。其中四人穿着专门订做的西服，带着粗框眼镜，以表明自己极为重视。现在小组马上要讨论“马奈的《奥林匹亚》：正襟危坐，穿戴整齐”。

主持人身着长裙，看上去有些局促不安，满脸歉意。

玛丽安娜：首先我们看一下马奈在开始创作《奥林匹亚》的时候手写的一张纸条，是写给莫伦先生的，莫伦是一个花农，住在离他的画室有几个街区远的地方。

莫伦先生，

我受不了天竺葵。请您送一些价格便宜点的粉红色花来。

您真诚的
爱德华·马奈

此处提到了金钱，这也是马奈一生的困扰，在其之后的多张纸条中也多次提到。

玛莎：1983年，艺术历史学家M.R.弗兰克有一个令人震惊的重要发现，是关于马奈的《奥林匹亚》的，我认为我们所有人都应该对其心怀感激。在这篇题为《隐藏的因素》的文章中，弗兰克首先指出“这幅画作中有一名黑人”。仅仅两年后，1985年，S.L.帕克写道：“我们也可以看到在近背景处，就在裸体女人的后面，有一个黑人。”

从那时开始，迄今只有 C.M. 佩因这一位批评家解释了为什么这么晚才有人发现这一点。佩因说，由于几乎没有黑人见过这幅画，于是既能去参观博物馆同时又能够做出这种分析的人就寥寥无几了。

弗雷泽：在 1865 年 5 月 11 日写给马奈的信中，查尔斯·波德莱尔提到了《奥林匹亚》，此处我引述他的话：“……还有那只猫(那真是只猫吗?)……”在我的论文中，我想要重新探讨这个基本问题。 242

在关于马奈的《奥林匹亚》的猫的各种诠释中，从男性自我意象的视角进行的诠释更有说服力。

(格罗弗，1989，pp. 13—14)

此处我再说一遍以防读者误解我的意思。这绝对不是对知识分子的敌视(V-女郎演艺团的演员本身都是作家和教师)，但确实是对学术游戏的嘲弄。V-女郎演艺团所批判的是在知识传授过程中以及学术机构中隐含的权力关系。

这些在更宽泛的政治领域也有所反映。差异，简单来说就是复杂性，被抹杀掉了，在一种思想的压服下被抹杀了。这种思想认为，所有的问题都只和劳资关系有关(实际上主要是资本，因为两本书都没怎么讨论和抵抗有关的内容，哪怕是劳工抵抗)。虽然苏贾认为我们在西方应该抗衡的是资本主义，而且只有资本主义，因为通过这一点，性别歧视和种族歧视的问题也将解决，而且他在全书都隐含这样的观点，我们之前的引言也表明了这一点，但是他在表明自己的政治立场时仍然很保守。他说："在我看来，后现代主义左翼面临的政治挑战，首先需要对戏剧化又令人困惑的第四次资本主义现代化具有一个正确的认识和提供一个令人信服的解释。"(p. 5)。这一阐述当然很必要，但还不够(虽然有"首先"一词，我们却没有看到第二、第三，等等)。如果关于近几十年的政治和社会转向有一件事情需要我们注意的话，那就是凡事都不会那么简单(有些人看到这点会感觉失望)。

哈维则清晰地阐述自己的政治观。他明确阐述道，一切都必须属于(理论上来说就是简单化为)某个阶级问题。所以，他讨论了福柯等人的观点，"其迎合了 20 世纪 60 年代的各种社会运动(女性主义、同性恋、种族和宗教团体、区域自治等)"，但是，他也说，这些运动都没有涉及"要采用什么样的路径使得这些本地化的斗争可以联合起来形成一种进步性的而非退步性的斗争，来抗争资本主义剥削和压迫的重要形式。本地化的斗争……从整体上来说没有起到挑战资本主义的效果……"(p. 46)此处有两点值得关注。首先，为什么女性主义(以本文的讨论为
243 例)是一种"地方化"的斗争？而阶级斗争则被认为具有"普遍性"？如持有这种立场，也就意味着所有的父权结构都可以简单化为阶级。其次，为什么认为这些"地方化"斗争所抗争的就是资本主义呢？当然女性主义抗争的是父权主义。有人，比如我，可能既是女性主义者又是社会主义者，认为自己在两条阵线上都在斗争(虽然有时心存绝望，就像在阅读这类著作时的感受一样)。一个人的身份还有我们所参与的斗争都相当多面，远远复杂于哈维所能想象的程度。

在该书最后，哈维整合了自己的理论和政治立场，提出要进一步发展马克思主义。这当然是积极的一步，这一点我也鼎力支持。但是随着哈维论述的展开，我们才了解到原来哈维的意思是说，要所有的边缘人继续服从，这些人身份繁杂，不符合那个简单的假定普遍性。看一下以下论述：

> 要恢复某些社会组织，如种族、性别、宗教等，遵循历史唯物主义（重点强调货币权力和资本流动）以及阶级政治（重点强调解放斗争的团结性）的整体框架，这一点非常重要。（p. 355）

如何才能做到鱼和熊掌兼得？我提出四点。第一，我完全赞成在历史唯物主义的整体框架下从性别的视角来思考。第二，我们同时一定要清楚这意味着什么。唯物主义的范围要宽泛得多，远远大于"强调货币权力和资本流动"，这种观点比经济主义还不像唯物主义，甚至连我们之前提到的很多性别话题都无法解决。第三，我们思考时要注意"解放斗争的团结性"。第四，不能强迫所有的斗争都归在"阶级政治……的整体框架下"。哈维的立场表明，团结的达成要通过一个群体对其他各个群体的监督指导才能获得。哈基米沙赖斯和瓦伊欧最近在描写我们这一领域的各种争辩的时候说道：

> 左派自相矛盾，提倡"团结"却又忽略分歧（从理论上、实践上以及前景上来说都是如此），他们本身就造成了分歧的加深……"团结"必须在差异和个体经验得到清晰表述的

基础之上建立起来。(1990, p.21)

244 但是，虽然哈维认识到需要建立联盟来达到团结，他仍然把每个人都硬塞进一个模子里："一个彩虹一样多样化的联盟会带来一个团结的政治，这种政治一定会说阶级的隐语，因为正是这个决定了存在于差异中的共同经验。"任何这种建立联盟的实践都将会证明这一观点的缺陷性，因为这一观点忽略了一点，即我们需要认识到冲突(还记得《银翼杀手》吗?)和复杂性的存在，并且正确地对待它们，将它们看成是统一体，那些真正存在又经常冲突的各种差异就存在于这些统一体内。

米尔顿凯恩斯

发表于1991年

【注释】

[1]但是如果说哈维等人的现代主义观点忽略了抵抗和政治斗争，这绝不表示说大部分的后现代主义者就做到了这一点。所有现代主义和后现代主义的二元差异(或者福特制和后福特制)都模糊了一个事实，即很多观点仍然毫发无损地保存了下来，没有任何改变。后现代主义的问题之一就是其对待"女性"的方法和态度，它将"女性"视为色情挑逗，视为预先设立的，目的就是为了肯定主角的身份。"女性"也极少被再现为主动的一面，进行积极的抗争(邦迪，1990；穆尔，1988)

[2]格雷戈里(1990)也从地理学以外的角度做过类似阐述。

[3]当时来自地理学的批判关注较多的是引入社会过程，将之作为对空间模式的解释。包括结构马克思主义在内的很多结构主义因果性在此处都相当重要。很有趣的是，引入社会过程与引入时间/历史完全是两回事。苏贾

(p. 18)说，结构主义是“20 世纪的最重要的途径之一，它肯定了空间在批判社会理论中的地位”。这在我看来也是一个漏洞百出的表述。按照福柯和结构主义的观点，“结构”有可能具有共时性，但并不能使其具有空间性。结构主义的视角当然也可以用来分析历史和地理，连接共时和历时；但是在某些情况下，它也可以被理解为是对这一二元结构的挑战。

[4]这一点绝对不是反马克思主义，更不是反唯物主义，我的观点是这是一种经典马克思主义，这一点在这场分析中没有提及。

[5]《后现代地理学》一书已经指出了这一点和线性历史的关系，在之后的章节中还会论述。 245

[6]他们受到指责的最重要的原因是，他们为之欢呼的很多领域的“主流”理论实际上已经为女性主义者讨论多年。

[7]有趣的是，这种性别歧视延伸到了艺术机构和艺术从业者，查德威克认为这是对后现代多元性的一种反应。“传统信条解体的表现之一是 20 世纪 70 年代出现的多元主义……这也是现代主义的基础。截至 70 年代，对多元主义的反应，对女性和少数族裔的反击，也反映在艺术界的一些重要机构和话语中。各种画展欢呼绘画的‘回归’，集中关注大卫·萨利、朱利安·许纳贝(Julian Schnabel) 和弗朗切斯科·克莱门特(Francesco Clemente)等新一代的男性新表现派画家，因为他们将所有的女性排除在外”(查德威克，1990，p. 347)。哈维所选择的后现代绘画作品的作者也是这一时期这一群体的一员(1980)。

[8]在这种情况下，哈维甚至没有提及约翰·伯格(John Berger)的作品，让人着实惊讶。

[9]看看萨利的作品，人们对于男性后现代艺术家当然也会持同样观点。

[10]波洛克的这篇论文探讨了现代性和空间，这是哈维所关注的重点，但是他没有注意到该文的完整题目是《现代性和女性主义的空间》。波洛克还讨论了莫奈画作中的黑人女仆。

[11]即使按照我们列举的方式造出了一个城市供男性使用，19 世纪的城市化对于女性来说仍相当重要，尤其是对于那些想要和其他女性生活在一起

的女性来说。当然，这些想法也会根据阶级的不同而变化(见波洛克，1985；见下文)，但是我猜想，哈维会欢迎这一点。

[12]乔治·桑(George Sand)决意要自己发现巴黎的大街小巷的秘密，但她要这样做，就不得不把自己装扮成一个男孩(沃尔夫，1985，p. 41)。

[13]但是有一点应该引起注意，就是当鲍德里亚漫步在纽约的时候，它们看上去是如此相似(Baudrillard，1988)。这是现代主义和后现代主义的重要男性人物会彼此分享的东西，但是两者都被看成敬仰的对象。

[14]最近某期《女性主义艺术新闻》的社论内容如下："FAN 这个话题反映了女性现代主义作品的复杂性和丰富性，揭示了界定现代主义的那些行为。现代主义作为一种进步的线性发展，现在被替代了，代之以不连贯性和各种改革。这不是纽约如何代替巴黎的故事，而是对整个非洲文化和意象的剖析，对女性作品中的沉默的分析，同时还是对黑人女性现代主义创造力以及现代主义解构的分析，这一分析其实早就该进行了"(第三卷，第四号)。

[15]完整的引文是："这(之前对电影的讨论)支持了近年来的某种观点，
246 即空间压缩的经验在更加灵活的积累模式转向的压力下，已经产生了一种文化形式的再现危机，这是美学关注的一个主题，无论是从整体来说(如《欲望之翼》)还是从局部来说，都是如此[从《银翼杀手》到辛蒂·雪曼的照片，再到伊塔洛·卡尔维诺(Italo Calvino)或者品钦(Pynchon)的小说，莫不如此]。"

[16]关于现代主义某些经典作品的社会意义，人们可能也会提出一些严肃的问题。

[17]就像凯莉指出的那样，可能现代主义艺术理论的最重要之处就在于其坚持认为"作者在场(authorial presence)"[凯莉，1981，引自埃利奥特(Elliott)和华莱士(Wallace)，1990]。

[18]哈维曾有一次提及哈索克(1987)，当时他只是利用这个例子来对后现代主义进行无根据的攻击。他说，有些学者提出"后现代主义提供了一个入口，让我们可以理解差异和'另一面/女性'以及所有可能从后现代主义得到解放的新社会运动(妇女、同性恋、黑人、生态主义者、区域自治者等)"。他继续阐述道："很奇怪，很多这类运动虽然肯定帮助改变了'情感结构'，却几乎

忽略了后现代主义的观点，一些女性主义者对此充满了敌意……"(p. 48)。这是对一场复杂争论的极大误读。我之前已提到，对后现代主义提供的答案不满，并不意味着我们很乐意跟随在哈维等人那支面向男性的现代主义后面。

【参考文献】

Baudrillard，J. (1988)，*America*，Verso，London.

Bauman，Z. (1988)，"Is There a Postmodern Sociology?"，*Theory*，*Culture & Society*，5，pp. 217—237.

Bondi，L. (1990)，"On Gender Tourism in the Space Age：A Feminist Response to *Postmodern Geographies*"，paper presented to the panel：Author meets critic：Edward W. Soja's Postmodern Geographies，AAG，Toronto，April；copy available from the author，Department of Geography，University of Edinburgh.

Bruno，G. (1987)，"Ramble City：Postmodernism and *Blade Runner*"，October，41，pp. 61—74.

Chadwick，W. (1990)，*Women*，*Art*，*and Society*，Thames & Hudson，London.

Chute，D. (1986)，"Out to Lynch"，*Film Comment*，22 (September/October)，pp. 32—35.

Clifford，J. and Marcus，G. E. (eds) (1986)，*Writing Culture*：*The Poetics and Politics of Ethnography*，University of California Press，Berkeley，CA.

Cosgrove，D. (1984)，*Social Formation and Symbolic Landscape*，Groom Helm，London.

Cowie，E. (1978)，"Woman as Sign"，m/f，No. 1，pp. 49—63.

Crimp，D. (1982)，"Appropriating Appropriation"，in P. Marincola (ed.)，*Image Scavengers*：*Photography*，Institute of Contemporary Art，Philadelphia，PA.

Crimp, D. (1985), "On the Museum's Ruins", in H. Foster(ed.), *Postmodern Culture*, Pluto Press, London, pp. 43—56.

247 Davidoff, L. and Hall, C. (1983), "The Architecture of Public and Private Life: English Middle-class Society in a Provincial Town 1780—1850", in D. Eraser and A. Sutcliffe(eds), *The Pursuit of Urban History*, Edward Arnold, Sevenoaks, Kent.

Dear, M. (1990), "*Postmodern Geographies*: Review", *Annals of the Association of American Geographers*, 80, pp. 649—654.

Denzin, N. (1988), "*Blue Velvet*: Postmodern Contradictions", *Theory, Culture & Society*, 5, pp. 461—473.

Deutsche, R. (1990), "Men in Space", *Artforum*, February, pp. 21—23.

Duffy, C. A. (1985), *Standing Female Nude*. Anvil Press Poetry, London.

Duncan, C. (1990), "The MoMA's hot mamas", *Feminist Arts News*, 3(4), pp. 15—19.

Elliott, B. and Wallace, J. A. (1990), "Modernist Anomalies: Bloomsbury and Gender", *Feminist Arts News*, 3(4), pp. 21—24.

Flax, J. (1986), "Gender as a Social Problem: In and for Feminist Theory", *American Studies/Amerika Studien* (June).

Fraser, N. and Nicholson, L. (1988), "Social Criticism without Philosophy: An Encounter between Feminism and Postmodernism", *Theory, Culture & Society*, 5, pp. 373—394.

Gledhill, C. (1978), "Klute: Part I: A Contemporary Film Noir and Feminist Criticism", in E. A. Kaplan, (ed.), *Women in Film Noir*, British Film Institute, London.

Gregory, D. (1990), "Chinatown, Part Three? Soja and the Missing Spaces of Social Theory", *Strategies*, 3, pp. 40—104.

Grossberg, L. (1986), "Reply to the Critics", *Critical Studies in Mass*

Communication, 3, pp. 86—95.

Grover, J. Z. (1989), "The Misrepresentation of Misrepresentation", *The Women's Review of Books*, 6(10—11), pp. 13—14.

Hadjimichalis, C. and Vaiou, D. (1990), "Flexible Labour Markets and Regional Development in Northern Greece", *International Journal of Urban and Regional Research*, 14, pp. 1—24.

Hall, C. (1981), "Gender Divisions and Class Formation in the Birmingham Middle Class, 1780—1850", in R. Samuel, (ed.), *People's History and Socialist Theory*, Routledge & Kegan Paul, London.

Haraway, D. (1983), "A Manifesto for Cyborgs: Science, Technology and Socialist Feminism in the 1980s", *Socialist Review*, 80, pp. 65—107.

Harding, S. (1986), *The Science Question in Feminism*, Cornell University Press, Ithaca, NY.

Harding, S. (ed.)(1987), *Feminism and Methodology*, Indiana University Press, Bloomington, IN.

Hart, N. (1989), "Gender and the Rise and Fall of Class Politics", *New Left Review*, No. 175, pp. 19—47.

Hartsock, N. (1987), "Rethinking Modernism: Minority VS Majority Theories", *Cultural Critique*, 7, pp. 187—206.

Harvey, D. (1985), *Consciousness and the Urban Experience: Studies in the History and Theory of Capitalist Urbanization*, Basil Blackwell, Oxford.

Harvey, D. (1989), *The Condition of Postmodernity*, Basil Blackwell, Oxford.

Hewison, R. (1990), *Future Tense: A New Art for the Nineties*, Methuen, London.

Irigaray, L. (1978), "Interview", in M. F. Hans and G. Lapouge(eds), *Les Femmes, La Pornographie, L'Erotisme*.

Jameson, F. (1989), "Marxism and Postmodernism", *New Left Review*, 248

No. 176, pp. 31—45.

Jardine, A. (1985), *Gynesis: Configurations of Women and Modernity*, Cornell University Press, Ithaca, NY.

Kelly, M. (1981), "Re-viewing Modernist Criticism", *Screen*, 22(3), p. 51.

Lennox, S. (1987), "Anthropology and the Politics of Deconstruction", paper presented at the ninth annual conference of the National Women's Studies Association, Atlanta, GA, June; copy available from the author.

McGuigan, C. and Huck, J. (1986), "Black and Blue Is Beautiful? Review of *Blue Velvet*", *Newsweek*, 108 (27 October), pp. 65—67.

Mascia-Lees, F. E., Sharpe, P. and Cohen, C. B. (1989), "The Postmodernist Turn in Anthropology: Cautions from a Feminist Perspective", *Signs*, 15(1), pp. 7—33.

Massey, D. (1984), *Spatial Divisions of Labour: Social Structures and the Geography of Production*, Macmillan, Basingstoke.

Massey, D. (1991), "The Political Place of Locality Studies", *Environment and Planning*, A 23, pp. 267—281.

Moore, S. (1988), "Getting a Bit of the Other—the Pimps of Postmodernism", in R. Chapman and J. Rutherford (eds), *Male Order: Unwrapping Masculinity*, Lawrence & Wishart, London, pp. 165—192.

Morgan, J. (1990), "Speaking in Tongues: Women Artists and Modernism 1900—1930", *Feminist Arts News*, 3(4), pp. 12—14.

Morris, M. (1988), *The Pirate's Fiancée*, Verso, London.

Nicholson, L. J. (ed.) (1990), *Feminism/Postmodernism*, Routledge, London.

Owens, C. (1985), "The Discourse of Others: Feminists and Postmodernism", in H. Foster (ed.), *Postmodern Culture*, Pluto Press, London, pp. 57—82.

Pollock，G. (1988)，*Vision and Difference*：*Femininity*，*Feminism and Histories of Art*，Routledge，London.

Rabkin，W. (1986)，"Deciphering *Blue Velvet*：Interview with David Lynch"，*Fangoria*，58 (October)，pp. 52—56.

Rorty，R. (1979)，*Philosophy and the Mirror of Nature*，Princeton University Press，Princeton，NJ.

Sangren，S. (1988)，"Rhetoric and the Authority of Ethnography"，*Current Anthropology*，29，pp. 405—424.

Soja，E. (1989)，*Postmodern Geographies*：*The Reassertion of Space in Critical Social Theory*，Verso，London.

Swain，S. (1988)，*Great Housewives of Art*，Grafton Books，London.

Taylor，B. (1987)，*Modernism*，*Post-modernism*，*Realism*：*A Critical Perspective for Art*，Allen & Unwin，Winchester，MA.

Valentine，G. (1989)，"The Geography of Women's Fear"，*Area*，21，pp. 385—390.

Wolff，J. (1985)，"The Invisible Flâneuse：Women and the Literature of Modernity"，*Theory*，*Culture & Society*，2(3)，pp. 37—46.

249 ## 第四节 政治与空间/时间

“空间”是目前的研究热点。一方面，很多领域都宣称空间的重要性：“是空间而非时间将最终结果掩藏起来”(伯杰)；“空间很重要”(塞耶)；“后现代主义隐含着新的空间性”(詹姆逊)；“空间而非时间是当代资本主义的重要维度”(厄里)；以及“所有的社会科学必须考虑愈来愈具有地理性的人类概念”(布罗代尔)。甚至福柯关于空间重要性的零星论述现在也越来越多地被引用。他 1967 年的柏林讲座说得很清楚：“我们这个时代的焦虑从根本上说一定是和空间有关，绝对要比和时间的关系大得多。”在其他语境下，空间以及相关概念的重要性更加具有比喻性。关于身份的争论中，空间、本地、位置和地方这些术语都非常重要。霍米·巴巴在讨论文化身份的时候，提出了“第三空间”的概念。面对他称之为后现代时期的全球混乱和“饱和空间的迷失”(disorientation of saturated space)的时候，詹姆逊呼吁实行“认知测绘”。拉克劳在反思“我们这个时代的新革命”的时候，使用了“时间性”和“空间性”这两个术语来重点区分定义社会关系的不同方式。

对于我这样一个长期以“地理学家”身份示人的人来说，这些从某种意义上说都是令人高兴的事。很多关注和概念(或者至少各种术语)长期以来都只是我们这个领域讨论的中心话题，现在突然间也成了更加广泛的社会和政治争辩的中心话题。

250 但是，除了高兴之外，这些术语被使用的方式仍让我感觉到了一丝不安。令我不安的原因之一是目前大家对“空间”一词的使用。

对“空间”一词的关注部分源于这一术语含义的多样性。很多学者非常依赖空间/空间性(space/the spatial)这两个术语，每个人都认为这两个词的意思清晰明确，毫无争议。但实际上不同学者所认为的含义相差很大。这些差异还没有为大家所发现，而实际上还暗暗存在着一场争辩，这场争辩尚未公开化，原因在于每个人认为大家都已经知道这些术语是什么意思。列斐伏尔在其著作《空间的生产》的开篇对这一现象做出了如此评价：很多学者在逻辑方面表现突出，但他们却无法定义一个在他们的论述中意义重大的术语：“认识论研究中很明显地缺少了……空间……概念，虽然‘空间’在每一页上都被提及。”[1] 所以至少我们应该讨论一下这个经常被大家使用的术语的具体含义是什么。

但是，如果我要表达的内容仅仅如此，我是不会花上一篇论文的篇幅来论述的。我要阐述的这个问题更加深刻。目前很多空间定义相互冲突，其中有些很有影响力的定义将政治和政治可能性与空间剥离开来，成功地将空间范围去政治化。不是所有学者都如此定义空间，很多人还使用中心/外围/边缘等术语，思考“区位政治”问题，他们考虑空间问题采用的是一种高度主动积极和政治上可行的方式。但是对于很多人看来，空间是一个缺乏政治的领域。

恰恰由于大家极少思考空间术语的使用，所以这一词语的使用问题并不显得很突出。我意识到这一点，是由于我读到了拉克劳在《对我们时代革命的新反思》(以下简称《新反思》)中的一句话。“政治和空间”，他写道：“是对立的两个术语。政治迄今只存在于空间将我们排除在外的地方。”[2] 多年来，我作为一名地理学家一直和很多其他学者共同提倡一种动态的、政治进步的空间概念，而拉克劳的这种观点简直就是挑衅！

因为我自己的疑问源自拉克劳，厘清这些定义就意味着要对该著作仔细阅读(这就限制了我所能考虑的学者数量)，所以
251 我们就以《新反思》为起点来进行一次认真探讨。但是，我们接下来就会清楚地看到，很多学者都和拉克劳一样坚持将空间去政治化的空间定义，比如关于结构主义本质的争论，另外很多论述也都隐晦地表达了这个意思。此外，哪怕在学者们已经达成一致的很多基本问题方面，也可以发现这一点，比如詹姆逊，当然他的论述在很多方面有别于拉克劳。

粗略总结一下，拉克劳的空间观认为空间是静态领域，在空间领域中，没有真正的时间性，所以也就没有政治。我们的讨论就围绕着对这个观点的批判来展开。关于现代性和后现代性之争，尤其是关于后现代性，很多学者提出了迥异于拉克劳的空间观点。詹姆逊就认为后现代时代的特征就是空间性，他从一种多样性的视角来诠释空间：空间就是混乱的无深度(chaotic depthlessness)。[3] 这与拉克劳所认为的特征相反，但是对于詹姆逊来说，这一种说法剥夺了空间内所有有意义的政治色彩。

有一点需要说明一下。我们的讨论只集中关注这一复杂领域的一个方面，即空间。列斐伏尔等学者坚持认为，既要考虑什么可以被叫作空间“几何学”，同时还要考虑其实践和特定空间的象征性含义和意义。我们并不反对这一观点，但此处集中关注的仍然是围绕空间观点，我暂且称之为“一个维度”。此处

我们的观点是定义“空间”的不同方式本身就表明了空间的政治化具有非常不同的各种基础(或者有时根本没有基础)。所以很清楚的是，对空间进行定义并不是简单的专业兴趣问题，这是我们体验和概念化这个世界的轴线之一。

一、空间和时间

我们已预见到空间一词的使用方式和含义众多，我们对文献的阅读也证明了这一点，但是其中有一个含义非常突出，业已为众人所接受。这一含义以各种形式将空间定义为静态的，和时间完全是相反的。拉克劳认为，时间和空间二者之间的差别对他的整个论述至关重要，他使用了一个非常复杂的定义。 252
对于他来说，时空概念和对社会系统的各种反差极大的认识有关。在《新反思》一书中，拉克劳指出，“任何受到连续结构定律支配的重复都是空间”(any repetition that is governed by a structural law of successions is space)，“空间意味着在某个结构中的共存，这个结构建立了其所有的积极本质”。[4]此处，任何先决性的因果结构如果是完整和自决的都被标记为“空间”。这不是是说这种“空间结构”无法改变——它有可能改变——但是其基本特征是：可能发生的任何改变的所有原因都来自结构内部。从这一观点来说，在空间的范围里，没有什么意外可言。相反于封闭自决的空间系统，时间(或者暂时性)对于拉克劳来说，采取了失位的形式，这是一种动态，打破了任何因果系统的预先设定的术语。空间，因为其缺乏失位，被剥夺了政治的可能性。

这是时间和空间之间的一个重要差别，变化和缺乏移动形成了鲜明对比。拉克劳认为，在一个空间系统中可以存在移动和改变，但从“系统”本身的变化来说，不存在真正的物力论(dynamism)(所以这个系统永远不会成为一个连贯封闭的系统)。换言之，通常意义上的不同种类时间之间存在着差异。一方面，一个封闭系统内部有时间，在这个系统中，事物可能在变化，但实际上又没有真正发生变化，但是另一方面，又存在真正的物力论，即宏大的历史时间(grand historical time)。前者如四季轮回，生殖繁育，农民顺应寒暑易节，四季轮替。在某种程度上，也存在“嵌入式时间”，即我们每天的刻板生活所遵循的时间。[5]拉克劳说，这种“时间”就是空间。

拉克劳此处的论述表明，我们在这个世界不可避免要面对的是“时间性”(the temporal)(他认为时间是失位的)结构；失位是内在的，这一重要的开放性，创造了政治的可能。任何想要从空间角度对世界进行再现的做法，哪怕是物理空间，都忽略了这种失位。所以按照他的术语，空间就是再现，就是为了形成封闭所进行的(意识形态方面的)努力：“那么，社会就是不可再现的：任何再现，任何空间，目的都是组成社会，而无须阐述社会是什么。”按照这种论述，纯粹的空间性是不存在的：“所有霸权的最终失败(拉克劳又称作空间化)都意味着，真实最终都是暂时的，包括物理空间——或者说真实是任何空间的虚构
253 本质。”[6]但这并不意味着空间不重要。这不是我们的争论重点，也不是拉克劳的意图。在他看来，“空间”具有意识形态性/虚构性，本身即是社会的一部分：“迄今为止，社会的存在必然会伴随着对特定意义及封闭性的固恋和言论，所以意识形态必须被看作社会的一部分。”[7]此处的问题不是时间和空间孰先孰后的

问题，而是它们定义的问题。因为按照这一逻辑，以及这一逻辑与时间性和空间性的关系，拉克劳才形成了空间去政治化的观点。“让我们首先”，拉克劳写道：“阐述失位关系的三个维度，这对我们的研究至关重要。第一个维度，失位是时间的形式。时间必须被看作空间的完全对立面。一个事件的‘空间化’也就去除了其时间性。”[8]

第二个和第三个维度将这一逻辑延伸得更远：“第二个维度是失位，请记住失位是空间的对立面，是可能性的形式”；“第三个维度，失位是自由的形式，自由是决定性(determination)的不在场。”[9]这让空间看起来毫无政治前景可言，空间没有失位，而失位正是可能性的形式、时间的形式以及自由的形式。在空间中，只有决定性，所以没有任何自由或政治的可能。

拉克劳的空间观点相对来说比较完整透彻，另一种时空概念(或者叫空间性和时间性)则更加的宽泛。这一概念认为，时空是对立的，时间发挥重要作用，历史(大写的历史)由时间构成。时间大踏步前进，而空间则是一种静态的存在，在空间中，什么事情都没有真正发生过。

在我看来，这种认识空间和空间范围的观点有诸多漏洞。我们讨论三点，选择这三点是由于它们的反差非常之大，有助于我们看清这种空间观点的问题所在。第一个利用了“激进地理学”在过去20年中所进行过的各种争辩；第二个从性别视角进行讨论；第三个从物理学角度进行讨论。

二、激进地理学

20 世纪 70 年代，地理学这一学科经历了多种发展。按照安
254 德森的说法，这些发展是和其他社会科学一起在“一股车道双向通行的文化”中的发展。[10]之前一统天下的实证主义者的“空间科学”受到越来越多的挑战，挑战者正是新一代的马克思主义地理学家。从学术上来说，争辩开始转向“空间和社会的关系”该如何定义。空间科学家提出了一个空间的自主区域，在这一区域中，“空间关系”和“空间过程”产生了空间分布。以工业地理为例，它被简单地看成是“地理区位因素”的结果。针对这一点，马克思主义地理学家反驳说，所有这些所谓的空间关系和空间过程实际上都是社会关系，只不过采用了一种特定的地理形式罢了。我们曾提出，如果事先不了解经济，不了解宽泛的社会和政治过程，工业地理就无法解释清楚。70 年代的流行语说“空间是一种社会建构”，也就是说空间是通过社会关系和物质社会行为构成的，虽然这个观点在当时并没有被清晰地表达出来。

但是很快，这一观点在解释社会/空间关系的时候也开始显得捉襟见肘。因为虽然空间确实是一种社会建构，但这一说法的片面性表明地理形式和分布仅仅是结果，是社会解释的终点。那么地理学家就变成了社会科学的制图工作者，不断地测绘出各种过程的结果，而这些结果只有在社会学、经济学等其他学科才能得到解释。地理学家所测绘出的社会空间形式非常有趣，但是它只是一个终端产品，没有实际意义。这贬低了地理学科的地位。20 世纪 80 年代在我们周围发生了很多事件，在当时各

种社会和经济变迁浪潮中，国内和国际上都发生了巨大的空间重组，这已清晰地表明“地理很重要”。所以在那条70年代的谚语“空间是一种社会建构”之外，80年代又为社会/空间关系这枚硬币增加了另外一面，即社会也是空间建构，这一点意义重大。换言之，社会必须是空间建构，而社会的空间组织对于社会如何运行至关重要。

但是如果空间组织对社会如何运行和改变至关重要，那么空间和空间性不仅不是静态的，而且它们也都隐含在（和拉克劳相反）历史生产中，从而也可能隐含在政治中。这一观点并不新颖，列斐伏尔在1974年就曾提出一个非常相似的观点：

> 于是，资本积累空间逐渐产生了，并开始成长壮大。这一过程被充满敬意地称为历史，它的动力来自各种因素： 255
> 王朝的利益，意识形态，强者的野心，民族国家的形成，人口的压力，诸如此类。这条道路通往一个无休无止的分析，一个探寻，以找到事件的具体日期和发展脉络。既然空间是这些事件发生的地点，它难道不会是一条解释原则吗？至少和其他原则一样，成为一条可以接受的原则？[11]

社会和空间不可分割，社会的空间形式具有因果效应，这一宽泛观点已经为越来越多的人所接受，尤其在地理学和社会学领域，[12]虽然目前仍有人持反对意见，甚至根本不承认存在这样一场争论，比如詹姆逊的综述中就没有提及该点。[13]但是，对于那些熟知这场争论的人来说，这场争论是迈向空间政治化的关键一步，他们认为，将空间看成不产生任何效果的静态结果——无论是简单化的观点，还是拉克劳等人更为复杂的观点——应该都是一个非常大的退步。

但是回溯起来，在激进地理学内部的争论也要正视一个问题，即我们的观点对于如何定义空间会产生什么样的影响。

三、性别话题

激进地理学之外的其他视角也对这种空间观持反对态度。这些不同视角围绕着性别话题展开了讨论。

这种时空定义采用了对立二分法，它既不是对差异的简单阐述(A，B，…)也不是简单的二元论，一种通过分析所定义事物的相互关系而形成的二元论(如资方和劳方)。这一对立二分法的特点在于在场和不在场；这一二元论采用了经典的 A/非 A 模式。我们之前说道，拉克劳的观点之一是“时间必须被看成是空间的完全对立面”。[14]现在，除了适用于特定情况下的那些时空观点(我们之后会谈及)，这种思维模式依赖的就是这种不可调和的对立二元结构，它已经遭到了广泛批评。所有这些我们习以为常的对立(心智—身体，先天—文化，理性—感性，等等)实际上都存在诸多问题，它们对我们理解或改变这个世界造成了阻碍。很多这类批评都来自女性主义。[15]

256 这一论述有两层含义。首先也是不那么重要的一点，在西方社会，或者范围再宽泛点，在养育子女的职责主要由单一性别人群(女性)承担的社会，这种定义空间的方式是典型的男性方式，而非女性方式。他们利用客体关系理论来解决身份认同形成问题。第二点则具有更直接的意义，有人提出，这种二元对立思维和其他二元结构（我们下面会详细讨论）一样，都和我们社会中性别之间的显著区别的建构有关系，和社会强加在各个性别上的特征有关系，和性别之间的权力关系有关系。所以，南希·杰伊在一篇名为《性别和二元》的论文中讨论了使用逻辑对立二元的社会条件和后果。她不仅提到了逻辑对立二元和显著性别区别二者之间的联系，更延伸一步指出，这种建构差异的模式对某些（占支配地位的）社会群体有利，“几乎所有基于A/非 A 二元论的意识形态都能有效地抵抗变化。那些秉承这一认识的人很难认识到社会秩序（第三种可能）还会有其他可能形式。在这种思维模式下，一种秩序的唯一其他形式就是无秩序”。[16]吉纳维芙·劳埃德在探讨西方哲学中“男性”和“女性”的历史的《理性男人》一书中曾说道，这种二元结构观，二元中的一方要优先于另一方的认识（我们稍后会讨论），这对于很多西方哲学概念和观点来说很重要，而且有一个概念尤其重要，西方哲学既依存于斯，也是其关键所在，即女性和男性之间显著区别的特定形式。[17]罗伊提出：“A/非 A 这种观点很隐蔽，很理所当然，实际上很危险，由于它们和性别差异的密切关系，女性主义理论都要认识到这一点。”[18]我们此次详细讨论的“空间”和“时间”的定义就是如此，认识到这一点我们才能进行接下来的批判。

还有一个深入观点。在这种定义过程中，只有一方（A）是被积极定义的，另一方（非 A）只是从 A 的角度来考虑，在 A 中也不存在。最近的一些关于时空的文献就使用了这种定义方式，仔细阅读之后，我们就会发现，时间处在 A 的位置，而空间处在非 A 的位置。时间的定义总是离不开变化、移动、历史、动 257

态，而空间相比较来说，这些元素都不在场。这一点又可以分为两个方面。首先，这种定义表明，时间以及和时间相关的特征是时空的重要组成部分；时间是节点，是优先的能指。其次，这一定义表明空间是有由不在场定义的，由缺失(lack)定义的。这一点清楚地体现在各种简单(经常也是隐含的)定义中(时间等于变化/移动，空间则没有)，但是拉克劳等人提出的很多复杂定义也存在这种现象。因为虽然从形式上，拉克劳认为空间是完整的，而时间表示缺失(再现的不在场，封闭成为不可能)，但从整体来看，拉克劳的观点认为，和负面性和不在场联系在一起的实际上是空间。于是，“时间必须被看成空间的完全对立面。一个事件的‘空间化’也就意味着去除其时间性”。[19]

当然，现在的西方文化和其主流理论对女性的定义也从缺失的角度出发。我们下面会看到，空间和女性被经常从二元对立的角度来定义，二者都经常被定义为非 A，这完全不是巧合。还有很多二元的定义都和时空二元的角度相同。时间总是和历史、进步、文明、科学、政治、理性和虚张声势的庄重仪式联系在一起，而和空间联系在一起的都是这些词汇的对立面：静态、(“简单”)繁育、思乡、情感、美学和身体。所有这些二元论都备受诟病：二元结构中两个概念的互相排斥，从而导致了两个概念的极度简单化。还有其他一些二元结构也是从时空角度定义的。詹姆逊和他之前的很多学者一样，明确地将这些成对的概念和先验性(transcendence)和内在性(immanence)联系起来，前者从内涵意义上和时间联系起来，后者和空间联系起来。其实撇开他们的其他差异，詹姆逊和拉克劳在这一点上的观点非常相似，因为拉克劳将简单再生产(空间)的封闭循环的时间和失位的不断变化的历史(时间)两者区分开来，即使后者在其向前发展过程中不存在必然性。詹姆逊叹息于迈向内在性的趋势，惋惜于从当代先验性的逃离，他写道，“一个没有先验性和内在性的奇怪世界”“也没有任何传统意义上的情节，因为所有的选择都是等距的，处在同一水平上”[20]，他相信在这个世界上，时间丧失了，空间接管一切。 258

我们已经多次指出，这些二元结构都非常容易匹配，也都和男性女性二元结构匹配起来。卢梭认为女性是混乱的潜在来源，需要受到理性的驯服；弗洛伊德的言论广为人知，他说女性是文明的敌人；再后来，很多的批评家和分析家提出，很多二元结构“显而易见”，二元之间的关系也“显而易见”，它们都具有男性和女性内涵，这类文献非常之多。[21]在这由各种相互联系的二元结构组成的集合中，空间被编码为女性。“‘先验性’，从其根源来说是女性的先验性”，拉克劳写道。[22]甚至二元之间的转码有冲突的地方，这一规则也同样适用。所以，时间是动态、失位和大写的历史，空间是静态、女性，受人贬低。但是，在混乱的空间里(你会认为混乱和静态没什么关系，混乱应该和失位有关才对)，时间就是大写的秩序……空间仍然被表达为女性，并且只有在这个语境下才被解释为具有威胁性。

伊丽莎白·威尔逊在其著作《城市的斯芬克斯》中对此进行了分析。[23]她提出，所有城市文化都是倾向男性的。但是在这个语境下，女性从两个方面构成了威胁。第一，在大都市中人们都更自由了。虽然也存在各种威胁，但更容易逃脱严苛的父权社会控制，而在小地方，父权具有强大的控制力量。第二，“女性已经在西方城市中造成了很坏的印象，因为她们好像就代表了混乱。城市恐惧了，因为城市本来就是混乱放纵的性别自由之地，现在有必要严格对女性实施控制以避免这一危险”。“女性代表着感觉、性感，甚至混乱，而男性代表着理性和控制。”[24]和20世纪初期的男性现代主义作家一样(除了乔伊斯)，她也提出，人们对蓬勃兴起的城市的主流反应是将之看成一种威胁，而女性现代主义作家[沃尔夫(Woolf)，理查森(Richardson)]则更多地欢欣鼓舞于城市的发展与活力。男性的反应可能模糊一些，但是肯定也是一种混合了迷恋和恐惧的复杂情感。有一点很有趣，要在此处提一下，看到后现代那不可捉摸(所以也不可忍受)的复杂性的时候，有些学者兴奋又恐慌。学者们始终从空间视角看待这种不可捉摸，他们提出导致这一不可捉摸
259 的原因有崭新的(被看成是崭新的)时空压缩，崭新的全球—地区化，边境被打破；他们还提出，由于某种原因，目前的时代从本质上来说比之前的时代更加具有空间性。詹姆逊将这两种观点合二为一，他也表现出了同样的矛盾心理。他写到了“多样性的可怕之处”“所有的网络结构脉络都发疯一样冲出我的‘境地’，冲进其他人那无法想象的共时性中”。[25]我们一下就联想到詹姆逊(和其他人)在面对当今的复杂世界时(当今世界被看成具有社会性，但更重要的是具有空间性)所感受到的那令人眩晕的强烈恐惧(他们自己经常使用这个词语)，这种恐惧似曾相识，一个世纪前的男性现代主义者在面对大城市时也出现过类似紧张不安。

重要的是，我们要清楚我们所讨论的到底是什么。不是说这种定义空间的方式就是本质上是男性的；此处没有女性/男性的本质区别论。此处的观点是，时空的二元对立和我们之前简

短提到的很多其他二元结构，以及它们在内涵上的各种联系，既反映了我们所生活的这个充满性别歧视的社会中的男性和女性状况等现实，同时也是这样一个社会的组成部分。我们不是要求空间和时间平等，或者空间要优先于时间。这一点很重要，因为一直以来很多声音，尤其是来自现代主义立场(包括马克思主义者)，认为时间更加重要。苏贾在他的著作《后现代地理学》中曾经列举了一个很有说服力的例子(同时请参见格雷戈里对他的批评)。[26]我们之前谈到的马克思主义地理学(据说是空间学科)也表明了同样的观点。特里·伊格尔顿在克赖斯汀·罗斯(Kristin Ross)的《社会空间的构建》一书的序言中写道："罗斯非常正确地提出，这个观点(空间概念)对激进理论家的吸引力要远远小于更加动态、令人兴奋的叙事和历史概念。"[27]有趣的是，我们可以考虑一下，这种时空二者谁更重要的讨论本身可能就是性别含义系统的重要组成部分。罗斯自己写道："困难还来自于词汇，因为虽然像'历史'和'政治'等单词表达的是一种意图、活力和人类动机的动态，而'空间'这一词汇却包含着静态、中立和被动性的含义"；[28]在分析兰波(Rimbaud)的诗歌以及兰波诗歌和巴黎公社的关系时，她对空间性本质上是负面的观点表示了竭力反对。(詹姆逊也就时间的优先权提出了相似观点；但是他的目的和罗斯和苏贾的完全相反；他的目的是要坚 260
持这个优先权。)

我们阐述的关键不是希望提高空间在二元结构中的地位(考虑到这个二元结构的组成部分，这个话题很难讨论)，而是要说明，我们必须克服从二元对立的视角来认识空间/时间。女性主义者也经常就其他二元对立提出类似观点，比如由西蒙娜·

德·波伏娃的观点引发的关于先验性和内在性的争论。波伏娃写道："男性的设计不是要在时间中重复自己，而是要控制住瞬间，塑造未来，是男性的活动创造了价值，使得存在自身具有了价值；男性活动在生活的各种力量中占据上风；它使得自然和女性变得服从。"[29]她的这一阐述区分了循环和"真正的变化"，这不仅对于内在性和先验性的经典差异非常重要，也是拉克劳区分他所定义的空间和时间的一种方式。波伏娃的观点是女性应该抓住先验性。后来的女性主义者指出，问题出在这种区分本身。这两组二元结构(内在性/先验性和空间/时间)联系在一起，关于前者的观点可以而且也应该延伸到后者。下一部分将从物理学角度提供更多的证据，说明这一延伸是可能发生的。

四、物理学视角

此处讨论的时空概念有悖于自然科学范畴的时空观，尤其是物理学。从原则上说，这可能根本不重要，因为人们不确定是否可以或者应该在物理学和社会科学之间进行比较，但确实在物理学领域，学者们也在持续争论这一话题。有人已经从物理学的角度对我们以上提到的时空观给出了一个解释，虽然提出的方式有些隐晦。问题是，这种解释是一个过时的解释。

拉克劳等人用过这一解释，它是经典的牛顿物理学观点。在经典物理学中，时空就像物体一样是独立存在的。空间是被动的场所，是物体及物体之间相互关系的背景场所。反过来，
261 物体要先存在，才能通过力场进行互动，互相影响。同样，观察者独立于自己所观察的世界之外。但是，在现代物理中，事

物特性的构成是通过互动产生的。虽然现代物理对速度、加速度等都进行了定义，但对时空等基本的本体论范畴却没有进行定义。更重要的是，在现代物理学中，物理现实被看作“四维存在，而不是……三维存在的进化结果”。[30]所以，“根据爱因斯坦的理论……时空不应该被看成是独立的实体，空间是三维的，时间是一维的，而解释它们的物理现实由四维时空组成”。[31]同时观察者也是自己所观察世界的一部分。

此处我们需要停顿一下来澄清几点。首先，此处的观点不是要完全抹消空间维度和时间维度二者的差异，也不是说，这就是现代物理学所提出的观点。而是说，空间和时间是紧密交织在一起的；不是说我们根本无法在两者之间进行任何区别，而是说我们所做出的差别需要厘清两者的关系，而且要在一个整体的四维概念下进行区别。

第二点，定义时空时必须考虑二者的相互联系。这表示将空间定义为无时间是绝对不可能的。它必须有一个积极的定义，时间定义亦是如此，定义空间时不能从不在场或缺乏的角度出发。这还表示说，如果时空两者的积极定义必须相互联系，那么就不存在绝对的维度、空间。空间的存在依赖于物体的相互联系：“为了让‘空间’具有外形，需要至少两个基本粒子。”[32]这实际上是说，不仅在人们经常讨论的区域，甚至在社会科学领域，空间都不是绝对的，它是相对的。问题是人们还没有开诚布公地谈论这个观点的意义。

从某种方面来说，这似乎和拉克劳对空间概念的阐述有所类似，因为他的定义确实提及了社会互动的各种形式。但是，我们已经看到了，只有当这各种形式形成一个封闭系统的时候，

他才将它们(或者它们的概念)认定为具有空间性，而且在这个封闭系统中，缺乏失位，缺乏可以产生冲破假定(但有时是不可
262 能的)封闭系统的失位。但是，这种用词肯定是比喻性的，它表示了空间和空间性所承载的内涵意义。它没有直接讨论“空间”本身。所以现在我们更细致地考察一下拉克劳的用法，我们发现他很多时候都从可能的(实际上，他会认为是不可能的)因果结构的角度来呈现空间定义——“任何被一个连续的结构定律支配着的重复就是空间”；或者，“空间性表示在一个结构中的共存，这个结构建立了其所有的积极本质”。[33]我对这些定义及其他相关定义的疑问，无论是在该书其他章节还是任何其他地方，比如在关于结构主义的“空间性”的争论中，都是这样一个反应：“说的是谁啊?”这种定义难道不是太武断了吗？拉克劳对无失位静态意义上的纯粹空间性的实际存在持排斥态度。那么接下来的问题就一定是：为什么要假定(postulate)它？或者，准确一点说，为什么将之假定为“空间”？我们已经看到，一个绝对空间维度的答案回答不了这个问题。所以还有一种可能的答案，即这种理想化的纯粹空间性，只以话语/神话/意识形态的方式存在，而这种理想化的纯粹空间性实际上是一种(被误判的)比喻。在这种情况下，它确实是由相互联系来定义的，这当然不是“绝对的空间”和独立存在的维度，这些相互关系是一个封闭的社会关系系统的相互关系，在这个系统外部，什么都不存在，而在系统内部，没有什么能使其内在功能发生混乱。但是如果是这样，我的问题是：为什么把这叫作空间？“空间”这一术语的使用在此处看起来纯粹是一种比喻。在这种系统确实存在的范围内，甚至它们仅仅被认为是一种理想的范围内，它们绝对

不是简单的空间或者仅仅存在于空间之中。它们自身也组成了一种特定的时空形式。[34]

拉克劳的观点和我所理解的空间相悖，我会在之后对此进行阐述。“任何被连续的结构定律支配的重复”，空间是以这样的方式被支配的吗？我们之前提到，激进地理学家在20世纪70年代激烈反对的恰恰就是“空间领域（spatial realm）”的观点，当时一大帮知名学者，从数学“区域科学家”到痛恨数据的人，都或清晰或含蓄地提出了这一领域，其中存在空间过程、空间定律和纯粹的空间阐述。从因果性（causality）来说，我们这些反对这一观点的人认为，空间是由外部决定的。由于以上观点从因果本质的角度为空间/空间性这两个词汇赋予了很多含义，所以令我们的认识倒退了二十几年。还记得上面我们提到的拉克劳的第二条定义吗？——空间是“一个结构内的共存，这个结构建立了其所有的积极本质”。那么怎么来理解同时性的悖论以及 *263* 偶然共存的因果混乱呢？它们是关系空间（relational space）的内在特征，我们之后会谈到（正如詹姆逊的观点）。

在这个过程中，任何静态（比如，一个无法在其外部引发任何转变的自我调节的结构性衔接）都被称作空间/具有空间性。但是除了指出空间在（这种）转向性的动态中的缺失，这一说法毫无理由。此外，还有一点很重要，没有理由可以认为，任何在（这种）动态中缺失的事物都一定具有空间性。我们没有按照这种比喻方式使用空间（和时间）术语来指代这种结构，那么，我们为什么不仍然使用那些表示因果结构本质本身的那些定义呢（如失位/无失位）？它们更清晰，也会让我们有更大的自由来保持（或者形成）一个更加积极的空间概念。

确实，将时空放在现代物理学的视角下来理解，这似乎和拉克劳的整体观点一致。他关于激进历史性的整体观点是：“任何想要将时间空间化的努力都会最终失败，空间本身就变成了一个事件。”大家都承认这个意义上的空间性是不可能的。“‘相互关系’……是真实存在的基本本体论层次”，拉克劳写道。[35]这是一个非常重要的阐述，我本人也持赞同意见。所以此处的观点不是反对拉克劳，而是认为他分析世界上其他事物时所使用的推理和概念方式也应该应用于空间和时间。物体之间的互相联系并不存在于空间和时间内部，而是这些关系本身创造/定义了空间和时间。[36]

当然，没有必要让社会科学跟随自然科学采用这种概念化的方法。[37]但是，实际上，我们此处反思的各种空间和时间观点依赖于基于物理学对世界的认识。虽然这些观点所依赖的认识已经被从理论上替代了，但是目的不同，使用概念/理论也不同，哪怕在自然科学领域也是如此。牛顿物理学仍然可以充当一座桥梁，而且在不同的物理学派之间，争论也在继续。我们认为，目前需要了解的各种社会性话题，无论是高科技的后现代世界，还是文化身份问题，都需要一些更加接近“现代物理学”的空间观点。此外，正是通过将失位/自由/可能性等元素融合进空间概念里，才使得空间/空间—时间实现政治化。

264 **五、另一种空间观**

首先，提出另一种空间观要求我们抛弃一种社会观，这种观点认为社会是一种三维体(更多的时候是二维体)，围绕着时间运转。这个观点经常表现得不明显，比较隐晦。但是这个观点非常普遍，它表现在人们对事物的描述上，表现在人们所使用的类比上。此处我们简短地引用之前提到的两位学者的话。福柯写道："我相信，我们正处在某个时刻，在这个时刻，我们的世界经验就是通过时间的流逝而发展出来的终生经验，这个经验要小于一种网络结构的经验，这个网络结构连接各个点，同时各条经纬线也交织在一起。"[38]詹姆逊将"史学深空间或透视论时间性(historiographic deep space or perspectival temporality)和一套(空间)联系进行了对比"，这些联系"发着光，好像投币式自动售货机的节点电路"。[39]此处的目的不是要完全反对这些观点，而是要说明它们的含义是什么。一方面二者都指出了时间移动之间的反差，但是另外一方面，它们又都指出空间是事物在某个时刻的瞬时联系。对于詹姆逊来说，后一种(不充分的)历史描述已经替代了前者。如果果真如此，那么后者确实不够充分。但是，虽然两位学者都注意到了的反差，即平衡的变化，确实是有效的，但是最终，把空间仅仅看成"同时关系"(simutaneous relations)的系统，看成击球游戏机中一闪一闪的灯光，这是远远不够的，因为时间移动也具有空间性，移动的因素之间也具有空间关系。一闪而过的"空间"互相联系只能暂时存在。必须坚持事物不可辩驳的四维性(其实是 n 维性)，而不是和水平表面对立的线性过程(水平表面将空间从三维减少到了二维)。空间不是静态的，时间也不是无空间的。空间性和时间性不同，但是两者都不应该被定义为是彼此的不在场。这一点的重要性我们之后会详细阐述，但是目前，关键是要从时空的所有维度来思考。这看起来容易，做起来其实要困难得多。

其次，我们需要将空间看成是相互关系的产物，看成是各种大小、各种规模的空间的社会相互关系和互动的共时共存，包括从最小的地方层次到最大的全球层次。之前我们提到，在人文地理学领域，认识到空间是一种社会建构之后，人们又认识到一个更加重要的观点(从其影响广度来说)，即社会也必定是一种空间建构。这两个认识(虽然顺序可能颠倒)在此时都需
265 要为人们所接受。一方面，所有的社会(实际上是物理的)现象/活动/关系都具有某种空间形式和一个相对的空间区位将各种群体联系在一起，无论它们是“地方性”的小社会还是全球性的大组织，一个工业企业内部的各种关系，南半球和北半球的债务关系，还是导致了目前马里音乐在欧洲城市流行的各种关系。社会关系的空间分布可以是密切的地方关系，也可以是广泛的全球关系，或者处于两者之间的关系。它们的空间程度和形式也随着时间而变化(很多讨论都在关注目前社会关系的空间形式发生了什么变化)。但是无论如何，我们无法脱离一个事实，即社会的一定是空间的。

我们认为这个观点可以用来定义空间，所以空间是社会建构。“空间”产生于极度错综复杂的纵横交错和非纵横交错的各种关系网络，从地方到全球，各种规模都有。使得这些社会关系具有空间性的是它们的同时性。同时性也具有延伸性和结构性，但是同时性绝对不是静态的。将空间看成一个时刻，一个各种社会关系(而不是一个绝对的维度)交汇处的时刻，意味着它不可能是静态的。不可能把流动(时间)和即时关系的水平表面(空间)二者割裂开来。空间不是一个“水平的”表面，因为产生了空间的社会关系本身就是动态的。这是思维方式的问题，

不是说“通过时间形成的片段(slice through time)”这一认识应该成为主流思想，而是说社会关系的共时共存必须界定为动态的。此外，由于空间产生于社会关系，空间本质上充满了权力和象征意义，是一个复杂的网络结构，充满了支配和服从的关系，充满了团结和合作的关系。空间的这个方面被看作是一种“权力几何学”。[40]

再次，这也就意味着空间既有秩序元素，又有混乱元素(或者我们也应该质疑这个二元结构)。它不能从我们之前讨论的相互排斥的各种二元结构的任何一方面来定义。空间具有秩序有两层含义。第一，空间具有秩序，因为所有产生现象的空间区位都是被引发的，从原则上来说，它们都可以得到解释。第二，具有秩序是因为确实存在空间系统，即各种社会现象。在社会现象中，空间本身(即彼此的相对位置而不是“绝对”区位)就是系统构成的一部分。一个交通网络的空间组织，或者一个由仓库、批发部、零售店构成的连锁超市的空间组织都是这方面的例子，一个跨国公司的活动空间也是如此。此处有一个内在的 266
空间衔接，构成了社会关系的地理分布和地理形式。空间形式从社会意义上是被“规划”好的，本身是直接被社会导致的。但是空间也有一个内在的混乱元素。因为，虽然每个(或每组)产生现象的空间区位可能是被直接引发的(我们知道为什么X在这里，Y在那边)，但是一个空间位置相对于另一个空间位置的定位(X相对于Y的地点)可能不是被直接引发的。这种相对区位的产生来源于独立意志的单独操作。从这个意义上，它们是“无意识的后果”。所以，空间的混乱来源于偶然共存、偶然隔绝，以及空间安排的悖论本质(导致悖论本质的是所有这些因果关系的运作)。迈克·戴维斯和苏贾曾指出洛杉矶城市中充满悖论的混合，比如两块土地相邻，用途却完全不同。于是，社会和空间二者的关系会变化，在非常连贯的系统(在系统中，社会和空间形式彼此决定)和特定空间形式根本没有从社会角度直接引发的系统二者之间进行变化。

这有很多重要的启示意义。首先，和拉克劳的争论更加深入了。因为在这个过程中，空间被从根本上打断了。它确实“失位”了，也必须如此。此处的空间同时性表示的绝对不是内在连贯的封闭因果系统，这在他的《新反思》一书中被称作“空间”。这个意义上“空间”绝对不“意味着某个机构内的共存，这个结构建立起了其所有的积极本质”。[41]实际上，空间恰恰无法做到这一点。这同时也表示，空间也是对政治开放的。

但是，我们此处提出的空间观与詹姆逊的观点也并不相同，虽然詹姆逊的观点乍看似乎和拉克劳的观点相反。按照詹姆逊的观点，空间确实很混乱。虽然拉克劳认为空间话语的目的是为了进行再现(确定那些无法被测绘的部分)，而对于詹姆逊来说，空间根本无法再现，这也是为什么他呼吁要进行测绘(虽然他承认这一过程要远远复杂于我们迄今所了解的制图学)。在这一意义上，拉克劳和詹姆逊两人都经常使用空间/空间性，对于二人来说，两个概念都在他们的整个思想中扮演着重要的角色，而他们二人却对这一概念到底是什么却提出了完全相反的解释。但是对两人来说，他们的空间概念都是反政治的。对于拉克劳
267 来说，空间的基本秩序(他就是这么定义的)意味着历史和政治的死亡，而詹姆逊则认为，是(他所定义的)空间的混乱(就是失位)导致了他的极大恐慌，进而呼吁进行测绘。

所以两位学者之间的观点差异并不表示我们提出的这种空间观既然有别于拉克劳的观点，它就和詹姆逊的观点一致。实际上詹姆逊的观点从政治视角来看也有问题，只是问题不同罢了。詹姆逊将他视为不可再现的东西都标记为“空间”(于是“再现危机”和“增长的空间化”对于他来说都是后现代社会的必然元素)。他可能下意识地想起了之前地理学内部的一场争论，名为“地理描述问题”。三十年前，地理学界的著名人物达比(H. C. Darby)曾做出这一思考：

> 相比较于一连串的历史事实来说，一系列的地理事实更难呈现。事件从时间顺序上一件接着一件。相比较于空间的共存来说，这种内在的戏剧化方式使得时间上的共存更加容易通过书面来表达。所以，和历史叙事比较起来，地理描述肯定更加不容易成功。[42]

但是，这种观点依赖于一种认识，即地理描述的困难产生的部分原因是在空间中，物体可以向任何方向移动，还有部分原因是在空间中，相邻的物体不一定具有联系。但是，这样就把空间看成了不可再现的混乱，同时这一观念对时间的认识也很有问题，詹姆逊有时就持这种观点。因为空间被认为是不可再现的，那么时间，至少在这些时刻，以一种含蓄的方式被放置在了空间所要表达故事的对立位置。这清楚地表明了时空之间的区别，时间具有故事表述的衔接性和逻辑性，而空间则没有。从詹姆逊的一些著作中可以发现，他希望恢复的是时间观点：以宏大叙事形式表达的时间/大写的历史。[43]

不过，这也是一种时间性观点，是一种顺序性的衔接，这一点已经引起了许多质疑。实际上，历史也可以对地理造成类似的再现问题。此外，具有讽刺意味的是，拉克劳正是将这种历史观界定为空间：

> 它带着逻辑跟随着，在这一过程中，没有任何失位。
> 268 如果所有发生的一切都能以内在的方式向这个世界解释，那么无论什么都不可能是一个简单事件(我们已经看到了，这会引起一个激进的时间性)，所有事物都获得了一种绝对可理解性，在纯粹空间的宏伟计划内的绝对可理解性。这是黑格尔—马克思主义的时刻。[44]

再进一步讲，这两个观点的关键错误之处在于，它们都简单地反对空间和时间。对于拉克劳和詹姆逊来说，时间和空间都是因果封闭系统/再现性，但是同时又具有不可再现性。我认为(当然我的观点也会受到质疑)，他们都将空间和时间对立起来。是对立使得我们很难从时空真正多样性的视角思考社会。这一观点在关于文化身份的争论中被有力地表达了出来："种族身份和差异是通过社会产生出来的，就在此时此地产生出来，而不是从人类学角度、从已经消失的遥远过去拯救出来的"[45]；霍米·巴巴写道：

> 在我看来，在拉什迪事件(Rushdie，英国作家，著有一本批评伊斯兰教的著作。——译者注)中对"信奉正统派基督教的人"的立场的理解到底有什么问题，现在我来说明

一下。问题在于这一立场被再现为古老的，好像是中世纪的产物。我们觉得这听起来好像很奇怪，有些人还觉得非常荒唐，但是关键是，现在由于我们这个时代的一种强大的特定政治状况……对《撒旦的诗篇》的需求产生了。[46]

有些人把自己眼见的一切都看成是同时性，感觉同时性令人心生恐惧，由于他们这种世界观有问题，他们会希望这种“种族身份”或“原教旨主义”被放置(或重置)在过去，这样他们就可以只讲述各种差异的发展演变，而无须关注某个时间片段所产生的很多不同差异。而他们的愿望是无法实现的，这恰恰体现了从三维加一维的视角思考还是承认这四维缺一不可两者之间的区别。之前被看作“地理描述问题”的问题，实质上是如何面对四维世界这个更加具有普遍性的困难。

以上三点导致了第四个特征。恰恰是因为空间固有的混乱或者失位，影响了构成空间的社会现象，空间形式作为“结果”(偶然共存等)，可以影响接下来的事件。空间形式产生于历史，但是空间形式可以改变产生了空间形式的历史的未来轨迹。具有讽刺意味的是，这对于拉克劳来说，表示失位的来源之一恰恰就是空间(拉克劳坚持认为存在失位，我也赞成这一点)。空 269
间(the spatial)(我的用词)恰恰是时间(the temporal)(他的用词)的来源之一。对于詹姆逊来说，空间的(至少部分的)混乱(他承认这一点)正好可以揭示为什么时间不是也不可能如他所愿的那样整齐划一。我们可以说，空间是历史的生产必不可少的一部分，所以也是政治可能性的一部分，同样，时间对于地理学来说也是不可缺少的一部分。此外，我们还要坚持时空的不可分割性，坚持时空通过现象之间的互相联系结合在一起，坚持一定要从时空视角进行思考。

墨西哥城

发表于1992年

【注释】

[1]H. 列斐伏尔，《空间的生产》(牛津，布莱克维尔出版公司，1991年)，第3页。

[2]E. 拉克劳，《对我们时代革命的新反思》(伦敦，沃索出版社，1990年)，第68页。感谢拉克劳在该文中的很多长篇讨论。

[3]F. 詹姆逊，《后现代主义》(或《晚期资本主义的文化逻辑》)(伦敦，沃索出版社，1991年)。

[4]拉克劳，《对我们时代革命的新反思》，第41页、69页。

[5]同上，第42页。比如M. Rustin, "Place and Time in Socialist Theory", *Radical Philosophy*, No. 47, 1987, pp. 30—36。

[6]拉克劳，《新反思》，第82页、42页、68页。

[7]拉克劳，《新反思》，第92页。从这个意义上可以说拉克劳的空间是"政治性"的，因为所有的再现都是政治性的，但是前提是不同的空间或者借用詹姆逊(Jameson)的术语，叫作不同的"认知图绘"，可以表达不同的政治立场。这仍然认为每个空间(和空间概念)都是封闭的，不可流动的，没有包含开放、具有创造性的政治行为/有效性。空间是封闭话语的范围，是固定意义的范围。

[8]拉克劳，《新反思》，第41页。

[9]同上，第42页、43页。

[10] P. Anderson, "A Culture in Contraflow", *New Left Review*, No. 180, pp. 41—78; and No. 182, pp. 85—137.

[11]Henri Lefebvre, *The Production of Space*, p. 275.

[12]比如，D. Massey，*Spatial Divisions of Labour：Social Structures and the Geography of Production*（Basingstoke，Macmillan，1984）；D. Gregory and J. Urry(eds)，*Social Relations and Spatial Structures*（Basingstoke，Macmillan，1985）；and E. Soja，*Postmodern Geographies：The Reassertion of Space in Critical Social Theory*（Verso，London，1989).

[13]需要指出的是，空间在当今时代尤其重要这一观点不同于此处的观 270
点。关于后现代性本质的观点是关于这些时代特点的经验主义看法。地理学观点原则上是一条关于解释本质以及其内部空间角色的观点。

[14]拉克劳，《新反思》，第 41 页。

[15]比如 J. Flax，"Political Philosophy and the Patriarchal Unconscious：A Psychoanalytic Perspective on Epistemology and Metaphysics"，in S. Harding and M. B. Hintikka（eds），*Discovering Reality：Feminist Perspectives on Epistemology，Metaphysics，Methodology，and Philosophy of Science*（Dordrecht，Reidel，1983），pp. 245—281. And in the same volume，the Introduction by Harding and Hintikka（pp. ix—xix），and L. Lange，"Woman is not a Rational Animal：On Aristotle's Biology of Reproduction"，pp. 1—15. Also J. Flax，"Postmodernism and Gender Relations in Feminist Theory"，in L. J. Nicholson(ed.)，*Feminism/Postmodernism*(London，Routledge，1990)，pp. 39—62 and N. Hartsock，"Foucault on Power：A Theory for Women?"，in the same volume，pp. 157—175.

[16]N. Jay，"Gender and Dichotomy"，*Feminist Studies*，7，No. 1，1981（Spring），pp. 38—56，here p. 54.

[17]G. Lloyd，*The Man of Reason："Male" and "Female" in Western Philosophy*（London，Methuen，1984).

[18]Jay，"Gender and Dichotomy"，p. 47.

[19]拉克劳，《新反思》，第 41 页。

[20]Jameson，*Postmodernism*，p. 269.

[21]见 D. Dinnerstein，*The Rocking of the Cradle and the Ruling of the*

World (London, Women's Press, 1987); M. le Dœuff, *Hipparchia's Choice: An Essay Concerning Women, Philosophy, etc.* (Oxford, Blackwell, 1991); and Lloyd, *The Man of Reason*.

[22]Lloyd, *The Man of Reason*, p. 101.

[23]E. Wilson, *The Sphinx in the City: Urban Life, the Control of Disorder, and Women* (London, Virago, 1991).

[24]Wilson, *The Sphinx in the City: Urban Life, the Control of Disorder, and Women*, p. 157, 87.

[25]Jameson, *Postmodernism*, p. 363, 362.

[26]Soja, Postmodern Geographies; and D. Gregory, "Chinatown, Part Three? Soja and the Missing Spaces of Social Theory", *Strategies*, No. 3, 1990.

[27]T. Eagleton, Foreword to K. Ross, *The Emergence of Social Space: Rimbaud and the Paris Commune* (Basingstoke, Macmillan, 1988), p. xii.

[28]Ross, *The Emergence of Social Space*, p. 8.

[29]S. de Beauvoir, *The Second Sex*, transl. H. M. Parshley (Harmondsworth, Penguin, 1972), p. 97.

[30]R. Stannard, *Grounds for Reasonable Belief* (Edinburgh, Scottish Academic Press, 1989).

[31]同上，p. 35.

[32]同上，p. 33.

[33]拉克劳，《新反思》，第 41 页、69 页。

271 [34]对于为什么将这种结构看作空间还有一种解释。这一解释和一个更加宽泛的问题相关(虽然很少有人质疑这一点)，即为什么结构主义思想或者思想形式经常被认为具有空间性。既然将这种结构被认为是非动态的系统，它们就具有非时间性。它们是静态的，所以在时间维度内是缺失的。所以下意识地，人们就将之称为空间。历时和共时的区别也同样如此。因为前者有时被看作时间性，其“对立面”就自动具有空间性(虽然拉克劳认为有些历时形式也可以具有空间性，见第 42 页)。但是，这又将我们带回了只从时间缺失来定义空间的错误观点。用反时间性来定义空间不够充分，缺乏说服力。事物没有空间性也可能是静态的，我们之前提到，任何事物如果在转换动态中缺乏，那就具有空间性，这一点无法用积极的术语来解释；它仅仅是将转换和时间联系在一起的(不持续性)结果。此外，虽然某种特定共时(共时形式)从广延性(extension)和结构性(configuration)来说可能具有空间性特征，这并不意味着其就是对空间/空间性的一个充分定义。

[35]拉克劳，《新反思》，第 84 页、184 页。

[36]Stannard，*Grounds for Reasonable Belief*，p. 33.

[37]但是社会科学也研究物理空间。所有的物质现象包括社会现象都具有空间性。任何空间定义一定要谈及空间的延伸、排外和共存等特征。此外这些现象之间的关系创造/定义了时空，不仅如此，现象的空间过程(和时间过程)使得这些现象本身成为可能，或者约束了这些现象。所以，社会科学有必要至少和物理空间概念保持一致，哪怕一个社会科学概念也可能会有其他特征。对“自然”空间，即对物理地理学的分析来说，意义也是如此。拉克劳说过，甚至物理空间都具有时间性，所以在他的词汇中是没有空间性这个词的：“真实的存在，包括物理空间，最终都具有时间性”(第 41—42 页)。虽然我不同意空间性和时间性这两个标记，但我同意这样做的立场，但是为什么只提出“最终”呢？

[38] M. Foucault，“Of Other Spaces”，*Diacritics*，Spring，1986，pp. 22—27，here p. 22.

[39]Jameson，*Postmodernism*，p. 374.

[40]D. Massey，“Power-geometry and a Progressive Sense of Place”，in J. Bird，B. Curtis，T. Putnam，G. Robertson and L. Tickner (eds)，*Mapping the Futures* (London，Routledge，1993).

[41]拉克劳，《新反思》，第 69 页。

[42]H. C. Darby，“The problem of Geographical Description”，*Transactions of the Institute of British Geographers*，Vol. 30，1962，pp. 1—14；

here p. 2.

[43]在解释詹姆逊的思想时，我心存犹豫，因为从他的著作中可以看出，他的观点一直在不断发展。我坚信他最终会认为叙事并非完美无缺的，但是
272 他的空间性概念以及他形成这一概念的方法确实让我形成了这一印象。

[44]拉克劳，《新反思》，第 75 页。

[45] M. P. Smith, "Postmodernism, Urban Ethnography, and the New Social Space of Ethnic Identity", forthcoming in *Theory and Society*.

[46]In "Interview with Homi Bhabha", in J. Rutherford (ed.), *Identity: Community, Culture, Difference* (London, Lawrence & Wishart, 1990), pp. 207—221, here p. 215. 此表述可与 Peter Osborne 的观点联系在一起，见 Peter Osborne in his "Modernity Is a Qualitative, not a Chronological, Category", *New Left Review*, No. 192, pp. 65—84.

索 引

说明：该索引为英文原著第 273—280 页的“Index”全部内容，其在原著中是按首字母顺序排列的，索引中的页码为英文原著页码。

译后记

西方学术界对于空间理论一直都有着非常广泛的研究，不论是哲学、政治经济学、地理学、美学、建筑学、物理学等，都可以在空间议题中找到自己的立足之地，因此，空间问题是一个多学科交叉的领域。从人文社会科学的角度看，由亨利·列斐伏尔(Henri Lefebvre)、大卫·哈维(David Harvey)等人所阐发的空间理论已是声名赫赫，得到国内外学者广泛而深入的研究。但英国地理学家多琳·马西(Doreen Masscy)的“空间政治”理论却一直没有受到国内学界应有的重视。与哈维等著名空间学者不同，马西以一种崭新的空间视角批判资本主义社会，这种独特性体现在她以开放、动态的空间观来看待城市主义和地方感，并且凸显了女性主义的分析视野，在国外理论界可谓独树一帜。到目前为止，她的“空间政治”理论不仅在学术界大放异彩，对于实践层面的政治活动也产生了一定影响。委内瑞拉前总统雨果·查韦斯(Hugo Chávez)采纳了马西提出的“权力几何学”理论，并将其作为委内瑞拉革命进程中的驱动力之一。从学术层面看，马西的“空间政治”理论从劳动的空间分工、权力几何学、全球地方感等层面展开，深刻批判了不平等的资本主义空间生产，建构起了一个“女性主义的马克思主义”空间理论。本书收录了马西在不同时期所撰写的论文，这对于国内读者了解其思想体系有一定的帮助。例如，马西那篇非常著名的论文《全球地方感》一直没有中国大陆版的译本，本书正好收录了这篇论文，我们的译文也可能算是该论文的第一个中国大陆译本。

本书属于“都市问题研究论丛”译作之一，由东南大学马克思主义学院院长袁久红教授主持翻译，由毛彩凤、丁乙等人共同完成，具体分工如下：“致谢”“总论”“第一部分第一至第三节”“第三部分”“索引”由毛彩凤译出；“第一部分第四节”“第二部分”由丁乙译出；吴之昕、郭锋萍、叶旬等人对译文亦有贡献。袁久红、毛彩凤对全书译稿进行了统一、细致的修改校订，使其尽量做到准确反映原著本意。本译作得以出版要感谢多琳·马西的鼓励和指导，正是有了她的帮助，才让我们较有把握地完成本译作。当然还要特别感谢首都师范大学出版社杨生平总编辑及中国社会科学院哲学研究所强乃社博士对我们的支持、信任与帮助！

译著以“信、达、雅”为最高境界，我们力求做到准确反映原作的本意，但是由于能力水平有限，本译作难免存在一些问题，还望广大读者批评指正！

译者

2017 年 12 月 30 日